兒童戲劇教育

之理論與實務

林玫君——著

目錄

作者簡介

—

林玫君 教授

■ 現任

國立臺南大學藝術學院院長

國立臺南大學戲劇創作與應用學系專任教授

《戲劇教育與劇場研究》期刊主編

Research in Drama Education（SSCI）編輯顧問

台灣戲劇教育與應用學會理事長

■ 學歷

美國亞歷桑那州立大學課程與教學組學前教育博士

美國亞歷桑那州立大學戲劇教育碩士

■ 經歷

國立臺南大學戲劇創作與應用學系創系主任

教育部幼兒園美感及藝術教育扎根計畫主持人

教育部幼托整合國家課綱美感領域主持人

國立臺南大學幼兒教育學系教授兼系主任

香港幼兒戲劇教育計畫海外研究顧問

英國 Warwick 大學訪問學者

美國華府 George Mason 大學訪問學者

■ 論文及譯／著作

幼兒美感暨戲劇教育及師資培育等相關論文數十篇

《兒童戲劇教育：肢體與聲音口語的創意表現》
（著作，復文，2016）

《幼兒園美感教育》（著作，心理，2015）

《創造性戲劇理論與實務：教室中的行動研究》
（著作，心理，2005）

《創作性兒童戲劇入門：教室中的表演藝術課程》
（編譯，心理，1995）

《創作性兒童戲劇進階：教室中的表演藝術課程》
（合譯，心理，2010）

《酷凌行動：應用戲劇手法處理校園霸凌和衝突》
（合譯，心理，2007）

兒童情緒管理系列（譯作，心理，2003）

兒童問題解決系列（譯作，心理，2003）

兒童自己做決定系列（譯作，心理，2003）

《在幼稚園的感受：進森的一天》
（譯作，心理，2002）

讓戲劇教育
許給兒童一個未來

　　記得筆者在美國讀書時，每次參加臺灣學生的聚會，就會有人問起主修學門，當筆者介紹自己專攻的是「兒童戲劇教育」時，就會有人好奇的問：「你以後是要教兒童表演戲劇嗎？還是要寫兒童劇本？」當時，自己也不知道以後要做什麼、如何運用它，只知道戲劇教育是一種讓兒童以自己的肢體口語來「創造」想法、「表現」自我的學習方法；而非傳統以「表演」為主的戲劇演出。只是當時學得太早，即使在美國一般教育系統，都還在發展階段，更何況是 20 年前的臺灣教育體系。

　　轉眼完成了學業，筆者於 1992 年初回臺灣，順利進入臺南師範學院幼教系任教，也開始引入「創造性戲劇」相關的課程，並在隔年完成《創作性兒童戲劇入門》一書的翻譯。由於它的教育理念和兒童自發性的扮演遊戲有許多共通之處，都重視學習者的「正面情意」、「內在動機」、「內在現實」，以及「身體口語的即興表現」，因此這本書出版後，

受到臺灣、港澳地區幼教老師們的歡迎，也成為他們在學校實驗另類教育方法的第一本入門書。而筆者也持續在幼兒園進行本土研究，和現場教師一起進行戲劇教育的行動實踐與反思——《創造性戲劇理論與實務》就在 2002 年 3 月完成，由供學出版社發行，之後又在 2003 年由供學重印，至 2005 年轉由心理出版。

正值全球邁向千禧（2000 年）之際，臺灣中小學課程也開始有了轉變，隨著美感及藝術教育的普及，在九年一貫的課綱中，特別將「戲劇和舞蹈」綜合成「表演藝術」，加入了「藝術與人文」領域。而為了因應表演藝術課程師培與研究之需求，戲劇教育相關系所開始在師培大學成立[1]。同時，幼托整合後教保活動大綱中，美感領域[2]也將「戲劇扮演」納入其學習面向，成為幼兒園中美感教育的重要媒介。從上述臺灣的教育改革發展中，可以發現無論幼兒園或中小學階段，「戲劇／表演藝術教育」在藝術課程的地位逐漸受到重視，相關的師培與課程研究也日漸普遍。

在亞洲華人地區，受到教育創新的風潮，各國也想研究新的教育方法，來為學生準備面對 21 世紀的挑戰。從港澳到日韓、新加坡等國，有許多戲劇教育者積極提倡以「戲劇來翻轉學習」，著手翻譯戲劇教育書籍、開設師資課程、進行研究、舉辦各類研討會及工作坊等活動，使得這個原來以「戲劇」出發的教育方法受到大家的歡迎與重視。近年大陸也開始對於「兒童戲劇教育」產生濃厚的興趣，尤其在學前階段，無論在師資培育單位或幼教機構，對這個已經在華人地區發展了近 20 年的教學方法，充滿了好奇與期待。因此，筆者於去年初開始積極整理相關資料，以《創造性戲劇理論與實務》的內容為主要架構，依據華人地區的讀者需求，重新撰寫課程實例的部分，並將原書中研究相關的部分

獨立成章，同時加入英美兒童戲劇教育發展的歷史 ³，以滿足讀者不同的需求。

本書第一章說明「兒童戲劇教育」的定義和範圍，並分析其與「兒童戲劇活動」在概念與定位上的差異，同時釐清一些相關的名詞。接著於第二章第一節說明戲劇教育對兒童發展的貢獻，使教育決策單位、學者、教師及家長相關人士能夠了解其價值與功能；另外，由於戲劇教育本身就是戲劇元素的展現，在第二章第二、三節中，筆者針對戲劇藝術之內涵、戲劇與劇場藝術之基本架構及戲劇教育之參與人員等面向作一個完整的理解。最後，筆者從「自發性戲劇遊戲」的理論中，發現戲劇教育與兒童的發展有著密切的關係，因此本書將在第三章中，分析兒童遊戲的本質及自發性戲劇遊戲的發展，再與戲劇教育的本質及內涵進行比較，藉此提醒大家在設計課程與帶領活動時，要以兒童遊戲的本質為基礎。

戲劇教育發展至今已近百年，隨著學者們的推廣與應用，各種戲劇課程應運而生。筆者在學成歸國之初，也曾以美國的課程架構為藍本，嘗試在臺灣幼兒園中進行臨床教學工作。從兩次的行動研究中，獲得許多實務教學與反省機會，同時也發現單從某種課程觀點來探討戲劇教育課程有其限制，必須從多元的角度來思考這方面的議題，這也引發筆者對幼兒教育中的統整課程及英美各種戲劇課程模式的興趣。因此，在第四章第一節中，將討論戲劇教育與統整課程之關係，而第二、三節則分別探討美國及英國的戲劇發展，最後在第四節中，則分析三種代表性之戲劇課程模式並比較個別課程的特色。

在幼兒園中，戲劇活動該如何設計，以符合幼兒發展及實際課程的

需要？若是配合學習區，幼兒的戲劇遊戲要如何納入戲劇活動的範疇？如何連結不同的戲劇活動，使其能夠自然地融入幼兒園的課程與幼兒的生活中？在本書第五章中，筆者將依據先前的研究，將幼兒自發性戲劇納入考慮，提出一個課程架構，進而發展出四種可行的幼兒園戲劇教育型態，最後並以實例說明各種型態執行的方式。

　　雖然兒童戲劇課程在國外已經發展多年，但卻缺乏適合在地教學模式的實驗。因此筆者在幼教系任教時，依據美式創造性戲劇課程的架構，在幼兒園中進行實驗教學的研究。透過文獻探討、行動研究及系統分析等方法，執行記錄、反省並分析實際 30 次之教學歷程。此項研究結果對創造性戲劇入門課程與教學所面臨之問題與解決過程，做了詳實的記錄與剖析。經過重新編排與整理，筆者將於第六章呈現此研究在教學方面之結果；而於第七章分享此研究在「入門課程部分」之行動反省。

　　然而，兒童戲劇教育帶領的方法相當多元，在前述的研究中，筆者只完成「肢體與聲音之表達與應用」入門課程的研究。對於另一類戲劇課程——「故事戲劇」之相關內容及應用，仍未有機會探討。故筆者又於隔年整理故事戲劇相關資料，利用本土的故事，在幼兒園中進行教學活動。此次教學研究結果將呈現於本書第八章，其中將針對「故事戲劇」之教學歷程如：「暖身及準備」、「呈現主題」、「引導發展計畫」、「呈現故事」、「檢討評鑑」及「二度計畫與呈現」等各階段之相關問題，提出討論。最後，為了使讀者對於在教室中如何進行兒童戲劇教育行動研究有完整的了解，筆者於第九章整理原書《創造性戲劇理論與實務》中與研究相關的部分，希望能夠建立一套戲劇教學研究的模式，提供有志從事戲劇教學研究的學者或現場教師參考。

本書舊版雖已出版多年，但其中無論是戲劇教育之名詞與定位、基本藝術內涵、自發性戲劇遊戲及兒童發展理論等兒童戲劇教育相關之說明，仍是華人地區從事戲劇教育工作與師培的重要參考。另外，在幼兒園中戲劇課程的模式、戲劇教學省思，甚至行動研究等，也是戲劇教育教學實踐中常用到的參考資料。故希望透過新版的發行，為華人地區的兒童戲劇教育發展盡一份心力，讓所有的兒童都能以「戲劇」的方式探索內在的潛能、主動自發地學習、勇於面對未來的挑戰，許他們一個未來。

臺南大學
戲劇創作與應用學系　　林玫君

■ 1

　　筆者應邀於 2003 年在臺南大學（前身為臺南師範學院）創立「戲劇研究所」，並於三年後成立「戲劇創作與應用學系」，就此開展戲劇教育師資的培育。

■ 2

　　自 2007 年起，筆者參與了臺灣幼兒園教保活動課程大綱的發展，擔任「美感領域」召集人，經歷六年的研究後，新課綱終於在 2012 年正式公布，並於 2017 年 8 月 1 日正名為「幼兒園教保活動課程大綱」。其中「美感領域」的目標，是透過多元的藝術媒介（音樂律動、工作美勞、戲劇扮演遊戲），累積幼兒在生活環境中的美感經驗，藉此培養「探索與覺察」、「表現與創作」及「回應與賞析」的基本美感能力。

■ 3

　　林玫君（2006）。英美戲劇教育之歷史與發展。**美育**，**154**，78–83。

CHAPTER 1

兒童戲劇教育
基本概念

兒童戲劇教育之形式相當多元廣泛，其相關名詞與定位一直受到許多學者的關注與討論（Davis, nd; Davis & Behm, 1978; Libman, 2000; Miller & Saxton, 1998; Shaw, 1992; Viola, 1956）。在美國，早期有些人稱它為「非正式戲劇」（informal drama）或「創造性戲劇術」（creative dramatics），到了 1980 年代後，幾本以「創造性戲劇」（creative drama）為名的英文教科書在美國出版，又透過幾位學者引入臺灣，因此，早期的幾本中文譯作就以創作（造）性戲劇為書名出版。

除了美國，在加拿大早期也有人稱它「發展性戲劇」（developmental drama），而也有部分學者以教育性戲劇（educational drama）或過程戲劇（process drama）稱之。在英國，早期以教育戲劇（drama-in-education, D-I-E）的形式出現，之後，也有學者用「戲劇習式」（drama convention）或「參與式戲劇」（participatory drama）為名。雖然戲劇教育在各國有不同的名稱或各式的帶領方式，但普遍來說，它們都有共通

的教育理念與類似的定義內涵。

　　本章之目的就是希望整理相關文獻資料，於第一節中闡述有關兒童戲劇教育之基本定義，接著，於第二節探討各式兒童戲劇活動之定義與範圍，最後，第三節則是比較兒童戲劇教育與其他戲劇相關名詞，藉以釐清兒童戲劇教育之定位。

第一節　兒童戲劇教育之定義

　　雖然兒童戲劇教育的定義常隨著不同學者的解釋而有不同的說法，但基本上還是有一些共通的內涵。接著將從創造性戲劇的觀點對戲劇教育之定義做以下的闡述。

　　早在 1956 年，美國兒童劇場委員會（CTC）就曾為了如何定義這類兒童戲劇活動開會討論（Libman, 2000）。經過幾番爭議與協商，「創造性戲劇術」（creative dramatics）成為第一個在美國正式使用的專有名詞。根據 Viola（1956: 139）的報告，其定義如下：

　　　　創造性戲劇術是戲劇的一類，其中由一位具想像力的教師或領導者引導兒童從事戲劇創作，並以即席的口語及動作將其內容表演出來。其主要目標在發展個別參與者而非滿足一群兒童觀眾。場景與服裝不常使用。若是這種非正式的戲劇活動在一群觀眾前表演，它通常只是自然地示範呈現。

　　因此，在其後的 20 年中，「創造性戲劇術」一詞被廣泛地使用於專業或非正式的團體中。至 1975 年，美國兒童劇場協會（CTAA）理事長 Coleman Jennings 認為，20 年來「兒童戲劇」的領域有了新的展現與風貌，原來常用的名詞與定義已不符合時代的需要，於是他出面邀請諸多學者共同參與戲劇名詞修定的工作。首先在 1976 年的大會中開始

修訂「創造性戲劇術」一詞的名稱與定義。1977 年後，新的名稱「創造性戲劇」（creative drama）正式出現，而其定義如下（Davis & Behm, 1978）：

> 創造性戲劇是一種即席、非表演且以過程為主的戲劇形式。其中，由一位「領導者」帶領一群團體運用「假裝」的遊戲本能，共同去想像、體驗且反省人類的生活經驗。

除了基本的定義外，在 Davis 及 Behm（1978: 10）的文章中，進一步闡述此一定義：

> 創造性戲劇是一種原動力強的過程。透過戲劇的互動方式，領導者引導組員去探索、發展、表達及溝通彼此的想法、概念和感覺。在戲劇活動中，參與者即席地發展「行動」與「對話」，其中內容符合當下探索的議題，而媒介為戲劇的元素——透過這些戲劇元素，參與者的經驗被賦予了表達的形式與意義。創造性戲劇的目的在促進人格的成長及參與者的學習，而非訓練舞台的演員。它可以用來介紹戲劇藝術的內涵，也可以用來促進其他學科領域的學習。創造性戲劇對參與者的潛在貢獻為發展語言溝通的能力、問題解決能力和創造力。此外，它能提升正面的自我概念、社會認知能力和同理心，澄清價值與態度，並增進參與者對戲劇藝術的了解。創造性戲劇的基本立論為「人類能透過自發性的扮演方式來表達自己對外在世界的理解與感覺」，因此在過程中，他會必須運用邏輯推理與直覺想像的思考來內化個人的知識，以產生美感的喜樂。

綜合上述之描述，筆者認為兒童戲劇教育之定義可以以它為基礎，再加以擴張為下列的意涵（林玫君，2000b）：

戲劇教育是一種即興自發的教室活動。其發展的重點在參與者經驗重建的過程和其動作及口語「自發性」之表達。在自然開放的教室氣氛下，由一位領導者運用發問的技巧、說故事或道具來引起動機，並透過肢體律動、即席默劇、五官感受及情境對話等各種戲劇活動來鼓勵參與者運用「假裝」（pretend）的遊戲本能去想像，且運用自己的身體與聲音去表達。在團體的互動中，每位參與者必須去面對、探索且解決故事人物或自己所面臨的問題與情境，由此而體驗生活，了解人我之關係，建立自信，進而成為一個自由的創造者、問題的解決者、經驗的統合者與社會的參與者。

然而，在定義及名稱上，諸家的解釋各不相同，但在特質上，戲劇教育具備幾項共通的元素，歸納起來可包含下列：

1. 在成員的部分，包含一位專業的領導者與一群建構戲劇的參與者。這位專業領導者是以「中介者」（facilitator）的方式來組織團體。而定義中的團體，被稱為「參與者」，強調其主動參與建構的過程。

2. 在藝術內涵的部分，以「人類生活」為內容來源，且以「戲劇藝術」為基本架構。所謂「人類生活」是指包含對一些生活或社會相關議題之想法、概念或感受等內容。所謂「戲劇藝術架構」是指透過戲劇的形式如人物、情節、主題、對話、特殊及效果等做為藝術表達的媒介。

3. 在教育功能上，從統整課程的精神出發，以培養兒童成為一個全人為目的。

4. 在發展基礎上，以人類假裝的戲劇遊戲本能為依據。

5. 在學習原則上，著重參與的過程而非結果的呈現；且過程中特別強調參與者的想像、體驗與反省。

6. 在課程的目標上，以參與者之統整學習為主，而戲劇藝術的陶冶或其他相關學科領域或主題的學習也是其中之目標。

第二節 ▌兒童戲劇教育之定位

從最原始的自發性戲劇遊戲，到以「劇場」形式為主的「兒童劇場」表演，「兒童戲劇」常以多元的面貌在我們生活與教育的領域中出現。但因兒童的戲劇遊戲常常都是一閃即逝，成人很容易忽略它的存在；反觀一些以成果表演為主的兒童劇場，由於其重視成果的展現，加上華麗的道具與音效燈光之烘托，使得一般人對其印象較為深刻，因此，只要談到兒童戲劇教育就誤以為只有舞台上的表演，殊不知還有其他形式的戲劇活動。事實上，「兒童戲劇教育」就是介於戲劇遊戲與劇場表演之間，一種以戲劇形式為主之即興創作，為了讓大家更理解戲劇教育與各種不同戲劇活動之相關性，以下將針對上述三類戲劇活動的名詞定義、本質做個別說明，最後再進行綜合比較，以釐清「兒童戲劇教育」在各種不同兒童戲劇或劇場活動中的定位。

壹 幼兒自發性戲劇遊戲

自發性戲劇遊戲又稱為戲劇遊戲（dramatic play）或社會戲劇遊戲（sociodramatic play），有些專家稱其為「象徵性遊戲」（smybolic play）或「表徵性遊戲」（representational play）。更通俗的名稱為「假裝遊戲」（make-believe/ pretend play）或「想像遊戲」（imaginative play）。此外，「角色扮演」（role-play）、「主題遊戲」（thematic play）或「幻想遊戲」（fantasy play）也是它常用的名稱。在臺灣，一般人通稱它為「扮家家酒」，且將幼兒園的「戲劇扮演區」稱之為「娃娃家」。雖然名稱眾多，但它所指的都是同一種類的行為──兒童運用想像，重新把生活或幻想中的人物事件，透過自己的肢體、口語和行動表現出來。Smilansky 及Shefatya（1990）就認為，雖然有關戲劇遊戲之名詞有很多種，但有些名詞僅能涵蓋部分或特定的意義與觀點。例如：「象徵性」或「表徵性」

遊戲，強調的是遊戲中內在認知運作過程，並不能清楚地表達一些外顯的戲劇行為。「假裝遊戲」似乎比較接近戲劇遊戲的特質，因為兒童在進行遊戲時，就會以口語宣稱「假裝……」，而且它也表示兒童清楚地知道現實與假裝的分際。不過，兒童常把「假裝」拿來用在對「人」或「物」的方面，即使兩個偶或積木區中的小人也可以在這種「假裝」的情境中進行扮演。因此，比較難用這類名詞來形容專門以「人」為主的戲劇扮演。另一個專用名詞「角色扮演」，雖然在字面的意義已點出以「人」為主的扮演方式，但此一名詞只限於角色的轉換，比起兒童戲劇遊戲中所涵蓋的多項「轉換」元素，此一名詞仍顯得太狹隘。因此，Smilansky 選擇以「戲劇遊戲」或「社會戲劇遊戲」來做為她研究報告中的專用名詞。在本章探討兒童戲劇教育與自發性遊戲之際，筆者也頗為贊同 Smilansky 之說法，在名詞的界定上，較傾向於使用「戲劇遊戲」一詞，並在其前加上「自發性」三個字，以強調其遊戲的本質，並藉此與教室中由教師帶領之戲劇活動作區辨，且可避免「戲劇表演」之刻板印象。

只要常與孩子接觸，就會發覺這種戲劇遊戲（扮家家酒）是兒童日常生活的一部分，透過這種「假裝」的扮演過程，孩子把自己的經驗世界重新建構在虛構的遊戲世界裡。這類遊戲的「內容」，包含自己生活的經驗（如當媽媽、當老師、買東西、開店……）或一些想像世界中的人物（如超人、怪物、仙女、皮卡丘……），發生的「地點」可以在任何的地方——從房間到客廳、從家中到學校、從室內到室外，無處不宜。在遊戲中，他們能隨興所至、自動自發、自由選擇、不受外界的約束，只憑玩者彼此間的默契。其中觀眾無他，除了自己就是參與的玩伴。此種戲劇扮演是兒童與生俱來的本能，當中的「組成人員」就是每位參與遊戲的人；而「創作來源」則是兒童現實生活中的經驗或幻想世界的故事；「時間」與「地點」不拘；使用的「材料」也隨著地點的轉

換而改變。本質上，重視兒童自發內控的動機、內在建構的過程，以及熱烈地參與玩後所帶來的正面情意作用。

貳 以「戲劇」形式為主之即興創作

　　這類活動多以「戲劇」形式出現，但「本質上」強調即興創作的過程，「目的」則以參與者的成長與學習為主。其「組成人員」是不同年齡階層的學生團體，「參與者」同時為表演者、製作者及觀眾。「發生的地點」多在教室中，「時間」以上課時間為主，使用的「材料」為教室隨手可得的實物或簡單的道具。由於實施方法的不同，暫以幾個歐美戲劇專家常用的名詞為代表：

　　1. 創造性戲劇（creative drama）。
　　2. 教育戲劇（drama-in-education）。
　　3. 發展性戲劇（developmental drama）。
　　4. 過程戲劇（process drama）。
　　5. 戲劇習式（drama convention）。

一 •• 創造性戲劇

　　如前述之定義，創造性戲劇是一種「即興、非表演性質且以過程為主的戲劇活動。其中，由一位領導者帶領參與者運用『假裝』的遊戲本能，去想像、反省及體驗人類的生活經驗」（Davis & Behm, 1978）。在自然開放的教室氣氛下，透過肢體律動、五官認知、即席默劇及對話等戲劇形式，讓參與者運用自己的身體與聲音去傳達或解決故事人物或自己所面臨的問題與情境，進而建立自信、發揮創意、綜合思考且融入團體，成為一個自由的創造者、問題的解決者、經驗的統合者及社會的參與者。

此種戲劇活動乃是幼兒自發性的戲劇扮演遊戲（dramatic play）之延伸。「組成人員」包含一位引導者及一群團體；「內容」則是即席的故事或意象；「地點」可以在教室或任何地方進行；而「觀眾」同時也是參與者。此外，在「本質」上，它也強調參與者「自發性」的即興創作及重「過程」不重結果的特色。

二 •• 教育戲劇

此名稱乃創造性戲劇之英國版本，英文中又簡稱為 D-I-E。這是一種重過程且以即興創做為主的戲劇活動。其組成的「人員」與「場地」、「時間」的應用與創造性戲劇相似；但其教學的目標、戲劇發展的觀點、主題的選擇及帶領的方式卻不盡相同。這類戲劇之專家（Bolton, 1979; Heathcote & Bolton, 1995; O'Neill & Lambert, 1982; Wagner, 1976）認為戲劇應該不只在發展「故事或戲劇」本身，而是在參與者對相關議題的深度了解。透過戲劇的媒介，參與者和領導者都以「劇中人物」或「一般討論者」的身分，在戲劇的情境內外出現。透過一連串的討論與扮演，參與者必須橫跨「過去」、「現在」和「未來」的時空，在戲劇的「當下」做即席的參與並解決問題。通常歷史或社會人物及事件是這類活動之題材來源。由於教育戲劇中的領導者常需利用角色扮演及問題討論的方式引導活動進行，因此，領導者通常必須具備充分的戲劇訓練之背景才有辦法掌握得宜。雖然在焦點、內容或方法上有所不同，戲劇教育之「本質」仍與創造性戲劇相似，強調自發即席參與的過程，而非事先演練之結果。

三 •• 發展性戲劇

這類名詞來自加拿大，由 Richard Courtney 發展運用。根據 Courtney 的定義（Courtney, 1982，引自 McCaslin, 1990）：

發展性戲劇是研究人類互動的發展模式。戲劇是連繫個人內在心理與外在環境之主動的橋樑。因此，發展性戲劇的研究就包含個人與文化及其雙方面互動的部分。這些研究也觸及其他的相關領域，如個人層面之心理學與哲學之研究及社會層面上之社會學與人類學之研究。發展性戲劇本身的焦點在戲劇的行動（dramatic act），而其實務的發展仍需以上述理論研究為基礎。

由上述定義可知，發展性戲劇特別重視戲劇與其他研究領域之結合，不過在一般實務應用上，它的發展未如前兩者戲劇活動那麼普遍。其組成人員、創作來源、時間、地點、實物之組織方式與美式的創造性戲劇或英式的教育戲劇類似，而在本質上，它仍強調戲劇創作的過程及對「人」與「社會」相關內容的發展。

四 ·· 過程戲劇

「過程戲劇」一詞源自於 1980 年代末，有些澳洲及北美的戲劇教育工作者，想要以它來區辨一般劇場中常用的即興創作技巧。它通常是從一個前文本（pretext）出發，吸引參與者進入某些戲劇情境，接著運用劇場的創作元素進行一系列具目的性的即興創作。在過程中帶領者就如同一位劇作家，透過層層複雜的組織編排，不斷地營造戲劇張力，引領參與者建構不同的戲劇脈絡，深入戲劇的焦點，對主題產生更深刻的個人意義與理解。

Cecily O'Neil 在 1995 年所出版的 *Drama Worlds: A Framework for Process Drama* 中提到，過程戲劇的發展來自於英國戲劇教育家 Gavin Bolton 和 Dorothy Heathcote，它與教育戲劇（D-I-E）類似，屬於一種較複雜且深入的戲劇教育發展模式。參與者於其中即興扮演一系列的角色，以不同的觀點探索事件本身，提高參與者的意識，並對相關主題產

生新的體會與理解，只是「過程戲劇」企圖回歸戲劇／劇場的本質，鼓勵更多劇場與戲劇手法的編排與運用。

五·· 戲劇習式

Jonothan Needlands 和 Tony Goode 在《建構戲劇：戲劇教學策略 70 式》（*Structuring drama work: A handbook of available forms in theatre and drama*, 2000）中提出了「戲劇習式」（drama convention）這個名詞。他們認為在戲劇教育中所使用的策略與傳統劇場中所慣用的手法相似，都是想要以「劇場藝術的象徵手法」創造戲劇中不同想像的時間、空間和存在特質，來回應人類的基本需要及詮釋人類的行為。其依據各種戲劇習式不同的特性，經過刻意的組織編排，將戲劇習式分為「建立情境活動」、「敘事性活動」、「詩化活動」及「反思活動」等四大類，並在書中以實例說明個別習式之使用方式。

參 以「劇場」形式為主之表演活動

這類戲劇呈現之方式多以「劇場」為主要媒介，藉以達到娛樂、教育宣傳或藝術欣賞之目的。這類戲劇形式之「組成人員」多為專業工作人員，由導演統籌計畫分工；「觀眾」則來自其他單位。「題材」主要來自劇作家或集體表演者的生活體驗，但隨著不同的劇場呈現之方式，有些保留觀眾參與合作之機會，有些劇情甚至會隨觀眾即席參與創作的情況而改變。「空間」多由舞台、場景、音樂、燈光等特殊效果虛擬而成；演出「時間」通常以 60～90 分鐘為限。「實物及創作素材」以道具加上服裝及化妝之配合，以烘托劇場之效果。「本質」較著重戲劇呈現的結果。根據傳統的分類（Goldberg, 1974），以表演為主的劇場部分包含「娛樂性戲劇表演」、「兒童劇場」及「偶人劇場」（puppet theatre）。較近的兒童戲劇專書（Davis & Evans, 1987），也將一些近年

來發展出的另類劇場模式，如「參與劇場」（participation theatre）、「教習劇場」（theatre-in-education）等納入討論的範圍。此外，在 1978 年，Davis 及 Behm 也綜合 1976 至 1977 年間，美國戲劇教育協會專家們的討論成果，為「兒童戲劇」、「兒童劇場」、「為年輕觀眾製作之劇場」、「由兒童演出之劇場」、「參與劇場」等名詞做界定的工作（Davis & Behm, 1978）。綜合上列諸位專家之意見，可歸類整理如下：

1. 兒童劇場（children's theatre）。
2. 為年輕觀眾製作之劇場（theatre for young audience）。
3. 參與劇場（participation theatre）。
4. 教習劇場（theatre-in-education）。

一 •• 兒童劇場

廣義而言，任何與兒童有關且以劇場形式呈現之戲劇活動，都可以稱為兒童劇場。這是最早且最普偏使用之名詞，但因其運用的範圍太過廣泛，以致兒童的年齡層不清，演員及製作群的來源也不明。因此，近年來一般專業劇場及美國戲劇教育協會成員較少使用「兒童劇場」一詞，而以「為年輕觀眾製作之劇場」來替代。

二 •• 為年輕觀眾製作之劇場

根據 Davis 及 Behm 在 1978 年之報告中指出，「為年輕觀眾製作之劇場」是替代傳統「兒童劇場」之新名詞。它特別強調是由專業演員表演給年輕觀眾欣賞之劇場。若從觀眾群的年紀區別，它又包含了兩類型的劇場：為兒童製作之劇場（theatre for children）及為青少年製作之劇場（theatre for youth）。前者是指專為幼兒園或國小學童設計之劇場表演，年齡層在 5～2 歲間；後者則是指「為中學生設計的劇場表演」，年齡層為 13～15 歲。兩者之組合就是「為年輕觀眾製作之劇場」

（theatre for young audience）。這類戲劇活動通常是專業的成人演員為主，以舞台劇場的形式呈現給兒童觀眾，藉此帶給兒童快樂、幫助其成長，並培養其對戲劇及一般藝術的愛好。在劇場形式下的戲劇活動，參與者各具有特殊的任務，從負責幕前工作的導演、演員、編劇到幕後執行服裝、化妝、燈光、音樂、場景、道具等的工作人員，每一位參與者各具專業的能力，各司其職，共同為呈現一齣戲而努力。由此可見，劇場中主要的「組成人員」就是這些具專業能力的人，「內容」通常以固定的劇本為主，活動「地點」常在舞台上，「觀眾」則是在台下，其「本質」較著重戲劇呈現的結果。

近年來，由於劇場形式與理念的突破，兒童劇場之製作方式也受到影響。在「題材的創作」方面，它漸漸由單一劇作家劇本的模式轉為由集體表演者即興創作的模式。「舞台」方面，也由傳統台上台下分野清楚的相關位置，到現今利用各類空間而成的多元性組合。另外，「觀眾」的參與程度，也漸由被動式的靜坐欣賞，到有限地參與部分劇情，甚或完全投入，成為劇情主題發展的角色之一。接著，以下二項名詞就是由此發展出的新型劇場創作。

三 ·· 參與劇場

發源自英國，由 Peter Slade（1954）首創，至 Brian Way（1981）發揚光大。它屬於新興劇場的一種特殊形式。其劇本先經過特別地編寫組織，讓觀眾能在欣賞戲劇的過程中參與部分的劇情。一般觀眾參與的程度，可由最簡單的口語回應至較複雜的角色扮演等方式。在每次參與的片段中，演員扮演創造性戲劇之領導者的角色，引導觀眾去反應或經歷劇情的變化。座位的安排也依觀眾參與的程度而規劃。一般而言，這類的劇場形式在內容上彈性很大，且多半呈現給五歲至八歲的兒童欣賞；而且年紀愈小的觀眾，愈能投入戲劇的互動情境。

四 ‥ 教習劇場

　　同樣發源於 1960 年代的英國，它是「教育戲劇」（D-I-E）之「劇場」版本。與其說它是一種兒童劇場，倒不如說它是一種兒童戲劇活動的方式。只是其「媒介物」除了戲劇本身之外（Jackson, 1960），還包含劇場各種特殊的效果，如燈光、音效、布景與道具。根據 Jackson 在《透過劇場而學習》（*Learning through Theatre*）一書中分析，教習劇場是因應 20 世紀教育與劇場形式之變革而產生的（蔡奇璋、許瑞芳編著，2001）。受到 Heathcote 及 Bolton（1995）等教育專家之影響，「教習劇場」之目的希望幫助兒童釐清人我關係，發展建全人格並增進個人理解力。透過「劇場」的刺激與演教員的引導，參與者必須思考與劇情相關的教育議題。透過參與解決問題的過程，參與者試著去同理和了解不同角色之兩難情境。就如教習劇場的創始者 Vallins（1960）所言：「一個故事或劇情如何呈現於觀眾的眼前，已是教習劇場的次要任務，其主要的任務仍是以教育的目標為中心。我們希望以劇場的特殊技能來達成特定的教育目標，我們並不是為了培養明日的劇場觀眾而製作呈現。」事實上，「教習劇場」是介於「戲劇教育」與「劇場」形式間的一種活動方式，「人員」的組成雖然和劇場雷同，包含專業的演員、工作人員與觀眾，但其功能卻與戲劇教育中的「成員」相仿，演員常以教師或領導者的角色出現，觀眾也常以劇中人物的身分參與戲劇的呈現。「取材的內容」雖經過精心的籌劃與安排，但其運用的目的是為引發更多的參與以影響劇情的發展，非固定的結局。它運用了場景、時間、音樂、道具等「劇場的效果」，希望藉此擴大戲劇的張力與衝突。比起一般在教室中進行的戲劇教育活動，它的震撼力更凸顯強烈；因此，也更能引發參與者思想、感情及行動的全付投入。

　　除了上述幾項主要的劇場形式外，另外仍有數種常聽到與劇場有關之術語：

1. 娛樂性戲劇表演（recreational dramatics）。
2. 由兒童演出之劇場（theatre by children and youth）。
3. 故事劇場（story theatre）。
4. 讀者劇場（readers theatre）。

一 •• 娛樂性戲劇表演

根據 Goldberg（1974）的定義，這是一種學校或幼兒園為呈現教學成果或團體競賽，以「兒童」為主要演員，而由成人編劇或導演製作之戲劇表演活動。由於正式的劇場演出多強調劇中人物與劇情張力之發展，著重藝術整體的合作與結果的呈現，因此，無論對兒童演員或成人製作群而言都是相當大的挑戰與負荷。尤其對年紀較小的兒童而言，要求他們照成人設計好的台詞與台步去粉墨登場，從教育與發展的觀點來看，意義不大。但教師若能適切地由平時教室自發性的戲劇活動中找尋兒童自我創作的題材，經過數次的發展活動，在兒童主動的要求下，演給其他班級或全校師生欣賞，且以分享兒童內在的想像世界為主，這較符合兒童發展的原則。

二 •• 由兒童演出之劇場

此乃美國戲劇協會之定義，強調「由」兒童演出給其他兒童或成人觀賞之劇場，且藉此區別其與「為」兒童演出之劇場（theatre for children and youth）之不同。因此，無論是何種劇場，只要其多數演員為兒童，就屬此類。例如前述之娛樂性戲劇表演就是「由」兒童演出之劇場。若主要演員為成人，或觀眾對象為兒童，就是「為」兒童演出之劇場。

三 •• 故事劇場

根據 McCaslin（1990）之描述，這是一種利用口述式的文學而呈

現的劇場形式。通常演員透過直接講述故事與戲劇表演的雙向方式來呈現故事之內容。有時依劇情之需要，演員也會變成動物、道具或場景的一部分來呈現劇情。早期劇團多利用現成的劇本，近年來，很多劇團開始以即興的方式來創作劇情。不過，無論劇情的來源為何，以「口述」來呈現劇情之表達方式，是其最大的特色。

四 ‧‧ 讀者劇場

與故事劇場相似的一點，讀者劇場也重視運用不同的口語詮釋來呈現戲劇內容，只是通常演員的手中都握有已寫好的劇本。雖然演員在口述時會有部分戲劇化的表現，但很少有所謂戲劇的互動表演。演出的場景可由最簡單的一張椅子至複雜的戲幕背景，全由導演想要達到的效果而定。

依照上述三類戲劇形式之意義、相關活動名稱、組成人員、創作來源、地點時間、實物及本質等分項敘述，將以表 1-1 呈現其特色以做綜合比較。

第三節 ▪ 兒童戲劇活動之異同

壹 各類戲劇活動之共同點

綜合上述名詞及特色之比較，任何與「兒童戲劇」相關的名詞，多含有下列共通的特色（林玫君，1997a；McCaslin, 2000; Siks, 1983）：

兒童——都是以兒童為基本的服務對象，且以提供兒童正常的發展與成長為主要目的。

戲劇——都具有戲劇的基本元素，透過表徵（representation）與轉

表 1-1 三類戲劇形式之特色一覽表

戲劇分類	幼兒自發性戲劇遊戲	以「戲劇」形式為主之即興創作	以「劇場」形式為主之表演活動		
相關名稱	・象徵性遊戲 ・想像遊戲 ・假裝遊戲 ・社會戲劇遊戲	・創造性戲劇 ・教育戲劇 ・發展性戲劇 ・過程戲劇 ・戲劇習式	・教習劇場	・參與劇場	・兒童劇場 ・（由）為兒童演出之劇場 ・故事劇場 ・讀者劇場
組成人員—演出製作	幼兒玩伴，隨興組織，同時為演出者及製作者	團體同儕及受過戲劇訓練之帶領者或教師，同時為演出者及製作者	演教員和專業製作人員組織劇情並引導觀眾參與	導演、專業人員分工製作；演員負責演出	導演統籌計畫、專業人員分工製作；演員負責演出
觀眾角色	沒有特定的觀眾，在演出、製作及觀眾角色間輪替互換	沒有特定的觀眾，在演出、製作及觀眾角色間輪替互換	觀眾隨時成為演出者及批評者	有時觀眾會參與部分演出活動	觀眾被動欣賞
劇情	即興創作	即興創作	事先安排主題結構，其由觀眾與演教員即興創作	事先安排之劇情，但保留觀眾參與合作之機會	已寫好劇本
創作來源	題材來自生活或幻想世界	題材來自故事、生活議題或想像	題材多為生活及教育議題	題材以幻想及娛樂為主	題材來自劇作家或集體表演者生活體驗
地點	任何地方	以教室空間為主	劇場空間配合教室空間；劇場空間由舞台與場景虛擬而成	劇場空間由舞台與場景虛擬而成	劇場空間由舞台與場景及音樂、燈光等特殊效果虛擬而成
時間	任何時間，短至3分鐘，長至半小時	上課時間為主，通常以30〜50分鐘為限	演出時間配合上課時間，通常以60〜90分鐘為限	演出時間通常以60〜90分鐘為限	演出時間通常以60〜90分鐘為限

表 1-1 三類戲劇形式之特色一覽表（續）

戲劇分類	幼兒自發性戲劇遊戲	以「戲劇」形式為主之即興創作	以「劇場」形式為主之表演活動		
實物	日常生活中隨手可得之用具或簡單象徵性材料	教室中桌椅及隨手可得之用具或簡單象徵性材料	道具加上音效、燈光和服裝化妝之配合	道具加上音效、燈光和服裝化妝之配合	道具加上音效、燈光和服裝化妝之配合
本質	重過程、內在現實、即席反應、自由選擇、主動熱烈參與	重過程、內在現實、即席反應、自由選擇、主動熱烈參與	重過程、內在現實、即席反應、自由選擇、主動熱烈參與	重視互動的效果；有限的選擇和參與	重視呈現的結果；以接受性的欣賞為主

換（transformation），現實生活中的「人」、「事」、「地」、「時」、「物」轉變成戲劇中之「角色」、「劇情」、「場景」及「道具」與「特殊效果」等元素。從「自發性戲劇遊戲」之架構來說，兒童會與玩伴隨興組成，即興創作，無論在家中、庭院一角或任何地點，他們都能利用環境中隨手可得之用具，把日常生活中的人事或卡通片中的幻想人物重新組合轉換，成為他們戲劇遊戲中的「角色」與「劇情」。同樣的，在以「戲劇」形式為主之教室即興創作中，經由領導者的組織安排，參與者的想像力不斷地催化延伸，當下的兒童與老師、教室中的空間、時間與材料都能在瞬間即席「轉化」成某個故事情節中的「角色」、「場景」與「道具」。以「劇場」形式為主的表演活動，更能把這些戲劇的元素發揮淋漓盡致。透過專業藝術家們的合作設計，現實中的「人」、「事」、「地」、「時」、「物」慢慢地在舞台上擴大，在「化妝」、「服裝」、「場景」及「道具」的烘托下，參與者走入一個比真實世界更「真實」的戲劇世界。

貳 組織嚴密之區別

除了共通的戲劇元素外，不同的戲劇活動依其組織的嚴密性及參與者的需要，有下列層次上的不同：

一 ·· 自發性戲劇遊戲

內容多半來自於生活中的模仿與偶發的靈感，零落單一的出現，不受限於任何時間與空間，屬即興自發的遊戲範圍。有時兒童也能將片段串連，進一步呼朋引伴共同分擔不同的角色及任務。然而，此類活動常容易受外界的干擾或兒童爭執之影響而被打斷，其發展的劇情也就無疾而終了。

二 ·· 創造性戲劇、教育戲劇或發展戲劇

由於有領導者之帶領，顯得比較有組織，且創作的大綱多由領導者事先規劃。其地點多半以教室空間為主，時間也以 30～50 分鐘的上課時段為限。通常教室中的燈光、桌椅及材料都是現成的道具。雖引導的方法上重參與的過程，但最後仍希望藉由此過程達到個人發展、了解戲劇藝術或幫助個人表達等教育目的。

三 ·· 教習劇場

與兒童戲劇教育之本質及教育目的相似，但在組織上較嚴密，且劇情大綱事先都已計畫完成。最大不同的是「媒介」——教習劇場的創作媒介為「劇場」及「劇場專業人員」，因此「它」能製造出更強烈具體的戲劇效應，使參與者更容易投入想像的戲劇世界並做深入的反省與互動（林玫君，2001）。

四 ·· 參與劇場

與教習劇場類似，都以「劇場」做為主要溝通媒介，只是「參與劇場」主要目的是重視演員與觀眾的互動效果，而非教育議題之探究。雖然同樣是觀眾參與戲劇之過程，但在程度上仍有差別。在「教習劇場」中，觀眾必須參與決定、討論、反省與合作等，具有決定劇情發展之重要任務。在「參與劇場」中，觀眾乃屬於被動式的參與，一切藍圖與劇情多半已被決定。

五 ·· 其他以「劇場」形式為主之演出活動

同樣以「劇場」為呈現媒介，這類劇場之本質多以呈現的結果為主，而觀眾的角色就以被動式的欣賞、受教或娛樂為主。無論是專業或非專業的劇場，由於重視「結果」的呈現，在演技、台詞、台步、燈光、音效、服裝、化妝等專業藝術效果的要求較高，通常並不鼓勵年紀太小的兒童參與演出。除非是客串的性質，或較大年紀的兒童，對戲劇製作表演有著深厚的興趣與經驗者，可考慮讓其適度地參與。

參 本質上的區別

除了組織嚴密及觀眾參與程度的區別外，上述各類戲劇活動在本質上也會隨著個別教育目標與呈現方式顯得有些差異。Whitton（1976）曾試圖把各類戲劇依其活動進行與組織之嚴密性，用一條持續的線（a continuum）來形容這些程度上的差異。她認為在這條持續的線上，兒童戲劇教育與兒童劇場為這條線的兩極，左端為非正式的「創造性戲劇」，右端為正式的「兒童劇場」，而中間則插入「參與劇場」，藉此來表明此三類戲劇活動進行與組織方式的不同。

Davis 及 Behm（1978）在修訂創造性戲劇之定義時，又特別引用 Baker（1975）的觀點，將「兒童的戲劇遊戲」納入線上，並稱之為「戲

劇最自然的型態」（Drama in its natural state）。從本質上分析，「創造性戲劇」與「自發性的遊戲」相似，都是以「幼兒」的發展及需要為出發點，且具備下列共通的遊戲特質（Rubin, Fein, & Vandenberg, 1983）：

1. 兩者都是強調即席自發、自我產生的，包括身體、認知和社會的自發性。
2. 兩者都有一些自由選擇的機會，而不是被強迫指定的。
3. 兩者都需要熱烈的參與，帶有正面的喜樂感情，不是嚴肅的。
4. 兩者都著重於方式和過程，而非目的和結果，在探索的過程中，其劇情也隨著情境、幼兒需要及材料而隨時改變。
5. 兩者都不受外在規則的限制，但遊戲本身常有其非正式或正式的內在規則，由兒童自行協調訂定。
6. 兩者都是不求實際的，在一個戲劇架構中，內在的現實超越了外在的現實，兒童常運用假裝（as if）的方式扮演，而超越時地的限制。

筆者相當贊成 Baker 之看法（見圖 1-1），認為「自發性戲劇遊戲」應放在 Whitton 線上之最左方，成為這條持續的線上之基本項目，接著向右，是以「戲劇」為主之即興創作，包含「創造性戲劇」、「教育戲劇」及「發展戲劇」等，而最右邊則是以「劇場」為主的表演活動，「教習劇場」、「參與劇場」與「兒童劇場」即屬之。此外，筆者建議可將兒童遊戲之「本質與學習」指標納入，放在這條線的兩旁，包含：「過程或結果」、「主動或被動」、「選擇方式」及「學習者的自我現實與控制程度」等項目。任何戲劇活動若愈接近左端就愈重視參與者「建構過程」、「主動參與」、「參與者的選擇」、「內在現實」與「內在控制」；愈靠近線的右端，就愈重視其「呈現結果」、「接受性的欣賞」、「藝術家的選擇」及「外在現實」、「外在控制」等項目。無論這些戲劇活動在線的哪一

端，對不同的兒童而言，各種戲劇活動都有其獨立存在的意義。誠如Whitton（1976）所言：「我們不需做評斷，認定哪一類的戲劇活動對兒童比較有價值。其實，無論任何戲劇的形式，只要其製作恰當，都能促進兒童的成長、歡笑、學習與改變。」總之，在兒童生活與成長的過程中，不同的「戲劇」形式，都扮演著重要且令人深刻難忘的角色。

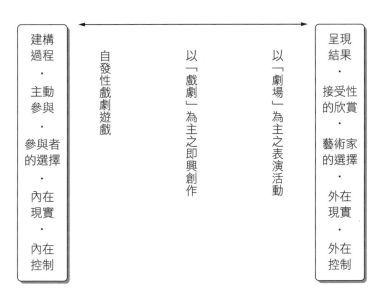

圖1-1　名類戲劇相關名詞本質之比較

CHAPTER 2

兒童戲劇教育
功能與內涵

1960 年代之後，在許多戲劇專家開始發展個別教學法的同時，相關的書籍也大量地出版，分別敘述各家教學法特色及其對兒童發展的貢獻。雖然戲劇教學活動已逐漸受到矚目，但許多的教育決策單位、學者、教師或家長對於戲劇仍保持既有的刻板印象，以致對兒童戲劇教育之價值與功能仍然存著相當保留的態度。因此，有些學者開始進行實徵性的研究，希望藉此來證實戲劇教學的效應。本章第一節將綜合相關文獻，為兒童戲劇教育在社會、智能、體能、美育及語言等個別教育上的功能，提供具體的佐證。

由於兒童戲劇教育本來就是以戲劇／劇場為媒介的教育方式，因此要了解兒童戲劇教育，首先就要先從戲劇與劇場元素著手。在第二節中，筆者將介紹戲劇藝術之內涵並分析戲劇與劇場藝術之基本架構。最後，第三節也會針對兒童戲劇教育中的參與人員，說明相關帶領者的準備條件及教學對象的注意事項。

第一節 ▌兒童戲劇教育之功能

　　兒童戲劇教育提供了每個人全方位學習與成長的機會。在即席替代的戲劇情境中，帶領者利用不同的戲劇技巧來引導兒童運用自己的身體、動作、聲音和語言，去分享心中的想法與感覺，並同理另一個人物的觀點與處境。在自然與自發的參與過程中，兒童試著加入團體，學習信賴自己與同伴，並共同解決所面臨的困境。藉此，他仍體驗了自我價值、感覺情緒、人際關係等不同的問題。同時，也進行獨立思考、創意問題解決與價值判斷等試煉。此外，也練習感官、肢體與口語之表達及美感的體驗。本節將探討戲劇教育在兒童社會發展、認知發展、肢體動作與美感知覺發展和語言發展等方面的相關研究與貢獻。

壹　兒童社會發展

　　戲劇教育對兒童社會發展的貢獻包含自我概念、情緒處理、社會觀點取代、社會技巧等方面。

一 ·· 自我概念

　　教育最大的目標就是幫助個人發現及發展自己特殊的潛能。著名的戲劇教育學者 Siks（1983）曾提及：「創造性戲劇重在參與者即席自發的創意，它能不斷地引領每個人去發掘自己內部深藏的寶藏，且促使自己不斷地成長，以實現自我。」在戲劇教育中，自發性的表達與分享是相當重要的一部分。當孩子發現自己的聲音與身體能創造出多元的變化，自己的想法與感覺能完整地被接受與認同，他們對自己的信賴感油然而生。當孩子有機會扮演一些吸引自己的角色如國王、公主、英雄或精靈等人物時，一股自信的豪氣呼之即出。所謂的主角已不再是少數具有特殊天分兒童的特權。在戲劇的世界中，人人可以為王稱后，個個都

能以自己的方式扮演心中嚮往的角色。

　　一些實徵研究也指出戲劇教育對兒童自我概念具有相當的影響。Huntsman（1982）及 Irwin（1963）分別發現戲劇教育能提升兒童的自信心。Woody（1974）也發現戲劇活動對兒童的自我價值感有顯著的影響。Buege（1993）則以融合教育中的兒童做研究，經過一年的戲劇課程，實驗結果發現戲劇對特殊兒童之自我概念的提升也有關鍵性的影響。Conard 及 Asher（2000）在其研究中也指出戲劇教育對兒童自我概念有顯著的影響。

二 •• 情緒處理

　　在日常生活中，每個人都會不時地感受自己各類的情緒，而一個成熟的個體必須有處理這些感覺的能力，包括「認識感覺」、「接受並了解其與社會行為之因果關係」、「適切合宜地表達感覺」及「對別人感覺的敏感性（同理心）」。Piaget（1962）就曾觀察到，兒童透過下列戲劇情境的轉化來控制及舒緩自己的情緒：

1. 簡化或省略劇中人物與情境，以舒緩情緒上的焦慮。例如：省略巫婆的角色，以舒緩害怕的情緒。

2. 增加或編入額外的人物或情境，以彌補日常生活中被壓抑的情緒與行動。例如：編入爸媽不在家的情境，小孩可以看很久的卡通，以彌補平時被大人過度控制的行動。

3. 重複扮演相同的戲劇情節，以克服現實生活中不愉快的遭遇。例如：重複扮演媽媽上班的情節，以克服媽媽不在身邊的分離焦慮。

4. 假裝讓真實或想像人物因負面行為而受罰，以免除自己承受負面後果的壓力。例如：假裝讓洋娃娃在早餐時吃一大堆的冰淇淋，然後故意罵娃娃不乖，以免除自己被罵的壓力。

戲劇教育，一如兒童的戲劇遊戲，為他們提供一個安全自在的情意環境。在其中，領導者鼓勵並接受參與者分享與表達各類的情緒與感受。透過情緒認知（emotional awareness）、情緒回溯（emotional recall）、情感默劇（pantomime for emotions）及角色扮演（role-playing）等活動，教師引導兒童去回想、體驗及反省自己與他人的情感世界。在實際的戲劇行動中，兒童將自己的情緒投射於新的情境與人物上，藉此重新認識自己的情緒、接受並瞭解情緒與社會行為的關係，學習如何適切合宜地表達情緒。Blantner（1995）就曾在其研究中指出戲劇活動是情緒及心理衛生的教育媒介。

三 •• 社會觀點取代

能從他人的角度來看事情的能力，稱為社會觀點取代（perspective taking）。它被視為社會技巧發展之先決條件（Hensel, 1973）。由於戲劇教育提供許多角色扮演和團體互動的機會，兒童必須時常站在不同的角度看事情。例如在角色扮演前的討論中，透過「主角是誰？他的問題為何？」、「如果是你，會怎麼行動？為什麼這麼做？」以及「如何與其他角色維持劇中的關係？如何解決主角面臨的問題？」等問題，孩子必須在不同的情境中把自己想像成他人，依據對不同人物所具備的知識與經驗來做判斷。從扮演不同角色的當下，孩子重新體驗別人的生活、面對別人的問題，並試驗失敗或成功的方法。當兒童實際與同儕或角色互動後，他們對別人行為的觀察、解釋與體驗能幫助其進一步了解他人的感覺、情緒、態度、意圖及想法等重要訊息。Wright（1974）和 Lunz（1974）曾對國小學童做研究，結果發現戲劇教育對角色取代能力有實質的增進效果。Kardash 及 Wright（1987）的後設分析研究中發現，在一些實徵研究中，戲劇教育對「角色取代」能力之成效最好。

四 ‧‧ 社會技巧

　　除了社會觀點取代能力外，戲劇教育也幫助其他社會技巧的提升。在戲劇活動之始，孩子需要加入團體、一起計畫、腦力激盪、組織人事並分工合作，漸漸地，個人與同儕的連繫和歸屬感就因此而建立。在同一個戲劇事件中，孩子會因著個別的經驗與觀點的不同而產生衝突。為了維持活動的進行，孩子必須站在不同的角度來面對問題，並應用分享、輪流、接納、溝通等社會技巧，來面對衝突並找尋解決之道。

　　一些研究利用戲劇教育來訓練兒童的社會技巧。Buege（1993）花了一年的時間訓練融合教育中的兒童，結果發現戲劇教育對情緒障礙兒童的自我概念及社會技巧有重要的影響。同時，正常兒童對其情緒障礙的同儕之態度也相對地改變。De la Cruz、Lian 及 Morreau（1998）則是針對學習障礙的兒童做研究，經過 12 次的戲劇課程，他們發現這些兒童的社會和語言表達能力有顯著性的增進。Hensel（1973）嘗試運用角色扮演與戲劇技巧在資優幼兒的身上，他認為這些技巧能鼓勵兒童的社會敏感度、解決問題能力及協調衝突的能力。

貳　兒童認知發展

　　認知發展的部分包含認知思考、創造力及價值判斷力。

一 ‧‧ 認知思考

　　「認知」指的是個體學習、記憶和抽象思考之能力。戲劇活動為兒童的認知發展提供了一個最佳的演練場所。在戲劇教育中，兒童以自己所理解的方式，將現實生活中的人、時、地、事、物，利用象徵性的動作、道具或語言，重新創造出來以獲得對周遭世界進一步認識的機會。在教室中的戲劇活動中，兒童必須運用自己的想像與表徵的能力，在不

同的故事與情境中反應思考，並將之具體呈現出來。透過實際參與，兒童對一些抽象的概念及生活的情境有了更深刻的認識。Piaget（1962）認為：「知識的來源是個體主動建立的過程」，戲劇教育正提供了兒童獨立建構思考的機會。在領導者開放式的問題中：「主角是哪些人？」「他們長得像什麼樣子？」「哪些劇情是最重要的？」「如何表現故事中的時間與地點？」「如何解決劇中人物之問題？」「除此之外，有沒有其他的方法？」「下次若再運用同樣的故事發展戲劇活動，哪些部分可以改進？」及「若換成你，會不會那麼做？」兒童主動地回憶、反省且統整自己對周遭人、時、地、事、物的觀點，而建立新的認知世界。美國兒童劇場協會也曾發表聲明（Davis & Behm, 1978），強調「戲劇提供了參與者一個即席合作解決問題的情境。在令人心安的教室氣氛及具有組織互動的團體活動中，它挑戰了參與者認知思考的能力」。

　　雖然理論上或一般的論述認為戲劇活動能幫助兒童的認知發展，但是幾個實徵研究的結果卻有不一致的發現。Saltz、Dixon 及 Johnson（1977）就曾針對主題式幻想遊戲（相當於教師引導的戲劇活動）對低社經背景兒童做實驗，結果發現其對故事詮釋、序列記憶等認知能力並無明顯之效果。Knudson（1970）及 Conner（1974）針對小學二、三年級學童做實驗，發現戲劇活動分別對兒童問題解決能力及加州成就測驗中的認知能力有顯著之影響。Myers（1993）曾針對一些能提升兒童解決問題能力的戲劇引導技巧做研究。他們發現教師必須創造一個待解決的戲劇情境，且以角色扮演的方式去介紹、解釋、詢問及質疑情境中的狀況。教師也必須挑戰兒童，要他們以劇中人物的身分去思索、發明、創造及解決自身面臨的問題。當教師提供機會讓兒童成為某些問題的專家時，他們較能把問題視為自己的問題，並能利用高階的思考方式來找尋多元的解決之道。

二 •• 創造力

　　根據 Piaget 的理論，兒童象徵性戲劇遊戲也反映其表徵思考的運作能力，而表徵思考能力之成長取決於其是否能夠創造心智意象（mental images），也就是把不存在的事物想像或創造出來的能力。想像與創造是戲劇活動之基本，要兒童想像的首要條件就是必須跳開此時此地的限制，進入時光隧道，把自己投射到另一個時間、空間與人物的生活中。當兒童的想像能力發揮時，即使面對不存在的事物，他們能運用心中的意象及動作，假裝真的看到、聽到、吃到、聞到、摸到及感受到周遭的世界。

　　然而，戲劇教育主要目標就是在發展兒童的想像力與創造力。它與一般幼兒園或教室中所提供一些具創造性質的教材（如積木、美勞材料、益智玩具等）活動，有相當大的差異。一般的教材或活動較屬「平面式」的素材，其創意的發揮限於材料及造型之變化。而在戲劇活動中，其題材取自人類生活的內容，這是實際且具體的生活材料。透過引導，兒童學習用其「心眼」（mind's eye）去回想及觀照過去的生活經驗，計畫並用行動呈現出想像中的時空、人物事件及道具。同時，他們也在實際的情境中，利用個別變通的想法，解決問題。這類屬社會性及生活性之創造力，唯有在戲劇教育的活動中，才能逐漸培養發展。

　　雖然許多學者宣稱戲劇教育對創造力的影響，但在實際的研究中，相關的資料卻很有限。Pulaski（1973）和 Freyberg（1973）嘗試以研究來證實兒童的想像遊戲對其「意象」的操控、分辨與透視力有正面的影響。結果發現兒童經過一系列想像遊戲之訓練後，其對自我心智意象的控制力有顯著之進展（Pinciotti, 1982）。Gray（1986）和 Karioth（1970）都發現戲劇教育對兒童創造力有正面影響。另外，Chrein（1983）比較兩種不同戲劇帶領方式對兒童心智意象的影響，發現 Rutgers 之想像引導方法比傳統戲劇遊戲、暖身運動及故事呈現等方式有效果。

上述之研究對戲劇教育在創造力及意象控制之部分都呈現正面的效果，但因個別研究之人數、對象、實驗方式與時間都相當小且差異性大，無法做全面的比較。不過，就筆者蒐集到的研究資料分析，多數的研究結果仍支持戲劇對創造思考之影響力。

三·· 價值判斷力

今日的多元社會，瞬息萬變，錯綜複雜。拜電腦及科技之賜，我們得以享受網路交通之便。個人與世界的接觸面愈來愈廣，而必須面對的情境與人事也愈多愈雜。著名的戲劇教育學者 McCaslin（2000）就曾疾呼：「在面臨今日的種族、社會、宗教等紛亂的多元世界，如何協助兒童與他人和平共處是當前最急切的需要。」而 Heinig（1988）也在其書中提及，戲劇恰能夠提供這方面的需要，因為戲劇提供孩子接觸各種人類的情境，例如：體驗「持有偏見」的感覺；經歷另一個國家或文化成員的生活；扮演特殊政治或宗教背景的角色。透過戲劇活動，孩子能超越時空、年紀、國界與文化的限制，去發現人類共通的連結並提早了解自己即將面臨的社會處境。Gimmestad 及 De Chiara（1982）就曾針對兒童戲劇遊戲做研究，發現戲劇能幫助個人減低偏見。

除了體認與接受各種不同的生活方式與社會處境，孩子必須及早學習如何在複雜的選擇中做決定，在多元的價值中做判斷。在許多的戲劇情境中，兒童有機會用自己的想法與判斷去做決定與行動。在行動後，兒童能馬上檢核自己行動的後果，並連結因果的關係。因為是「假設」的情境，在選擇上他們有更多的彈性；在心理上，也有更大的安全感。在多次的戲劇體驗中，兒童經歷了許多的衝突與抉擇。透過反覆的行動，兒童學習在不同的境遇中做決定。同時，在不斷的衝突與轉折中，他們也學習體會生活與生命的無常，並練習其中的應變之道。在現實生活中，若碰到類似的遭遇時，就較能接受、了解且安撫自己心中的不

安，並能冷靜思考解決之道。Blantner（1995）曾提出，在面對現代紛亂的社會現象，「角色扮演」正能為兒童提供一項正面的工具，用來協助他們建構自我的認同感及面對問題能力。若是缺乏這項能力，在面對不同文化及多元價值觀的衝擊時，他們將會茫然失措，不知如何自處，這會是一件非常危險的事（Lifton, 1993）。

肢體動作與美感知覺

本部分包含肢體動作之感知與表達及戲劇藝術之美感知覺。

一 •• 肢體動作之感知與表達

兒童必須學習如何使用及控制自己的身體，以便能靈活自如地表達心中的想法與感覺。戲劇教育之基本活動就是肢體與聲音的表達與創作。從模擬各類動植物及人物的聲音動作，到參與感官知覺默劇遊戲及故事戲劇，兒童實際體驗自己身體如何組合動作、如何在空間中移動及如何與他人維持身體動作的關係。透過反覆的練習創作，孩子逐漸明瞭動作的元素及關聯，包括「身體部分」、「用力強度」、「空間與形狀」及「動作關係」等四項。

戲劇活動中的一項基本要素就是培養五官感受的能力。兒童對外界環境學習之最佳媒介也是透過五官感受的方式。尤其對年紀較小的參與者，領導者可透過真實的道具包含具嗅覺（擦上防曬油）、味覺（品嚐食物）、聽覺（非洲原始樂器）、觸覺（睡在毛毯上）及視覺（配飾或衣物）等五官感覺，配合想像，很容易就能引導兒童進入戲劇的主題中。透過不斷的轉化與練習，兒童的觀察力與五官感受力能提升，他們逐漸也能直接利用想像及肢體動作來表達實際並不存在的五官體驗。

在研究中，也有學者探索戲劇與肢體動作的相關性，結果發現對兒

童大小肌肉動作、手眼協調及感官知覺等有正面增強的效果。另外，個人與團體的空間概念也從實際的運作中獲得。

二‧‧ 戲劇藝術之美感知覺

經由教室的即興創作，兒童有機會了解構成戲劇之基本要素（例如角色、劇情、道具與場景……）。透過想像，教室中的桌椅變成石洞，天花板變成天空，門窗變成樹木藤蔓，自己變成了怪獸，而小小的教室在一眨眼間變成了野獸島，許多現實世界的人、地、事、物竟能透過戲劇的效果，神奇地變為劇中的角色、場景、道具及劇情。如此深刻的體驗，實為兒童開啟早期欣賞戲劇藝術之門。同時，它也能培養兒童對生活美的賞析力，比起一般及單向式傳達之電視節目，這種從實際活動中得到的經驗，是豐富而雋永的。

肆　兒童語言發展

戲劇教育對兒童語言發展可分為口語和讀寫發展兩方面。

一‧‧ 口語發展

除了社會的互動外，戲劇教育非常重視口語的表達。透過非正式的討論、即席的口語練習以及分享活動，兒童不斷地在實際的情境中使用語言，這種整體的「語言環境」正是訓練兒童語文能力的最佳方法。根據 Stewig（1992）的分析，戲劇教育有下列四種特殊的貢獻：字彙的增進、聲調及語氣的控制與變化、臉部表情與手勢動作、即席的口語創作。

在字彙的部分，戲劇的活動能加深兒童對文字的敏感度及印象。隨著戲劇活動的開展，所有的文字都配合著語言的情境與人物的感情而表達出來。原本生硬的字彙躍然於一來一往的口語互動中，兒童能充分體

會語言文字的魅力。除了字彙的運用外，戲劇教育提供語言學習中最容易被忽略的部分──聲調、語氣、表情與手勢。在扮演各種人物的同時，孩子必須試驗不同聲音的大小、強弱及快慢的變化。同時，他也必須融入各種表情手勢以配合扮演角色的需要。為了讓別人更清楚了解自己的意思，兒童會比手劃腳地運用身體姿勢和臉部表情溝通。漸漸地，他就能靈活運用這些非語言的工具傳達訊息。由於戲劇教育著重參與者即席性地口語表達，兒童在具體的情境中組織、思考並重組創造語言，這對其口語創作的企圖有很大的鼓勵作用。

在許多目前的實徵研究中，戲劇對兒童語言表現的貢獻最顯著。Vitz（1983）分析了 32 份與語言表現有關的研究，發現其中 21 項報告證實戲劇對兒童口語能力的正面影響。這些影響包含語言製造、口語流暢度、即席創造力、口語敘述量與時間之長度、第二語言學習、溝通技巧、語意測驗等（Haley, 1978; Hensel, 1973; Neidermeyer & Oliver, 1972）。此外，也有學者（Brown, 1992）嘗試用戲劇活動在低社經背景的學前兒童身上，結果發現在語言學習的部分有顯著的效果。

二 •• 讀寫發展

許多戲劇教育活動的題材來自歌謠、童詩及故事等文學作品。經由親身的參與，兒童對於故事的內容有進一步的了解；透過扮演的過程，兒童對這些雋永的文學作品有更深刻的體認。此外，參與者必須用自己的語言重新組織、思考、詮釋且表達對不同故事的觀點與內容。教師若在戲劇活動後，鼓勵兒童寫下或畫下自己對故事的感想或創作，其對兒童閱讀及寫作能力的提升有相當大的成效。Tucker（1971）、Rice（1971）、Adamson（1981）三人分別發現戲劇活動能提升幼兒的閱讀準備度。在 Galda（1982）、Carlton 及 Moore（1966），以及 Henderson 及 Shanker（1978）的研究中，戲劇被證實比其他方法更能加強兒童閱讀

理解能力。英國學者 Conlan（1995）在其行動研究中也描述了 26 位四至五歲兒童如何在講故事、問問題及戲劇互動的過程中獲得語言及寫作能力的增進。雖有部分研究顯示戲劇課程對兒童的閱讀能力無顯著影響，根據 Vitz（1983）分析，主要原因是因為參與教學之教師戲劇技巧訓練不夠且經驗不足。另外，施測的時間太短也是可能的原因。

第二節 兒童戲劇教育之藝術內涵與元素

　　兒童戲劇教育之藝術元素源於「戲劇／劇場」之內涵（content）及其特殊的表現形式（form）。在帶領戲劇教育活動前，教師必須對這些戲劇之基本內涵與架構有所了解，才能引出具有深度的即興創作。若將戲劇與劇場的藝術架構比喻為戲劇之「骨架」，而人類生活經驗的內涵就可比喻為戲劇的「血肉」。筆者將針對戲劇藝術之內涵做介紹；接著，再分析戲劇與劇場藝術之基本架構。

壹　戲劇藝術之內涵

　　兒童戲劇教育是領導者引導參與者去想像、經歷且反省「人類的生活經驗」。所謂「人類的生活經驗」就是戲劇創作的主要內涵。舉凡人類生、老、病、死之過程，悲、歡、離、合之遭遇，或愛、恨、情、仇之情感世界；自古以來，這些有關人的生活題材，一直就是戲劇與文學家創作之靈感來源。從希臘悲劇到莎翁劇作；從古典文學到現代電視劇本，儘管這些作品一再反覆述說相同的主題，它們仍然受到大家的喜愛，甚至常常引人落淚且發人深省。

　　兒童戲劇教育所探討的內容，與一般學科所探究的知識內涵大異其趣。一般學校的教學重點多放在某一專門領域的研討；如語文包含聽、

說、讀、寫的學習；數學包含數、量、形及邏輯思考概念的獲得；自然包含生命、健康、物理及地球科學的探究；而社會則囊括歷史、地理、經濟及政治方面的涉獵。上述的學校課程，多與外在物理或人文世界有關，而一些與「個人情感、經驗或生活」有關的基本面，往往不是被忽略就是流於潛在的課程，隨機地被傳授。兒童戲劇教育就是特別針對這些個別化、最真實且具體的層面做深入探討。

除了探討人性與生活化的主題外，兒童戲劇教育更強調「經驗的統整與內化」的部分。不若一般「事實」或「訊息」之被動讀取的傳遞方式，兒童戲劇教育中的「經驗」內容，是透過個人主動參與且透過五官知覺及情感互動所留下的深刻「意象」。透過領導者的啟動與不同戲劇活動之暖身，許多塵封已久的記憶生活中之意象及過去的經驗，都即席地在戲劇互動的情境中重新甦醒。在戲劇世界所創造的「替代情境」中，參與者必須統整舊經驗去面對新的困境，感受角色內心深處的情感交戰——包括害怕、喜悅、悲傷與憤怒，捕捉敏銳的五官所帶來的新感受，容納他人的觀點與感覺，並克服團體面臨的問題與挑戰。

總言之，兒童戲劇教育的內容是以人類生活與人性情感有關的題材為主，在其中，它特別注意對「個人經驗」具體的回想、反思與建構。

除了對「個人經驗」之回想、反思與建構外，兒童戲劇教育具備下列三項戲劇藝術之特質（Kase-Polisini, 1988）：

一 •• 對人類角色及處境之認同（role identification）

戲劇藝術之內容乃反映人類之生活與處境，透過演員之「現場」行動與語言，象徵性地把人類本性中之慾念、行為、反應與彼此互動之內容表現出來。

二·· 藉助演員之象徵性的行動（symbolic action in an actor）

戲劇藝術在創造一種特殊的表達形式。在其中，某些人類的經驗或事件被篩選出來且透過舞台上演員的行動與戲劇的張力，把原本平凡的生活事件表現得比「真實更真實」（more real than real）。而能夠把真實的現況發揮得如此淋漓盡致的主要關鍵，就是演員本身的行動。

三·· 藝術之整體總營造（collaboration）

除了演員的表演外，戲劇藝術常結合舞蹈、音樂、美術等多層面的藝術形式，期望把演員所想要表達或反映的意念，更傳神地表現出來。

貳 戲劇之基本元素

兒童戲劇教育根源於戲劇及劇場藝術，若要對其架構有進一步的了解，首先必須先從基本元素著手。按戲劇理論的分析（Brockett, 1969; Goldberg, 1974; Siks, 1983），一齣戲劇構成的要素包含下列五項：

1. 人物（character）：此乃推動劇情發展，使劇本從平面文學進而成為立體的戲劇形式之行動者。
2. 情節（plot）：是一齣戲的故事與發生事件之安排。
3. 主題（theme）：一齣戲的中心思想。
4. 對話（dialogue）：此乃劇中人物或作者表達中心思想的工具。
5. 特殊效果（spectacle）：包含背景、道具、服裝、化妝、燈光、音效等烘托劇情及劇中人物之特殊藝術效果。

一·· 人物

戲劇乃反映人生，因此離不開「人」，而戲劇的成功與否，決定於人物刻畫的深淺。戲劇的結構只是戲劇之骨架，而其中的人物才是血肉。一齣戲的情節或故事，主要靠人物的行動言語來推展。一般而言，

劇中人物包含下列兩類：

1. 主角（protagonist）：他（她）通常具有特殊的氣質、個性、毅力及勇氣。往往在遇到挫折困難時，能坦然而且勇於解決。隨著劇中主角的行動，主要劇情也得以順利推展。對兒童而言，這類的主角常是他們心中認定的英雄人物，也就是所謂的好人（the good guy）。

2. 反角（antagonist）：通常他（她）扮演與主角對立的角色，由於他（她）的能力或意志力與主角相當，因此能產生足夠的抗衡力量，不斷地阻礙主角達成目標或離開困境。這類角色常令人氣得牙癢，甚至恨之入骨。對兒童而言，這種就是所謂的「壞人」（the bad guy），待其被好人打敗，觀眾的心裡才能得以滿足釋懷。

對兒童而言，好人、壞人是他們用來區辨是非善惡的簡單方法；對成人而言，一位成功的角色，就不只是具備好或壞的單一特質而已，通常他還需具備下列特性：

1. 特殊性：平凡的人但具備特殊的地方，或不足為外人道的問題；另一種是特殊的人但卻有其平凡的一面及個人的問題。

2. 衝突性：戲劇的人物必須被安排在劇情衝突的局面中，才能凸顯戲劇的本質。換言之，一個普通平凡的人，一旦他有了內在或外在的衝突，他的生活和行為就會不平凡了。

二 •• 情節

情節是一齣戲劇所要表現事情的經過情形，它是一整部戲的中心軀幹，也是一齣戲的故事發展變化情況。情節的安排有許多種，有些直接依時間發生順序或事件因果順序而生，有些則製造懸疑、採倒敘法，把事情之因果或時間順序顛倒，以達到某些特別戲劇效果。無論是何種安排，一般情節的編寫通常都包含一個故事的開始（exposition），藉此呈

現主要的人物、時間、地點及事件。接著是故事的中段，主要是經由一些重要的衝突（conflict）、危機（crises）而引發連續的反彈事件，甚至於阻擾主角克服困難或達到目標。通常劇作家常運用懸疑（suspense）的手法使劇情懸而不決，引人猜疑及掛念，而當戲劇步入高潮時（climax），再運用「驚奇」（surprise）的手法，使懸疑的劇情或發生的危機有出人意外之解決方式。最後，在結束時，讓觀眾覺得除了這樣的結果外，別無其他結果能令人如此「滿意」（satisfaction）。

戲劇之所以為戲，最重要的就是在故事的情節中加入「衝突」，一般而言，戲劇之衝突，可由下列三種原因構成：

1. 「人與人之衝突」：由於對立的角色與主角之意見相反，造成爭執、敵對、陰謀或傷害等種種衝突現象，大至國家或民族群體之戰爭，小至兩個人吵嘴鬥陣，這些都能成為發展戲劇情節之重要的衝突。

2. 「人與外在環境之衝突」：由天文、動物、鬼神或其他外力外物所造成之阻礙，這也能構成主角達成目標時之相當大的威脅與危機。

3. 「人與自己之內心衝突」：這類衝突常是因為主角本身個性上的缺憾，或是自己內心的矛盾而造成的。這種衝突是最複雜且最不容易解決的一種。由於主角之處境左右為難，無法選擇，從一開始便無法解決，而最後仍然不能解決，造成劇情的過程難分難解，而劇中的人物也令人同情，又令人遺憾，如莎士比亞劇中哈姆雷特的角色就是一例。

三 •• 主題

主題是一齣戲的靈魂中心，姜龍昭先生（1991）曾用人體來代表劇本，而把主題比喻為人的「頭」，且稱它為人的首腦，並論及「一切思

想、生存、成長與活動，皆以頭腦為依歸」。在戲劇專書 *The Theatre: An Introduction* 中，作者 Brockett（1969）也指出：「主題乃一部劇作之想法、爭論點，凌駕全盤的意義及劇中行動之要旨。」

　　既然戲劇的內容乃反映人生，戲劇主題就應具備一般性的共通原則。換言之，一部戲所反映之中心思想，通常應該能被推及或應用在其他的生活情境中。通常主題之涵蓋範圍可大可小，它可是通行於一般人生活之想法，也可能是反映某些特殊人物之特別思想。無論是哪一類，一部戲的主題通常只有一個，而且它必須透過劇中人物的行動及整個劇情之推衍才能被具體地呈現出來。

四 ‧‧ 對話

　　對話乃一部戲劇中人物之對白（dialogue）、獨語（monologue）及旁白（narration）等語言的部分。它是劇中人物以語言來表達自己的想法與感情的工具，對話可以幫助發展劇中人物、劇情、主題及氣氛。

　　一部戲劇中之對話，實際上包含了語言與非語言的溝通。當觀眾去看戲時，他們不僅只是去聽演員說什麼話，他們同時也在「看」著演員們如何透過動作、神態及表情與手勢把想說的話表達得更傳神入戲。

五 ‧‧ 特殊效果

　　特殊藝術效果主要是一部戲中的視覺及聽覺的效果所烘托出的氣氛。透過台上的布幕背景（setting）及道具（properties）之設立，戲劇發生的地點及背景得以畫定；透過服裝（costume）和化妝（make-up）之造型，劇中人物特色更加鮮明；而透過燈光（lighting）及音效（music）之陪襯，整個戲劇主題及氣氛愈發烘托得淋漓盡致。

參　劇場之基本元素

　　從劇場的角度來看，要呈現一齣戲必須包含四大要元（Kase-Polisini, 1988）：藝術家（artist）、藝術媒介（medium）、主題內容（content）及觀眾（audience）。

一 •• 藝術家

　　戲劇藝術家就如其他藝術作家，透過戲劇創作來完成表達自我之需要。他們利用戲劇藝術為媒介來反映人生的經驗及人類存在宇宙間之價值與任務。

二 •• 藝術媒介

　　每一位藝術家都有表達自己生命內涵之特殊創作技巧——就如畫家的專長在於運用色彩及線條或造型來勾勒自然萬物的現象；或舞蹈家的專長在於運用自己的肢體結合音律來傳達生命的悸動；戲劇藝術創作者也和其他藝術家一樣，他們屬於綜合藝術營造家，具備各種不同的特殊專長。其中「演員」的專長在運用自己的行動及語言，而「場景設計師」的專長乃集合畫家、雕塑家及建築師等之視覺表現能力於一身。「劇本編寫者」就相當於作家，是文字藝術的大師，「導演」則是把劇本變成一部戲的實踐者。在一齣戲的製作過程中，無論是何種角色，都必須發揮其特別的藝術功能，且合作協調，才能把一齣戲成功地呈現出來。

三 •• 主題內容

　　每一項藝術作品之後都會有某些中心思想，而它也是藝術家在當時想要表達的想法。一部藝術作品的內容固然重要，但能使之異於其他作品之主因，是藝術家的表達方式。同樣是一朵花，不同的畫家在不同時

間背景及印象中會有不一樣表達的方式；同樣的一則故事，因為參與者的不同，其詮釋方法與表達的向度就不盡然相同。

四 ·· 觀眾

大多數藝術作品是為觀者而創造出來，而戲劇或劇場藝術更是不例外。可以說沒有觀眾，劇場藝術就無法存在。它與其他藝術的觀者性質有些不同，通常一齣劇幕是演給「一群」觀眾，在某個特別的「時間」，且一瞬即逝。它無法如一部畫作，有時一次可為一人所欣賞，而且不受時間的限制。

第三節 ▪ 兒童戲劇教育之組織成員

戲劇教育中主要的組織成員為一位專業的領導者及一群參與戲劇創作的人，而無論是「領導者」或「參與者」，都需包含一些先決的條件。以下將分項說明。

壹 領導者

一位專業的領導者，是一次成功的戲劇創作之靈魂人物。他的角色如同一部戲的導演或者一齣交響樂的指揮家。活動進行前，他必須先考慮各種影響戲劇活動成敗之因素，包括參與者的年齡、背景、興趣、場地大小以及時間長短等；在活動進行中，他也必須熟練團體氣氛的醞釀、秩序的掌握、合作默契之培養及與戲劇教學相關之專業能力。活動進行後，他必須引導參與者去反省與綜合戲劇中的經驗，並為下次的活動做計畫。

一 •• 領導者的類別

　　一位戲劇的領導者必須兼具專業的知識背景與實際執行的能力。隨著個人背景及專精之不同，從事創作戲劇的領導者分為兩大來源：一為受過專業訓練之「專業帶領者」；另一為具備教育或特殊訓練背景之「一般帶領者」（Kase-Polisini, 1988）。

（一）專業帶領者

　　專業帶領者是受過專業的戲劇訓練，且能夠把兒童戲劇教育應用於各教學及社會服務領域的人。通常他們必須擁有三方面的專業知能：「戲劇專業領域」、「兒童戲劇教育專門領域」及「教育或輔導等一般領域」。在「戲劇專業領域」方面，多數的專家擁有戲劇系大學以上的文憑，且具備完整的戲劇藝術訓練之背景，包括表演、導演、編劇、服裝、化妝、燈光、舞台設計、劇場管理與經營等基本項目。在「兒童戲劇教育專門領域」方面，除了修習大學中所提供的三到六個入門及進階的課程外，多數的專家必須在研究所階段繼續針對戲劇教育之幼兒園及小學課程、教學原理與方法、教育戲劇及教習劇場等各方面，做深一步的探究。在實務部分，除學校的實習課程外，這些戲劇專家擁有許多臨床教學及獨立組織戲劇工作坊的磨練。在「教育或輔導等一般領域」方面，由於戲劇活動參與的對象多為學校學生或社會福利機構之團體，因此，這些專家也必須對教育心理、哲學、兒童發展、兒童文學、課程設計、教學原理及諮商輔導、特殊教育及社會工作等項目有深入的了解，才能實際地拓展戲劇應用之領域。由此也可得知，要成為一位兒童戲劇教育之帶領專家，無論在專業知識或實務教學及應用等方面都必須經過多年的訓練與歷練。

（二）一般帶領者

　　是指一些學校教師或社工人員在受過短期的研習訓練課程後，把戲

劇教育應用於自己工作範疇中之領導者。這類的領導者通常包括一般幼兒園或中小學及特教老師、諮商輔導人員、社會工作人員及表演工作者等。在專業的知能部分，多數的領導者都已擁有個別專業領域的文憑或執照，只是透過在職進修的方式，從大學或一般戲劇教學工作坊中修習三到六學分的兒童戲劇教育課程；或 40 至 45 小時的專業訓練課程以供其工作所需。

二 •• 領導者的養成

從以上的分析，可以了解兒童戲劇教育之領導者可能具備相當多元的背景與不同的訓練，但若想要成為一位好的領導者，根據 Rosenberg（1987）的建議，可以從下列方向進行：

（一）向外蒐集

充實自己在戲劇、劇場、兒童發展、創造力及戲劇教育等方面相關的知識與經驗。除了閱讀相關書籍外，可以利用下列的方式獲得直接觀察與參與的機會：

1. 直接觀察二至八歲的兒童遊戲的情形。記錄他們互動的關係，如何創造「想像」的情境，及如何使用「假裝」的行為。
2. 與兒童談話，以了解他們知道些什麼、記得什麼及怎麼知道的。注意兒童在描述這些經驗時所使用的感官經驗及後設溝通[1]的經驗。
3. 儘量參與欣賞戲劇的活動，比較劇與劇之間的異同點。
4. 找機會參與一齣劇排練的過程。觀察不同的劇場藝術工作者的工作情況，比較其個人工作與整體合作之異同。比較正式演出與排練過程之異同。
5. 閱讀有關劇場藝術工作者之專訪文章。特別留意這些工作者談及其創意的來源、想像力之培養及如何選擇恰當的意象來表達自己的想法與感覺。

（二）向內搜尋

有系統地回想自己已擁有的或未擁有的戲劇本能與技巧。有計畫地培養自己在戲劇藝術及戲劇教育方面的能力。可以利用下列的方式來增進自我的能力：

1. 修習一兩門與表演或戲劇有關的實作課程。
2. 培養藝術細胞，增進自己對藝術的敏感度。
3. 參觀博物館、參加舞蹈及音樂會等與藝術相關之活動。
4. 實驗使用不同的文體創作——詩、畫畫、音樂。
5. 觀察其他戲劇教育領導者之工作。
6. 多方面閱讀。
7. 旅行。
8. 作白日夢。

（三）培養自己成為一位成功領導者的魅力

所有成功的領導者似乎都具有共通的魅力與特質——一顆充滿童稚想像的心。他們對生活都保持相當開放的態度，對不同的意念與想法擁有熱烈的渴望，而對與「人」有關的事物也保持特別的關注與興趣。

綜合而言，要成為一位成功的領導者，無論從內在自我本質的培養或外在的知識與經驗的獲取，都是缺一不可的功夫。無論是「專業帶領者」或「一般帶領者」，都必須考量個人的興趣、能力與經驗。唯有了解自己感興趣的題材與適合自己帶領的方式，才能有足夠的熱情與動力，全付投入並發揮所長。因此，「了解」自己的喜好與能力，是一位領導者必須事先做好的功課。如此才能保持相當大的彈性，且在戲劇引導的過程中，隨著參與者當下的意識與想法，改變主題與對策，為成功的戲劇經驗營造最佳的氣氛。

貳　參與者

　　除了領導者外，兒童戲劇教育的基本成員就是一群參與者。隨著組織成員的不同，戲劇活動進行的方式及內容都有所不同。根據 Kase-Polisini（1988）及 Wright（1987）[2] 的解釋，「年紀」、「團體的背景」及「團體氣氛」是三項重要的影響因素。

一 •• 年紀

　　隨著年紀不同，參與者的專注力、社會技巧、基本戲劇表現方式都會有所不同。通常年紀小的孩子，專注的能力有限，15 至 30 分鐘的教學時間已是他們的極限。成人或一般教師的戲劇活動力卻可以維持整個早上或連續數天。若是成員為老人或是特殊的對象，其能夠專注持續的能力又會因其生理與心理狀況而不同。在社會技巧的部分，小朋友就比較適合進行全體同時的活動，而年紀愈大的人，社會互動能力較強，因此除了大組外，無論分成小組或雙人合作活動都能進行得很順利。另外，戲劇基本能力的表現，也會因著成員年紀而有所不同。年幼的孩子受發展的限制，在即席口語、小肌肉運作及邏輯思考等方面，常常需要領導者的幫助與支援。而多數的成人團體，在肢體與口語的表達部分較沒有問題，但其「自發性」卻不及兒童。

二 •• 團體的背景

　　不同的文化社會階層代表著不同的經驗與興趣，一般包含下列各種組合：

1. 各級的學校成員，如幼兒園幼兒、小學生、中學生、高中生或大學生。
2. 課外活動之社團成員，如社區、宗教組織。

3. 特殊教育之班級，如特教班、資源班等學校團體。

4. 社會福利單位，如育幼院、老人安養中心、中途之家、監獄、療養院等機構。

5. 諮商心理中心，如張老師、諮商中心、輔導中心等單位。

6. 混合型的團體，如家長與兒童之親子團體、教師與學生之社團關係、病人與治療師之互助團體等。

一般而言，多種的兒童戲劇教育成員以同質性較高之成員組合為主（一至五項）。但近年來，「混合型」的團體有增加的趨勢。

由於參與者的背景差異性很大，在撰寫教學內容時，就必須針對個別團體的需求設計。在一般的教室中，「兒童戲劇教育」的焦點可能放在學習的部分，包括戲劇藝術本身的領域、各類學科領域，或與個人成長及社會互動有關的主題。對中學生或大學生而言，「戲劇教育」可能成為發展學生的演技或劇本寫作能力的媒介。相對於學校成員所學習的正式課程，一般課外活動或社會團體組織之成員，可能會把戲劇拿來當成抒解壓力、增進生活趣味的活動。有些單位把它當成一種正式的心理治療方法，但它必須由具有正式戲劇治療執照的專業人士來帶領戲劇活動。近年來，這類的組織有愈來愈普遍的趨勢（Jennings, 1987; Landy, 1986）。除了應用在心理治療的成員上，「戲劇教育」也擴及多元文化的部分。Saldaña（1995），就以不同種族背景的成員為其著作之主軸，透過不同民族之傳說故事，來進行戲劇活動。

三 ·· 團體氣氛

「團體組織的氣氛」也是一項影響戲劇活動成敗之關鍵。這是一項看不見卻令人感受得到的參與元素。這種氣氛通常與參與者彼此的默契、互動的模式、開放的態度與合作的關係有關。戲劇活動常需要參與者開放接受自我及他人的想法與肢體表達。另外，也需要常常與自己、

他人或小組溝通與交流，更需要參與者建立共識與相互合作的關係。因此，領導者必須提供機會，讓參與者在戲劇活動中共同解決問題以發展彼此的共識，並透過合作的關係發展戲劇的團隊。通常「團隊」的默契需要慢慢地發展與培養。由互相傾聽，到兩人或小組的磋商而至整組性的協調，這些都是重要的社會技巧。此外，「同理心」的培養也很重要。參與者要先能發展自我的知覺，繼之，才能利用同理心去體會不同角色的處境，進而與小組或整個團隊分享心得且一起合作，共同完成戲劇的挑戰與創作。總之，除了領導者外，團隊的形成在一次戲劇創作的過程中，佔著舉足輕重的角色。關於教師如何建立互信互賴的氣氛及團隊關係的過程，在第六章兒童戲劇教育之教學中，將有具體的討論與說明。

後設溝通是指「溝通的溝通」，詳細內容請參考本書第四章。

Dr. Wright 是亞歷桑那州立大學戲劇系主任，筆者曾為其學生，該部分參考的資料是其上課的講義，但未曾出版。

CHAPTER 3

兒童遊戲與
戲劇教育

戲劇遊戲（dramatic play）是兒童生活中最重要且最原始的一種活
動，長久以來，它一直受到幼教專家的重視，相關研究也蓬勃發
展。它是反映兒童心理需求的一面鏡子，也是兒童用來了解自己及外在
世界之最佳媒介。在一個「假裝」的自設情境中，兒童試著去揣摩各種
角色之想法、言語和行動。他們也經歷不同事件之開始、過程與結束，
並遭遇各類人際之溝通、合作與衝突。漸漸地，兒童開始了解自己所生
活的世界，並能連結行動和結果、習俗與信念、自己與他人的關係。除
了提供兒童學習的情境外，這種假裝扮演遊戲也是人類最原始的戲劇活
動。從戲劇的基本元素分析，兒童能假扮「角色」、製造「情境」、安
排「環境」、使用「道具」，並在遊戲中互相「引導」且對彼此的演出
做「反應與回饋」。換言之，兒童在未經學習的情況下，就已具備了從
事戲劇活動的能力，包含創作、演出、設計、導演及擔任觀眾等要素。

第一節 ▌自發性戲劇遊戲

　　兒童自發性之戲劇遊戲和成人引導之戲劇教育，在本質的部分有許多相似之處，教師若能掌握其精髓，必能將兒童遊戲之潛能引導至戲劇活動中。本節將先針對自發性戲劇遊戲之定義與本質做介紹。

壹 自發性戲劇遊戲之定義

　　請見第一章第 5～6 頁「壹、幼兒自發性戲劇遊戲」之第一段。

貳 自發性戲劇遊戲之本質

　　要探討戲劇遊戲，必須先從遊戲的本質開始，愈趨近遊戲本質的活動，就愈能符合幼兒身心的需要。Smith 及 Vollstedt（1985）曾綜合 Rubin、Fein 及 Vandenberg（1983）以及 Krasnor 及 Pepler（1980）的研究，把遊戲的特質列為下列五項：

1. 內在的動機：引發兒童遊戲的動力是兒童內在的需求，非外在社會性要求。
2. 正面的情意：遊戲讓兒童覺得好玩。
3. 不求實際：遊戲常在一個「假設」的架構中，非真實而嚴肅的。
4. 重過程非結果：在遊戲中，兒童沉浸於過程中的感受，非遊戲的結果。
5. 彈性：遊戲因著不同的情境與材料而能產生不同組合與變化。

　　由以上分析，可以得知遊戲的特色在於兒童對於遊戲過程的主導權，在一個「假設」的遊戲架構中，兒童們運用自己的想法與做法，彈性地變化遊玩的方式，而在此過程中，其身心得以解放、情感得以抒發。

雖然學者們試著把遊戲的特質一一列出，但在實質上，這些分列的特色又有其密不可分的重複處：Krasnor 及 Pepler（1980）就嘗試著用圖形的方式來表達這些複雜的關係，詳見圖 3-1。

圖3-1　遊戲本質之關係圖

　　另外 Neumann（1971）也曾用「一條持續的界線」（continuum）來界定某些活動較接近於遊戲的本質，而哪些則偏離其本質。以下三種條件就是他用來測定幼兒園活動為「遊戲」或「工作」取向的標準（圖3-2）。

圖3-2　遊戲與工作之關係圖

在這三條線上，愈趨向於左邊，也就愈接近幼兒內在的控制、內在的現實與內在的動機，這種活動就愈趨近於「遊戲」；反之，則趨近於「工作」的活動。

綜合上述學者的分析，筆者以為可以融合 Smith 及 Vollstedt（1985）以及 Rubin 等人（1983）的定義，利用 Neumann（1971）的分項，來闡明自發性戲劇遊戲中之遊戲的特質。

一 •• 內在動機

Smith 及 Vollstedt（1985）以及 Rubin 等人（1983）都把「內在動機」列為遊戲本質的一項重要指標。內在動機的意義就是去做心裡真正想做的事。什麼樣的事是兒童心裡真正想做的呢？什麼是引起遊戲發生的內在動機呢？根據 Smith 及 Vollstedt 對遊戲本質的解釋，引發的動力是「兒童內在的需求」。

從心理分析學派的觀點來解釋，遊戲的發生是為了解除心裡的焦慮與衝突，也就是說，引發遊戲的內在動機是「兒童內在的焦慮與衝突」。依照 Freud 的觀點，這些基本的需求包含：「長大的需求」及「承擔主動角色的需求」（引自陳淑敏，1999）。長大的需求是個體生物性成熟的壓力及社會和心理的壓力（透過觀察和模仿成人）交互作用的結果。透過遊戲，兒童的內在需要獲得滿足而覺得快樂，而這種快樂的情意作用，就反映了 Smith 及 Vollstedt 的遊戲本質之另一特性——「正面的情意」。除了長大的需要外，遊戲也提供了兒童減輕心理焦慮，並從中獲得控制這些負面情緒的感覺（sence of mastery），如生氣、害怕、擔心等。在 Vinian Paley 女士 *Millie is Three* 的書中[1]，就忠實地記錄了上述方面的需要。在 Paley 的描述中，透過「假裝」的神奇魔杖，孩子喜歡把對「長大的渴望」及現實中的「無助」與「心中害怕的事物」重複演出。經過這種安全的方式，來安撫自己對周遭生活的不安與好奇的

心理。透過扮演父母、老師及力大無比的水怪、神勇非凡的超人或神出鬼沒的魔頭，孩子們可以任意馳騁天下、統領四方；而在緊急的狀態下，他們也可以把自己變成「雕像」，在假裝的保護網下，及時逃離惡魔的侵襲（林玫君，1998）。

Erikson（1950）也從心理社會的觀點來分析兒童遊戲之內在需要。他將兒童遊戲行為發展分為三個階段——自我宇宙、小宇宙和大宇宙。第三個「大宇宙」階段乃是兒童進入幼兒園之時段，開始學習與他人共同遊戲並由互動中增進社會技巧與自我概念的關鍵期。換言之，他認為兒童的自我概念與社會能力是透過「遊戲」而建立。在 Paley 女士班上孩子的戲劇遊戲中，透過對彼此故事的相互模仿，嘗試著探索友誼的真諦，且不斷地尋求友伴的接受與認同。原本喧鬧專橫的強盜，會為了加入同儕的扮演遊戲而願意接受安排，認命地擔任「爸爸」的角色，盡忠職守地為嬰兒扣鈕子。戲劇遊戲已成為孩子溝通彼此想法與行為的特殊管道，孩子的社會技巧與自我概念也在這種自導自演的過程中愈發增進。

除了利用心理分析等學派來解釋兒童的需求外，「認知學習」也是促使兒童進行遊戲的動力。以 Piaget 為代表的認知心理學家企圖從兒童認知學習的觀點來分析遊戲的「內在動機」。Piaget 認為遊戲是環境刺激的同化，兒童在生活中遇到不一致和矛盾的事物時，透過遊戲的方式來解決其認知上的矛盾，而這種「認知的矛盾」就是引起遊戲的內在動機（Gottfried, 1985）。在 Paley 女士的書中，也有許多關於兒童如何透過具體的扮演而嘗試去了解 A（如「數字」、「顏色」及「節日」等抽象概念），和 B（如「等待」、「輪流」、「分享」及「自私」等社會認知概念）。在認知的部分，她觀察到「對一個三歲小孩而言，不管我們是如何地合理解釋一些事物，我們可能都要接受孩子們無法明白而產生一連串誤解的心理準備才行」，而從孩子的扮演中，她也發現小孩子會用戲劇中的角色去合理化解釋不同的人、事、物。例如在復活節時，當

Paley 女士嘗試用「合乎大人邏輯」的方式介紹小朋友進行「藏蛋找蛋」的企圖失敗後，她隨即把活動轉化為一個「戲劇故事」，讓其中一位小孩扮演「自私」的巨人，而其他的小朋友則扮成擁有魔杖的小白兔，如此，三歲的小孩就能在假裝的戲劇情境中，耐心等待（社會認知），且學著怎麼去「分配」與「分享」彩蛋的問題（數概念）。

二 •• 內在現實

「內在現實」的意義就是 Smith 及 Vollstedt（1985）所謂的「不求實際」之意義，或 Rubin 等人（1983）所言遊戲具「非真實與假裝成分」及「不受外界規範」等意義。換言之，遊戲常在一個「假設」的情境架構中進行，對外人而言，它是一種非真實的狀態，但對遊戲的參與者而言，它是內在世界最「真實」的表現。而這個「內在的現實」就是透過「假裝」的框架（frame）來代表任何「人」、「時」、「地」、「事」、「物」之轉換（transformation）的宣稱。根據 Bateson（1976）的理論，兒童能夠利用所謂「後設溝通」（metacommunication）的方式來維持自己遊戲之「假設的情境」。當孩子們要進入戲劇遊戲的框架時，通常他們提高聲調或向別人使個眼色並宣稱：「假裝你當⋯⋯，我當⋯⋯」、「假裝現在是⋯⋯」、「假裝這是⋯⋯地方」、「假裝這是⋯⋯用具」、「假裝你先做⋯⋯，我再做⋯⋯」。利用這種方式，讓別人知道「這只是遊戲」，且可藉此劃分「真實的世界」與「遊戲的情境」。當遊戲中起了衝突或必須重新修訂人物情節的內容時，孩子又會利用這種「後設溝通」的方式，跳出「假裝」的框架，以局外人的身分進行協議、溝通、發展及重創的工作，藉此以維持遊戲的進行（Garvey, 1977; Schwartzman, 1978）。

大致而言，「後設溝通」包含下列兩種：一為「情境外的溝通」，意指「玩者」在遊戲腳本外，對規則或訊息的溝通；另一為「情境內的

溝通」，意指「玩者」戲劇扮演角色間之對話內容（Rogers & Sawyers, 1988）。由前段分析可以了解，兒童的遊戲雖「不受限於外在的規則」，他們卻從遊戲的過程中建立彼此同意的內建規則。例如：當小明被指定當家中的嬰兒時，這種「指定」已隱含了「當嬰兒的規則」，而當小明要從座位上跳起幫忙當媽媽角色的小英準備晚餐時，小英喝止了小明的行為，並告知：「小嬰兒應該不會做家事，他只能坐在椅子上，且應該假裝哭。」在上例中，小英打破了媽媽的「角色格局」（role frame），以第三者的身分提醒小明不合乎自己身分的表現，並提醒他應該如何做才合乎嬰兒的角色。在遊戲中，許多幼兒都曾使用小英的方式，以協助玩者遵循彼此認定的角色與劇情之發展。這些行為都表示兒童正以他們自己協定的方式，把共同的「內在現實」，透過戲劇遊戲的角色與情境表達出來。

三 ·· 內在控制

「內在控制」的意義是指在遊戲過程中幼兒能夠自我操控的程度。筆者以為在 Smith 及 Vollstedt（1985）的分類中之「重過程不重結果」和「彈性」，及 Rubin 等人（1983）的定義中之「主動積極參與」等因素，都是這個項目中的範圍。

在遊戲的過程中，兒童較關心的是用不同的方法來達到自己想達到的目標。換言之，遊戲中應無特定的「目的與結果」。由於不同的個別與團體的差異，孩子在建構遊戲的過程中，各自設定自己遊戲的玩法且不受外在規則的限制。隨著遊戲的發展，遊戲的方式、玩伴的搭配及進行的程序都會重新排列組合。因此，這種不斷重組與建構的過程，讓兒童在遊戲的當下有更多的「選擇」與「彈性」。且這種彈性，會使兒童有如發現新事物般的雀躍感，進而增進兒童主動參與和發現建構的樂趣。

第二節 ▊ 自發性戲劇遊戲之發展

　　有關兒童自發性遊戲的發展，許多的研究是關於「戲劇性遊戲」。Piaget 是第一位在自然情境中觀察兒童而發展出遊戲理論的研究者。他首先探究兒童認知學習的歷程，並利用「同化」與「調適」來解釋這個過程並創造「象徵性遊戲」一詞，來代表兒童由「直覺感官」遊戲的階段進步到能運用「抽象符號」來進行遊戲的新階段。之後，研究學者開始針對嬰兒期到學齡前期的早期遊戲形成模式做研究，並認為這種遊戲中的「假裝」，是各種不同形式之認知能力與社會技能的開端。也有些學者針對 Piaget 象徵遊戲中的「戲劇遊戲」感興趣，並首創「社會性戲劇遊戲」（Smilansky & Shefatya, 1990），來描述且記錄這類遊戲的特質。此外，Bateson（1976）、Sutton-Smith（1979）、Wolf 及 Grollman（1982）都曾利用不同的角度來解釋戲劇遊戲中的「轉換行為」、「溝通方式」、「角色扮演」及「腳本內容」等特質。接著，筆者將先就兒童早期象徵遊戲中的三個元素之發展做分析，接著再利用 Smilansky 及 Shefatya 的六大分項，為中後期的「象徵遊戲」（也就是戲劇遊戲）做說明。

壹 象徵遊戲之萌芽

　　當兒童有使用一個符號或具有抽象代表的能力時，遊戲就會由知覺感官的型態轉換成抽象符號形式的「象徵性遊戲」，其中又包含「物體取代能力」（object substitution）、「符號抽離實際情境」（decontextualization）和「自我中心轉換」（decentralization）（Monighan-Nourot, Scales, Van Hoorn, & Almy, 1987）。

一 •• 物體取代能力

「物體取代能力」是兒童能將一件物體取代另一件物體的能力。在兩歲前，Piaget 認為「物體或玩物」提供了嬰幼兒使用動作基模的機會。透過再製、類推、同化等方法，嬰幼兒的動作技能臻於專精成熟。此時，物體提供幼兒反覆練習大小肌肉及探索與熟悉實物功用的機會，它也為下一個階段實物之轉換與替代，奠定良好的基礎。當兒童能用一件物體取代另一件物體時，表示他們已進入「物體取代」的階段了。此時，為了做有效的調適，幼兒會同化以前的基模，並應用到新的情境中。另外，幼兒會使用「玩物」來模仿或激發新計畫的基模，這就是假裝遊戲的前奏特徵（Piaget, 1962）。Piaget 也提出三種表徵遊戲，其中前兩者都與物體的轉換有關。第一種是對一些新的玩物做表徵基模的應用，例如，幼兒對洋娃娃說「哭」，並模仿哭的聲音；第二種乃只限於一種表徵基模，但是原來的物體可以被取代，或者由幼兒本身假裝成別人或別的物體。例如：幼兒模仿父親假裝拿刮鬍刀刮鬍子，此時幼兒用象徵性的動作來取代真正的刮鬍刀。從發展的觀點看，幼兒對物體的轉換（如：把香蕉當電話）比人物轉換（把自己變成媽媽，娃娃變成行為者）來得早（Johnson, Christie, & Yawkey, 1999）。

二 •• 符號抽離實際情境

「符號抽離實際情境」（decontexualization）是指將抽象的象徵性符號與實體意義分離開來的能力。早在嬰兒 12 或 13 個月大時的假裝行動就可觀察到（Fein, 1981; McCune-Nicolich, 1980; Rubin et al., 1983）。小嬰兒會在非睡眠時間假裝睡覺，或假裝舉杯喝茶而實際上杯中並無飲料，像這類「假裝」的行為就表示他們已經有能力利用象徵性的動作來代表實際並不存在的意義，而且他們已能將某些生活情境（context）中包含的基本要素抽離出來。例如：睡覺的元素包含恰當的時間、睡眠的

地點與表示睡眠的動作，而幼兒能在非睡眠的時間、地點且利用簡單動作與言語表達睡眠的狀態，表示他們對「睡覺」一事已有相當的概念，而這些概念多半來自於日常生活中的經驗。從發展的歷程看，上述「假裝」或「象徵性」的動作會隨著年齡而改變。近 12 個月大的嬰兒時期，所謂單一基模（single scheme）的象徵動作就已出現（例如嬰兒假裝喝水）；到 19 個月大時，學步兒能將單一的基模應用在不同的物品上（例如假裝拿起杯子喝水的動作轉至假裝拿空奶瓶喝水）；到了 19 至 24 個月之間，他們又能結合數種基模（multischemes），把幾個象徵性的動作連結一起，如拿起水壺，將壺中的水倒入杯中，並拿起杯子假裝喝水（引自陳淑敏，1999；Bretherton, 1984; Fein, 1981; Rogers & Sawyers, 1988）。

三 •• 自我中心轉換

「自我中心轉換」是指以自我為中心的活動轉移到他人為中心的活動。從小女孩用杯子假裝喝東西擴展至小女孩要讓媽媽及她的洋娃娃喝東西，這種將自我為活動中心的角色擴展成以他人為中心的能力，顯現在發展過程中的關聯（Watson & Fischer, 1977）。幼兒在三、四歲時，常利用洋娃娃或想像中的伙伴來進行對話互動，就是在發展中角色行為轉換的實例，而這也是戲劇遊戲中角色之扮演與轉換的萌芽。從發展的角度看，「角色取代」的趨勢仍由「指向自己」（self-directed）的活動開始。此時自己是行為的接受者（如幼兒假裝睡覺），幼兒並未做任何角色上的轉換，從 Piaget 的觀點，他認為這還不能算是真正的象徵遊戲。待 15 至 21 個月之間，當幼兒跳出自己的角色情境，操縱他人，使他人成為主動的行動者時，假裝的活動也開始由自己轉向他人（other-directed），始可稱為象徵遊戲。例如：幼兒會操弄娃娃要娃娃假裝吃飯，或操弄玩具車隊假裝賽車。

貳 社會戲劇遊戲之發展

在前述 Piaget 的理論中，他已概括地描述兒童早期象徵遊戲中物體、行動與角色的「假扮」與「轉換」。Smilansky（1968; Smilansky & Shefatya, 1990）又對年齡較大的孩子做觀察，並認為早期的象徵或戲劇遊戲到了三歲後，會逐漸隨其社會的發展而增加「持續性」、「社會互動」與「口語溝通」等特質，她稱這類的遊戲為「社會戲劇遊戲」（sociodramatic play）。根據她的敘述，社會戲劇遊戲可包含下列六個向度：

1. 「物體」之轉換：利用任何玩具、材料或動作口語的描述來代替真實的物體。
2. 「行動與情境」之轉換：利用口語的描述來替代真實的行動與情境。
3. 「角色」之轉換：利用口語及模仿性的行動來表達一個假裝的角色。
4. 口語溝通：與戲劇情境相關的交談或對話。
5. 社會互動：至少兩個人在一段戲劇的情境中互動。
6. 持續性：持續地扮演角色或進行戲劇主題長達至少十分鐘。

除了 Smilansky 外，其他的學者專家也提出與社會遊戲相關之理論與研究。筆者將結合各家研究理論，結合 Smilansky 的分項，做詳細的分析探究。

一 •• 「物體」之轉換

「物體」的轉換部分，在兩歲以後，幼兒較能進行複製且系列式的假裝遊戲，此乃 Piaget 所稱的第三種假裝遊戲，在其中，「行為」和「玩物」（物體）有很多的連結與重組而且可依一般例行的玩法去玩，

玩的方法也較有連貫性（Fenson et al., 1976）。從發展的角度看，雖然四歲左右的幼兒都已具備物體轉換的能力（Elder & Pederson, 1978; Jackowitz & Watson, 1980），但是也有研究指出，大部分的幼兒仍偏向於具有與原始實物特質相似的替代物（Fenson, 1985; McCune-Nicolich, 1980）。而且，引起「物體」轉換的動機是因為行動與情節發展的需要。因此，許多的學者都建議教師必須提供充足的玩物材料，以便幼兒進行戲劇扮演時「實物轉換」的需要。到底教師提供的玩物與實物之真實相仿的程度在哪裡呢？根據建議（Rogers & Sawyers, 1988），玩物中的新奇性、複雜性與多樣性都需兼顧，且程度持中。一方面，我們希望藉由玩物的新鮮感與象徵性來挑戰幼兒運用其表徵與想像的認知能力來轉換物體；另一方面，我們也不希望提供過度抽象且與實物毫無相關的材料，以致無法引發幼兒任何的聯想（Hutt, 1976）。

二 ‧‧ 「行動與情境」之轉換

這是以前述「符號抽離實際情境」之部分為基礎，兒童由最初的假裝行動（pretend action）把某些生活情境（context）中的基本要素抽離出來，由單一的基模發展至數種行動基模的結合。換言之，幼兒把真實生活中觀察到的人、事、地、時、物透過假裝的轉換，將這些基本行動重組於自己的戲劇遊戲中。在「行動與情境」的早期轉換中，透過實物與實境的提示，幼兒較容易進行轉換；在後期，幼兒不需過度依賴實物與實境就能進行轉換（Ungerer et al., 1981）。此外，幼兒對戲劇主題的經驗與了解的程度也會影響其轉換的內容。Wolf 及 Grollman（1982）就曾利用「腳本」一詞來解釋此一現象。他們認為「腳本」代表兒童對生活主題（如去菜市場、開店……）之相關內容或情景片段（scenes）之了解。遊戲的內容是幼兒解釋和表達其個人經驗的「腳本」（scripts），其中又包含：情景、附屬行動、角色和關係、場景與道具、

腳本的變化及腳本的開始與結束等訊號（Johnson, Christie, & Yawkey, 1999）。從發展的角度分析，Wolf 及 Grollman（1982）認為幼兒的遊戲腳本結構由簡而繁，分為三個層次：

1. 基模（schame）：在單一事件下的基本行動單位稱為「基模」。通常年紀較小的幼兒會透過身體動作來表達一種或數種「基模」，如把一個娃娃放在床上。

2. 事件（event）：當兩個或三、四個基模重組在一起，且朝向完成某一件事的目標時，稱為「事件」。例如：「替娃娃洗澡」加上「把娃娃放上床」兩種基模或「切菜」加「洗菜」、「炒菜」、「煮飯」、「煮湯」等四種基模都朝向「準備晚餐」的目標。

3. 情節（episode）：當兩個或更多的事件連結且朝向同一個目標時，就稱為「情節」。例如：「準備晚餐」加上「招待客人」，最後再加上「清理餐桌」、「與客人道別」等四項事件都朝向「家有來客」之情節。

根據「腳本理論」，遊戲內容代表幼兒對其個人生活經驗的了解與嘗試，當幼兒的智能逐漸發展時，他們的詮釋與表達的能力就更好。教師或成人若能從這個角度來了解幼兒之舊經驗為何及其組織經驗的能力在哪裡，就能針對個別的需要提供恰當的經驗與引導。

三 ‥「角色」之轉換

在前面的討論中，已經提到幼兒之「自我中心轉換」的部分，到二歲以後，多數的幼兒已能由自己轉向他人；之後，幼兒更能利用角色履行（role enactments）的方式，扮演自己以外的人物，這些人物通常是自己熟悉的對象如爸媽、老師、醫生、店員等，此時的扮演行為已不只是單純的模仿單一動作，而是透過角色認同（role-identify）做出合乎角色的一連串行為。例如幼兒扮演媽媽假裝在煮飯，並不只單純模仿煮飯

的動作，而是因為他想像「自己」是「媽媽」的角色，所以做出煮飯、照顧嬰兒等連續的行為（Fein & Robertson, 1974; Overton & Jackson, 1973; Werner & Kaplan, 1963）。由此可見，對自己所扮演的角色愈了解，他愈能做出合乎該角色的行為舉止。角色扮演除了代表對不同角色的認同外，它也代表幼兒對角色的特質、關係及行為模式的了解（Garvey, 1979）。

Garvey 及 Berndt（1977）曾修正先前的研究，試圖將幼兒常扮演的角色分為下列五種：

1. 功能性的角色，包含一些無名的角色且透過行動或與「玩物」的關係而引發（如開車動作代表司機、煮飯動作代表煮飯的人等）。
2. 關係性的角色，包含家庭相關角色（如爸、媽、嬰兒），或其他相對關係（如主人與寵物）。
3. 職業性角色，包含各行各業的角色（如警察、老師、醫生）。
4. 幻想角色，包含電視、故事及想像的人物（如小飛俠、野狼、小丸子）。
5. 邊緣角色，代表幼兒在扮演提過的角色，但並不一定真正出現（如死掉的爸媽、想像的朋友）。如前述，幼兒扮演的角色有 80% 為日常生活中接觸的人物，因為這是他們最熟悉的角色經驗。

從發展的觀點分析，角色轉換是由單一角色至同時扮演數位角色（Rogers & Sawyers, 1988），而內容是由與自己親身經驗有關的親屬關係（如母子、父女……）至與周遭生活環境有關的人物（如社區中的醫生、警察）。年齡增長，隨著電視卡通媒體或童話故事的接觸，扮演的對象與主題就會擴張至想像世界中的虛構人物（Fein, 1981; Saltz & Johnson, 1974）。通常五至六歲的兒童對幻想人物或動物（如巫婆、精靈、會說話的動物）及機械式的聲音與動作（如機器人或汽車、飛機等交通工具）也相當的感興趣（Siks, 1983）。

四 ·· 口語溝通

　　三歲左右的幼兒，隨著同儕遊戲的機會增多，同儕的交談也會增加。在三歲半左右，各種型態的語言結構都被使用在幼兒的社會戲劇遊戲中。這些語言又包括：自發性的押韻和單字遊戲、幻想與胡言亂語、交談等（Garvey, 1977）。同時，他們也會利用模仿性的聲音溝通。當幼兒玩車子或動物時，透過模仿，幼兒逐漸運用聲音與語言在自己的遊戲情境中。

　　除了溝通內容上的變化，其架構也有明顯的進展。Bateson（1955）的後設溝通理論就是用來描述學齡前幼兒遊戲中溝通的理論。依據Bateson 的解釋，幼兒在一起玩或獨自玩時，會運用人際之間或個人之內的訊息溝通，以方便進出於真實世界與想像世界之間。通常真實世界的任何事物會經過溝通的訊息——「這是遊戲」（this is play）——而變成想像遊戲中的一部分，經由這個入口，幼兒與玩伴持續地組織和重組他們的遊戲行為和經驗。Garvey（1977）也進一步觀察到，幼兒在遊戲中常使用一些溝通的訊息來建立、維持、中止或恢復遊戲的情節。

　　另外，根據 Giffin（1984）的研究，三至七歲的兒童利用六種方式進行後設溝通：

1. 言外之意（ulterior conversation）：在遊戲情境內透過間接的敘述來表達戲劇情境之轉換，例如：「我真希望媽媽能早點下班回家」。

2. 邊說邊做（underscoring）：一邊做出假裝的動作一邊說明正在進行的情境，例如：「我正在餵嬰兒喝奶」（手上做此動作）。

3. 故事敘述（story-telling）：如訴說故事般，一邊做一邊敘述將發生的情境，例如：「然後，我就要去烤餅乾了」。透過此種方式，幼兒可以不用透過局外人的溝通，就能讓玩者知道將會發生什麼事情。

4. 提示（prompting）：暫從遊戲情境中跳出，簡短地說明情境內容且指導他人。此時，幼兒會放棄原來扮演角色的聲音動作，用原來的聲音給予玩伴建議，例如：「現在，假裝你是當老師，應該先帶小朋友走線……」。

5. 隱含式的提議（implicit pretend structuring）：在遊戲的情境外行動計畫，但並未在口語上直接運用「假裝」一詞，例如：「該是我們去商店的時間了」。

6. 外顯式的提議（overt proposals to pretend）：在遊戲情境外，利用「假裝」一詞，做一系列直接的計畫。例如：「假裝這是醫院，我會當醫生。這裡是我的辦公室，那裡是病人候診的地方……」。

五 ‧‧ 社會互動

　　Smilansky 認為戲劇遊戲與社會戲劇遊戲的區別就是在幼兒社會互動的能力。到了三歲以後，多數幼兒會從無所事事、單獨或平行的遊戲中進行「聯合」或「合作」的遊戲（Parten, 1932）。根據研究顯示（Fein, 1981; Saltz & Saltz, 1991），社會戲劇遊戲中人際互動的關係會隨著年齡而改變。年紀較小的幼兒能自行分配角色，而且角色中呈現互補的情況（例如：媽媽與孩子），但角色的演出各自獨立沒有明顯的組織互動（例如：媽媽煮飯，小孩玩遊戲）。年紀較大的幼兒對自己的社會戲劇遊戲有比較多的控制與整合，角色與角色間的互動默契較好，每一個角色的活動都能與其他角色產生關聯（例如：媽媽要小孩來吃飯、照顧弟妹或乖乖在家等媽媽下班回來）。

　　在 Sutton-Smith（1979）表現理論的相關論點，將遊戲視為「表演」的層次來看幼兒遊戲中社會互動的情況。依據他的詮釋，幼兒遊戲時牽涉到四組角色的互動，遊戲者與同伴、導演、製作者和觀眾。這四組角

色反映了遊戲是一個多重因子的階段性事件。就如進行一齣正式的戲劇，在遊戲中，幼兒有時會以「導演」的身分指導計畫遊戲的進行，有時也以「製作者」的身分安排場景製作道具，大多的時候，他們仍是以「玩者」的身分扮演其中的角色，為真實（玩伴間）或想像的觀眾，呈現戲劇的內容。在遊戲中，幼兒能從不同的身分與角度來運作互動，為了讓好戲繼續上演，幼兒會不斷變化自己社會的角色來與人互動。

六 •• 持續性

　　Smilansky（1968）認為社會戲劇遊戲的發展與幼兒是否能持續進行遊戲的時間長度有關。一般年紀較小的幼兒其能持續互動扮演的時間較短，而年紀較長的幼兒其扮演的時間則能持續較久。雖然年紀較長的幼兒能持續較長的戲劇活動，但仍非常的有限。由於兒童對於時間前後的關係、事情發生的順序及社會合作能力相當有限，其戲劇遊戲的結構也常顯得沒頭沒尾，缺乏組織。在時間上，它也顯得零碎不一，有時出現得相當短暫，有時也可持續一段時間。戲劇遊戲的情節內容或內定的規則都相當的彈性，在短暫的時間內，隨時會因參與者的改變而改變。因此，在遊戲中，情節的發展會隨著玩者的需求而馬上更動或結束。

第三節 ▌ 兒童戲劇教育和戲劇遊戲之比較

壹　遊戲本質之比較

　　兒童戲劇教育與自發性戲劇遊戲相同，具有「內在動機」、「內在現實」與「內在控制」等部分，只是兒童戲劇教育仍須透過帶領者的引導來引發參與者的內在動機、內在現實與內在控制。因此，領導者若愈能了解參與者遊戲的本質，就愈能引起兒童自發性的即席反應。接著，

筆者將從遊戲本質中的三大要點逐項做比較，提供教師在帶領戲劇活動之參考。

一 ·· 內在動機

　　兒童戲劇教育與兒童戲劇遊戲相似，都強調自發性的動作與感情的表現。雖然這些未經雕琢的想法與行動同樣來自參與者本身，但引發這些意象與表達的關鍵卻不相同。依據第一節的分析，引起兒童自發性戲劇的動機主要來自心理需求，如「長大」、「承擔主動角色」、「對負面情緒如害怕、生氣之控制」及「對友誼的渴望」等。另外，在認知部分，遊戲也提供了兒童表達、練習、試驗與鞏固他們在非遊戲的情境中遭遇的認知矛盾，如「數字」、「顏色」、「節日」、「時間」與「關係」等抽象概念，或如「等待」、「輪流」、「分享」與「自私」等社會認知概念。在戲劇教育中，引發動機的來源是領導者而非參與者自己，領導者通常使用有趣的故事、手指謠、好奇的問題、一張圖畫或一段音樂來引起動機。雖然動機來自外在的資源，領導者在選擇這些「引發物」時，仍須注意它們是否符合兒童內在心理的需求。例如一些與他們有關如「長大」、「害怕」、「生氣」、「友誼」等主題。此外，教師必須經常觀察兒童的遊戲，以便了解其感興趣的主題，並提供自己帶領戲劇之參考。例如，教師在遊戲場中觀察到一群孩子對毛毛蟲感興趣，就可以「毛毛蟲」為主題，在教室中帶領毛毛蟲長大的戲劇活動。在活動進行中，領導者也需考慮兒童認知與社會的能力，如分組、角色輪流、方向、報數等限制。領導者可以利用相關的口語及教室管理的技巧來突破這些限制。

二 ‥ 內在現實

　　如同兒童自發性遊戲中的「假裝」架構，戲劇教育中也有相同的「戲劇」架構，只是前者的架構是由玩者自創，而後者的架構是由領導者與參與者共同建立。在自發性的戲劇遊戲中，玩者通常沒有確切的企圖去維持假裝的情境，全憑玩者的興趣與想像。因此，他們所建立的假裝情境非常不明確也容易改變，一會兒是醫生的主題，一會兒可能變成家庭的成員；才不一會兒，隨著一位孩子追逐的玩鬧行為，一場家庭劇很快就演變成警匪槍戰，有時甚至因孩子過於興奮而無法掌握「假裝」的情境，最後，以一場爭吵而結束整個戲劇的情境。在戲劇教育中，教師可以下列的方式，成功地引發參與者進入戲劇的情境：透過一個「故事」或「意象」的呈現、幾個與主題相關的討論，或一段帶動主題氣氛的音樂。在過程中，雖然戲劇的「架構」要靠參與者不斷對假裝世界的相信與投入（believe in make-believe）；架構的「維持」主要仍須依賴領導者的技巧。通常領導者可以透過「情境外」或「情境內」的溝通來維持戲劇之架構。所謂「情境外」的溝通是指領導者以教師的角色引導參與者對劇情、人物及戲劇相關內容做計畫、練習、討論與反省的工作。相關的技巧包括引導問話（guided questioning）、引導想像（guided-image）和旁白口述指導（side-coaching）等方式。「情境內」的溝通，是另一種維持「假裝」架構的有效方式。通常領導者利用「教師入戲」（teacher-in-role）的方式介入，在戲劇開始、中間或結束時，以第一人稱的口吻和參與者進行對話討論及反省的工作。根據前面戲劇遊戲的分析，以「教師入戲」的方式進行溝通之效果似乎較好。

三 ‥ 內在控制

　　在「自發性的戲劇遊戲」中，兒童重視的是過程中的互動而非活動後的目的。由於沒有明顯的目標，兒童可以盡情地探索、遊樂。對情節

的發展，他們保有完整的主控性，只要在玩者的「默契」下，想怎麼玩、要玩多久都沒有關係。在「戲劇教育」中，參與者對於整個戲劇的發展也保有相當大的自由，即使重複扮演其中的情景，其目的都是為了加深參與者對「意義」的了解，而非為了強化演技或在觀眾前的表演成果。因此，教師在帶領活動時，最好能拋開限制，在無時間壓力及表演目的之狀況下，讓參與者有充分的時間去嘗試、替換、創造及發展不同的片段，這才能反映「自發性的戲劇遊戲」中「彈性」與「自主」的本質。

雖然都是重過程不重結果，兩者的過程中都有成人的參與，只是「參與的程度」與「引導的目標」各不相同。在兒童自發的遊戲過程中，教師多在遊戲前規劃環境及提供經驗，而在遊戲進行中則視個別遊戲的情況做不同程度的參與，但參與的目的是維持遊戲的進行或提出問題以挑戰新的遊戲方式。教師的角色多半是「觀察者」、「提供者」及「有限的參與者」。而戲劇領導者在戲劇教育中之參與控制的程度較深，包含事前選定戲劇的主題；進行中帶領暖身討論練習；呈現前之計畫、分配角色、場景、出場順序，及戲劇呈現後之反省檢討。而且隨著不同的戲劇教學型態，領導者的角色各不相同（林玫君，2000a）。在「學習有關戲劇之概念」的模式下，領導者有如「教師」，強調對戲劇元素與結構的了解。而在「透過戲劇而認識自己」的模式下，領導者就如「製作人」，如何創造恰當的氣氛且引領參與者向自我內心探索就是其首要的任務。最後，在「透過戲劇而探討相關的生活議題」的模式下，領導者如「演員及導演」，常以劇中人物的方式要求參與者對當下的戲劇情境與議題做直覺的反應與反省。無論是何種模式，戲劇領導者必須隨時提醒自己只是擔任穿針引線的工作，如何讓參與者感覺握有主控的權力，並在同時達到領導者教學的目標，是一大技術與經驗的挑戰。

綜言之，兒童戲劇教育是一種與兒童自發性戲劇活動本質非常相近的教學方式，若教師能明確掌握本質中之自發性、內在控制及內在現實等條件，它將會是一種適合兒童發展的活動。

貳　戲劇元素之比較

綜合第一節的分析，隨著兒童發展，原始象徵遊戲的各項元素會趨於複雜性，Smilansky（1968）稱之為「社會戲劇遊戲」（sociodramatic play），其中包含了下列戲劇元素：

1. 利用象徵物來替代真實物體。
2. 利用動作與口語來代替行動與情境的轉換。
3. 角色的轉換。

此外，「社會互動的過程」、「溝通方式」與「時間的持續性」也是其中的特色。由於戲劇教育包含「戲劇」的內涵與架構，因此，從戲劇的元素分析，它與社會戲劇遊戲類似，同樣包含了實物、行動、情境與角色的轉換及口語、社會及時間等相關元素。接著，筆者將逐項比較，以提供教師在帶領幼兒從事戲劇活動之參考。

一 ·· 實物的轉換 ←→ 道具的應用

兒童使用一件實物來替代另一個不存在的物體的能力，被稱之為「實物轉換能力」，這種能力提供了「物體」、「想像」和「行動」之連結。對戲劇遊戲發展而言，它扮演重要且基礎的角色。根據前述象徵遊戲與社會戲劇遊戲之發展理論與研究的分析，教師在兒童遊戲時必須提供充足且多樣的玩物，而且最好以半具體又能提供想像空間的道具為主。在「戲劇教育」中，領導者也需考慮兒童的發展，對於年紀較小或經驗較少的兒童，提供與實物較接近的道具，有時，也可利用頭套或面

具來增加其對角色與故事情境的認同。而對年紀較長或經驗較豐富者，可提供多元且可變化的材料。教師最好鼓勵兒童自行組合材料，以發揮彈性，成為戲劇中搭配演出的道具。各類不同的箱子、袋子、布料、絲巾、帽子及繩子等材料，都是很好的選擇。

二 ·· 動作與情境的轉換←→默劇動作

由前節的分析可以了解，行動與情境之轉換是以符號抽離實際情境為基礎。透過最初的假裝行動，兒童能把某些生活情境的基本要素抽離，並由單一的基模發展到數種行動基模的結合。另外，根據研究，影響兒童進行「動作與情境轉換」之因素，一為實物與實境的提示程度（Ungerer et al., 1981），另一則為兒童對戲劇主題的經驗與了解（Wolf & Grollman, 1982）。在「創造性戲劇」中，由身體動作來表示某些人物、行動與情境也是戲劇過程常運用的方式，一般稱之為「默劇動作」。透過「默劇動作」的練習，領導者引發參與者利用自己的身體動作來表達時間與地點的範圍，和不同人物之情感與行動的意義。「默劇動作」通常也是戲劇表達元素中較簡單的一種，因為參與者只需專注於動作的表達而不需考慮溝通的層面，在許多戲劇相關的參考書中，它成為基本的入門活動。領導者在帶領中，也必須考慮兒童發展上的特質。因此，在平時就需多觀察兒童自發性戲劇遊戲的腳本，以了解其感興趣的主題、擁有的舊經驗及故事腳本的複雜度。根據林玫君（1999a）的觀察，兒童對其熟悉的活動或經驗，會影響其在戲劇中的創作與表現。例如：在【冠軍群像】中，具有溜冰經驗的兒童較能表現出溜冰的特殊動作與變化；而在【遊行】中，由於兒童缺乏經驗，教師必須做較多的引導與討論。另外，對於「毛毛蟲」、「小狗」與「白兔」等寵物的活動，由於興趣與經驗的熟悉，兒童對此類活動參與的程度相當高，對活動的主導性也較強。

除了經驗與興趣外，教師也可考慮哪些玩物或場景能引發兒童較多的想像行動。教師可提供象徵性的道具或材料，也可利用桌椅、紙箱、櫃子、燈光與音樂等來引發戲劇行動之「轉換」與「持續」。

三 •• 角色的轉換←→角色扮演

從發展的觀點分析，兒童自發性戲劇遊戲常包含家庭中熟悉的人物，如父母、子女，或生活中接觸的人物，如各行各業及其他相關角色。比起真實人物，幻想的人物通常較晚出現在兒童自發性的扮演中。「戲劇教育」中的角色變化多端，有些領導者偏好利用經典童話故事，因此，其中的人物就多屬幻想的範圍如「動物」、「野獸」、「魔術師」及「巫婆」。有些帶領者選擇真實的人物進入想像的情境中，如小男孩或小女孩經歷若干想像與冒險。無論哪一類，領導者在選擇角色時，必須留意兒童的舊經驗與興趣，例如許多孩子較能認同故事中正面角色的行為，而對巫婆、壞人等角色較不認同。同樣是劇情中的角色，有些就大受歡迎，有些則不受青睞。因此，教師必須尊重兒童的喜好與選擇，在分配角色時彈性地安排，對於受歡迎的角色可多安排一些人選，而不受歡迎的角色由教師帶動，再利用外加的道具來吸引幼兒（林玫君，1999b）。

四 •• 口語溝通與後設溝通←→即席口語對話與討論計畫

大體上，無論在兒童自發性扮演或戲劇教育活動中，口語溝通的形式都包含兩大類：一為角色間的「對話溝通」（dialogue），另一為參與者彼此的「後設溝通」（metacommunication）。「對話溝通」是指兩位或兩位以上角色之間的談話內容。這些對話多來自於參與者的即席反應。許多戲劇帶領者常利用聲音故事、口語對話等方式來增進參與者口語表達的能力。「後設溝通」是指參與者對戲劇的默契與規則之改變與建立

而進行的溝通。根據前面分析（Giffin, 1984），兒童會以言外之意、邊說邊做、故事敘述、提示、隱含式的提議及外顯的提議等六種方式來進行後設溝通。在戲劇教育的帶領中，領導者若能彈性地運用上列兒童已熟悉之溝通方式來加入討論、計畫與檢討反省等部分，戲劇活動之進行將會更順暢。

五 ·· 社會互動←→參與團體的合作默契

如前述分析，受限於兒童社會合作及溝通協調的能力，兒童遊戲中社會互動的發展由單獨角色扮演至平行角色扮演，最後至互補角色扮演。在戲劇活動中領導者可以注意這種特性，而在選擇題材時可以從單角故事著手，讓每位兒童能夠同時扮演相同的角色；或選擇雙角故事，其中之一角由教師擔任，另一角由全體參與者擔任。由於每位兒童都是主角，可直接與領導者互動，兒童可以專注於單獨角色的詮釋，而不必同時兼顧與他人合作默契的建立，對初學者或年齡較小的兒童而言是比較容易進行的方式。由於有限的社會能力，兒童在自發性戲劇遊戲中的合作默契很難維持。在「兒童戲劇教育」中，每次的活動都需要全體團隊的參與，因此，領導者必須利用一些方法來建立互信互助的氣氛，並透過一些劇場的活動來培養團體合作的能力與默契，無論在「參與者與領導者」或「參與者之間」，能夠彼此信賴且互相幫助是非常重要的。根據筆者研究（林玫君，1997b），領導者建立互信互重氣氛之方法可包含下列：適當真誠的鼓勵、接受及反映兒童之情感與想法、表達教師自己的感覺、接受創意的限制及模仿的行為、接受自己的錯誤。待團體或小組的合作默契建立後，領導者就可以雙人配對或小組或多角互動的方式進行戲劇活動 [2]。

在前述兒童發展的理論中，曾論及 Sutton-Smith（1979）的表現理論。在戲劇教育中，也有學者之戲劇理論（Siks, 1983）與表現理論相

同，重視參與者的社會角色。Siks 女士在她的著作中，就提出戲劇教育中參與者的三種角色：玩者（player）、創作者（play-maker）和觀眾（audience）。而領導者則扮演「導演」的角色。在過程中，參與者扮演玩者的角色，且體會放鬆、想像、肢體動作、聲音、感官經驗及人物化等經驗。透過領導者的引導，參與者除了玩在其中外（play what），也開始學習如何玩（play how）。漸漸地，他們開始學習與戲劇有關的術語概念及製作技巧。此外，他們身分就由玩者轉為創作者。在戲劇活動中，參與者常輪流分享彼此的想法與創意，因此，有時參與者的身分也會轉移成「觀眾」的身分，分析及反省彼此共同經歷的戲劇經驗。

六 ·· 時間的持續性⟷整體計畫

　　兒童在自發性的戲劇遊戲中，因缺乏組織與社會能力，其扮演的時間通常零碎片段，無法維持太久。在戲劇教育中，經過領導者的組織，通常在短時間內，就能看到某些完整的分享。在組織戲劇流程時，一般包含三個階段：計畫、呈現與反省。透過有計畫的發展，情節的內容就顯得相當完整，包括開始、中間與結束。理論上如此，但依上述對兒童戲劇遊戲之分析，領導者必須有「無法如計畫執行」之心理準備。以幼兒園為例，因幼兒的耐力或幼兒園實際能提供的時間，一個完整的教案可能必須分次才能完成。第一天先帶個暖身或介紹故事以引發幼兒的動機；隔日，再針對故事的片段做引導發展。若時間允許或者故事較簡短，就能在做討論後馬上計畫角色、流程與場景，且很快地呈現一次。在幼兒吃完點心或戶外遊戲後，再回教室做檢討反省的部分。若遇到時間不足或故事太長的情形，就只得待隔日或隔週繼續進行。有時，應幼兒的要求或劇情之二度發展，也可在當日或隔日重複演出故事的片段或創新版本。總之，在引導戲劇活動時，領導者絕不能照著教案的流程從頭做到尾，必須考慮幼兒專心度與興趣的持續力。同時，教師也要配合

幼兒園實際作息時間，將活動做彈性的安排。幼兒自發性戲劇遊戲之產生本來就是零碎片段，在帶戲劇教育時，教師不妨放開心情且放慢腳步，不用一次就想完成全部的計畫。

總結

　　長久以來，兒童自發性的戲劇遊戲相關研究一直受到學者專家的重視，因為它是反映孩子心理需求的一面鏡子，同時也是學習的最佳媒介。由於它具備各項戲劇的基本元素，筆者以為它是教師進行兒童戲劇教育課程前最重要之基礎。為了讓教師能夠更成功地把幼兒在戲劇遊戲中的潛能引導至教室中的戲劇教育活動中，透過文獻探討與行動研究的例子之方式，本章針對自發性的戲劇遊戲和戲劇教育之本質與戲劇元素做比較。結果發現，教師在進行戲劇活動時必須努力地維持活動中接近遊戲本質的部分，包含「自發性」、「內在現實」與「內在控制」。另外，也必須注意各種戲劇元素在發展上的需求與表現，包含「實物」、「動作」與「情境」、「角色」等之轉換和「溝通」、「社會互動」及「時間」等特性。

■ 1

本書原著之英文名稱為 *Millie is Three*（茉莉三歲），但中譯本翻成《想像遊戲的魅力》，光佑出版。

■ 2

詳細內容請參考本書第六章第一節「教師與幼兒的關係」。

CHAPTER 4

戲劇課程之
意涵與模式

兒童戲劇教育發展至今已近百年，隨著個別教育學者之推廣與應用，各種戲劇教育之理念與課程應運而生。尤其近年臺灣中小學及幼兒園課程都以「統整課程」為撰寫課綱之課程理論基礎，因此在本章第一節中，將先針對兒童戲劇課程中之「統整」意涵進行討論；在第二、三節中，回顧英美戲劇教育發展歷史；最後，於第四節中，依不同戲劇課程目標之取向，歸納出三類戲劇課程模式。

第一節 ▍戲劇課程之統整意涵

兒童戲劇教育之課程意涵，一般而言，是在實現全人的教育觀點。若從內容分析，它是實踐統整課程之教育意涵。由於兒童戲劇教育之內容以「人類的生活經驗」為主（Davis & Behm, 1978），因此舉凡與個人情感、經驗或生活有關的基本層面，都是它探討的目標。此外，戲劇

教育特別強調團體參與過程中「經驗的統整與內化」的部分，因此就「課程統整」的內涵而言，它正反映了「課程」之統整意義——亦即「經驗的統整」、「社會的統整」與「知識的統整」（Beane, 1997）。

　　根據 Beane（1997）的分析，「課程」之統整意涵包含三個層面：「知識的統整」、「經驗的統整」及「社會的統整」。「知識的統整」在於把知識當成解決真實問題的一項工具。教師提出生活中涉及各領域知識的實際問題，並鼓勵兒童去探討或解決這些問題以從中培養出解決問題之技能。所謂「經驗的統整」強調個人在學習過程中獲得組織個人過去舊經驗以解決新的問題情境之機會。「社會的統整」是以個人或社會發生的重大議題為探討中心，由師生共同計畫實施，以獲得通識的知能。從基本的定義與內容分析，「戲劇教育」正反映了上述「課程統整」三方面的意涵。

　　就「知識統整」的內涵分析，「知識」應該被當成解決「真實問題」的工具，而戲劇的題材就是提供兒童在實際的「人類生活情境」中，學習解決每個人的生活問題之最佳媒介。根據美國戲劇教育協會（AATE）的定義，兒童戲劇教育是一種「即興、非表演且以過程為主的戲劇活動，其中由一位領導者帶領參與者運用『假裝』的遊戲本能，共同去想像、體驗且反省人類的生活經驗」（Davis & Behm, 1978）。所謂「人類的生活經驗」就是戲劇創作的主要內容，且這個以「人類生活經驗」為主的學習內涵，與一般學科所探究的知識內涵大異其趣。一般學校的教學多以「專門知識領域」為主：如「語文」就以聽、說、讀、寫的學習為主；而「數學」則包含數、量、形及邏輯思考概念的獲得。「自然」包含生命、健康、物理及地球科學的探究；而「社會」則囊括歷史、地理、經濟及政治方面的涉獵。上述的學校課程，多與外在物理或人文世界有關，但一些與「個人情感、經驗或生活」的基本問題，往往不是被忽略，就是流於「潛在課程」隨機地被傳授。戲劇教育的內涵，就是特

別針對這個最個別化、最真實且具體的層面做深入的探討。自古以來，一些有關「人」的生活題材如生、老、病、死之過程；悲、歡、離、合之遭遇；或愛、恨、情、仇之衝突，一直就是戲劇與文學家創作之靈感來源。這些題材也是與每位學習者最切身相關的生活教材。

課程統整的第二項特色──「經驗統整」的意涵意指每個參與者在學習活動的過程中，都能獲得重建個人經驗之機會。在兒童戲劇教育的教學過程中，特別強調參與者對人類生活經驗之「想像、體驗與反省」的部分。透過戲劇世界中的「替代情境」，兒童能夠有機會去統整舊經驗以面對戲劇中的困境、體會不同角色內心的矛盾、捕捉五官知覺的感受、容納他人的觀點並創造方法以克服新的問題與挑戰（林玫君，2000a）。這種由直接參與的行動去體驗課程的方式與一般課程的傳授方式非常不一樣。一般課程多是以講授討論或賞析的方式來傳遞課程中的「事實」或「訊息」；而兒童戲劇教育則是以個人主動參與活動的方式去體驗生活的內涵。透過五官知覺（sensory awareness）及情感回顧（emotional recall）等戲劇活動，許多塵封已久的生活意象及過往的經歷，都在戲劇的互動情境中重新被組織且運用在新的問題中。

兒童戲劇教育也反映「課程統整」之第三項特色──「社會統整」的意涵。兒童戲劇教育特別重視「社會的互動」與「團隊關係的建立」。在活動互動的過程中，參與者有許多機會去開放自己且接受他人的想法與觀察。此外，為了能順利地完成領導者所付予的任務，參與者必須培養默契並建立共識。從發展基本的「傾聽」技巧，到雙人或小組性的「磋商」，而至整組性的「分工」關係；從喚起「自我的知覺」到訓練「同理心」，領導者必須製造許多戲劇的情境，讓參與者在其中培養社會互動之基本能力，並進而增進彼此的信賴與尊重。有些領導者又特別善用「個人或社會之重大議題」來組織參與者，並增強其對團體的認同度。例如：在「離家出走」或「族群移居」的議題中，所有的參與

者必須扮演離家者本人、父母家人、諮商專家、同學朋友或族群長者、科學家、探險隊等不同角色，運用個別的專家知識與民主素養來進行討論、協商、投票、選擇及決定行動。因為同屬一個家族或社會，且彼此擁有相同的際遇與問題，大家就必須共同計畫與行動，以爭取繼續生存的機會與生活的意義。就「社會統整」的意義分析，戲劇的議題能提供不同背景兒童多樣的參與機會，讓每個人都能從計畫與面對戲劇之問題方案中，體驗如何運用各領域的知識及施行民主法治的程序，以獲得所謂通識的知能並進而創造一個符合民主社會理想的學校。

第二節 ▋美國兒童戲劇教育之發展

　　20 世紀初，進步主義學者 Deway、Parker 等人，開始倡導教育應以啟發「全人」為目標，並建議讓學生在「做中學、學中做」之中，發展對生活的理解。他們進一步建議，透過「藝術」的「做」與「受」歷程，兒童更能學習處理自己和生活中的各種問題。兒童戲劇教育中的劇場遊戲與即興活動，原是屬於專業劇場或大學戲劇系用來訓練學生之方法，藉以開發劇場參與者的肢體、口語、創意與合作默契的能力。但因其內容重視參與過程，符合一般教育之目標，早在 1920 年代開始，就被運用在兒童教育上。從 1920 至 1940 年代間，Winifred Ward 女士在小學實驗一系列的戲劇活動開始，經過 1950～1980 年代的基礎發展，到 1980～1990 年代是兒童戲劇教育的深耕研究時期。千禧年後，兒童戲劇教育逐漸走向跨領域的學習，甚至應用在博物館及在地的主題，朝向新的整合方向。以下將針對個別時期的發展做說明：

1920 至 1940 年代：兒童戲劇教育的啟蒙時期

　　美國兒童戲劇教育的發展源於 20 世紀初，由西北大學戲劇系教授 Winifred Ward 在小學實驗一系列戲劇活動開始，受到這些教育學者的啟發，在當時很多學校著手把戲劇教育推展至校園中，其中又以Ward 女士在美國伊利諾州的伊文斯登小學所開設的「創造性戲劇」實驗課程為先導。此時，戲劇課程發展的重點仍以「兒童中心」為核心概念，戲劇是促進兒童語言、社會、認知、身體、情緒及社會行為發展的媒介。雖然 Ward 從兒童學習者為中心，但她也重視「戲劇本質」的發展。在她的第二本書《兒童戲劇創作》（*Playmaking with Children*, 1947），就逐漸看到「學科基礎」課程的影子。從書中可以發現，在目標上她仍以「參與者個人與社會之全方位發展」為主；但在方法上，卻相當重視戲劇技巧，包含「律動與默劇」、「敏感度的練習」、「人物刻畫」、「對白」及「故事戲劇」等活動。這樣的課程概念就直接影響了 Geraldine Siks 和 Nellie McCaslin。

貳 **1950 至 1980 年代：兒童戲劇教育之課程基礎**

　　Siks 認為學校中的戲劇課程除了兼顧一般性的教育目標外，應以培養參與者對「戲劇知識與概念的了解」。在教育目標上，她特別重視「對戲劇藝術的陶冶與欣賞」，其著作中（Siks, 1983）就曾以三個交錯的網狀概念圖來呈現她的教學架構（詳見圖 4-1）：第一部分是「兒童為戲劇參與者」（child as player），包含「肢體放鬆、集中注意力、信賴感」、「身體動作」、「五官感受」、「想像情境」、「即席口語」與「人物刻畫」等；第二部分是「兒童為戲劇製作者」（child as playmaker），包含「劇情」、「人物」、「主題」、「對話」、「聲音韻律」及「特殊劇場效果」等；第三部分為「兒童為戲劇欣賞者」（child as audience），包含

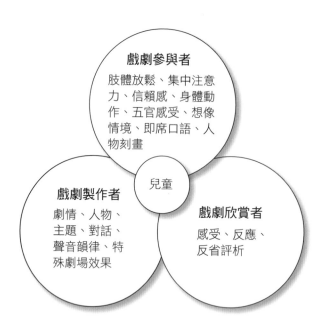

戲劇參與者
肢體放鬆、集中注意力、信賴感、身體動作、五官感受、想像情境、即席口語、人物刻畫

兒童

戲劇製作者
劇情、人物、主題、對話、聲音韻律、特殊劇場效果

戲劇欣賞者
感受、反應、反省評析

圖4-1 戲劇概念架構圖（Siks, 1983: 40）

「感受」、「反應」及「反省評析」等。Siks 為後來以「學科」為本位的戲劇架構，勾勒出基本的課程藍圖。

Ward 女士的另一位門生 Nellie McCaslin 在她的著作《教室中的創造性戲劇》（*Creative Drama in the Classroom*, 1990），與另一位戲劇學家 Barbara Salisbury（1987），兩人延續相同的理念與觀點，提出戲劇課程之三項要素：第一為「身體與聲音的表達性運用」，第二為「創造性戲劇（戲劇創作）」，第三為「透過戲劇欣賞來增進審美的能力」。基本上，這些教學內容已由培養「全人教育」的重點轉移至發展「戲劇藝術」的概念。

這類課程之發展多以漸進式（linear）的方式，將戲劇的概念由簡

單而複雜地介紹給學生。基本課程由肢體感官想像開始，到以「故事」呈現戲劇的整合課程，最後是兒童欣賞自己或他人的戲劇演出，這段時間教科書的出版，多數都是以這類循序漸進的方式來發展系統性的戲劇課程。

1980 至 1990 年代：戲劇教育之深耕研究

到了 1980 年代，透過協會組織和國家藝術課程標準的建立，戲劇在整體課程的定位更趨於明確。

一 •• 戲劇／劇場之課程模式報告書

1980 年代以後，不同的戲劇團體開始透過組織的交流進行相關的研究工作，其中最大的研究計畫是從 1983 年起由美國中等學校戲劇協會，召集並結合其他相關組織與 70 餘位學者，歷經四年的努力完成〈戲劇／劇場之課程模式報告書〉（American Alliance of Theatre for Youth & American Association for Theatre in Secondary Education, 1987）。本報告書為「戲劇與劇場」在幼兒園、中小學、大學、專業劇場及成人、老人等社區劇場提供了一系列的課程模式。

依年齡程度分為六個階段，依序為：

1. 第一階段（Level I）：幼兒園時期。
2. 第二階段（Level II）：一到三年級。
3. 第三階段（Level III）：四到六年級。
4. 第四階段（Level IV）：七至八年級（國中）。
5. 第五階段（Level V）：「一般」程度九至十二年級——高中或專科學校（junior college）。
6. 第六階段（Level VI）：九至十二年級之「專業」發展，包括表演、劇場技術與戲劇製作等內容。

依內容共分為以下四大類別：

1. 發展個人內外在資源：感官和情緒的知覺、想像力、身體動作、語言、聲音、常規及自我概念。

2. 以藝術合作來創作戲劇：人際互動技巧、問題解決、即興呈現、人物刻畫、劇本創作或編寫、劇場技術、導演（從第四階段開始實施）以及劇場管理（從第五階段開始實施）。

3. 戲劇與社會生活的連結：戲劇／劇場與人生、角色與生涯發展與劇場傳統（從第二階段開始實施）。

4. 審美賞析：戲劇元素、劇場參與、劇場和其他藝術的連結、審美上的回應。

二 ·· 國家藝術教育課程標準

　　1990 年代中，除了透過上述戲劇教育的研究計畫案外，美國教育部也委託各項藝術教育之相關單位共同訂定「國家藝術教育課程標準」。1994 年，國會通過〈目標 2000：國家教育法案〉，使得藝術教育首度在正規學制內受到法令上的肯定。在這項課程標準中，規範了聯邦對學生在舞蹈、音樂、戲劇和視覺藝術之基本能力，依年齡程度分為四個階段：第一階段為幼兒園到四年級、第二階段為五到八年級、第三階段為九到十二年級（一般），以及第四階段為九到十二年級（專業）等。

　　在戲劇學習方面，第一階段中，強調在教室中的「即興創作」，包括：劇本創作、人物刻畫、視覺設計、計畫演出、資料蒐集、各種藝術形式之比較、形成個人對戲劇作品的偏好並建構其意義、了解各種戲劇形式（包含電影、電視等電子媒體）對個人生活的意義。在第二階段中，欲培養學生之「戲劇專業素養」，透過即興創作和以文本為基礎的方式進行劇本創作、人物刻畫、導演、資料搜尋整理、戲劇作品（包含電影、電視等電子媒體）的比較與賞析、戲劇作品的意義建構與評析、

理解了解各種戲劇形式（包含電影、電視等電子媒體）對社區與其他文化的關係。在第三階段中，學生必須學習戲劇的脈絡，透過創造、表演、分析和批判的方式，以更完整深刻的方式進行戲劇探究，發展個人內在省思與對外在世界的了解。最後，在第四階段中，帶領學生進行更專業化的學習，如參與戲劇、影片、電視和電子媒體等製作（The Consortium of National Arts Education Associations, 1994）。

肆　千禧後：跨領域之多元發展

從以上的發展可以看到美國學界對兒童戲劇教育的重視程度，由於美國教育制度是以個別州立的學制為主，雖然在國家的層級，戲劇已經納入「藝術教育課程標準」，但是實際的執行，仍要視個別州政府的狀況而定。尤其在千禧年後，美國有些大學開始走向「藝術整合教學」的路線，如美國田納西大學的「東南藝術中心」，他們嘗試將各類藝術形式融入不同的領域課程中，藉以突破傳統教學的刻板模式。尤其「戲劇／劇場」本身就具備統整跨領域的多元特質，而又符合創意發想、具體參與和行動實作等現代教育的特色，因此更適合用來結合各種課程或教學主題，促進學生對不同學科的學習興趣與深度理解。除了學校內課程的跨領域整合，戲劇教育也走出學校，和美術館、博物館及在地社區結合，走向多元應用的方向。

第三節　英國戲劇教育之發展

翻開英國的歷史，戲劇教育早在 1920 年代就已經被教師們運用於學校現場，到了 1960 年代，更重視「戲劇」與人本教育及社會民主的關聯。但之後，也遭到一些學者的質疑，認為戲劇不該只是做為「學習

的工具」，其本身應該就是「藝術教育」的範疇。近期的學者比較跳脫這種二元論的爭論，認為無論是哪一種戲劇教育的形式，基本上都是透過戲劇／劇場常用的習式或慣用手法來表現多元的想法創意。尤其目前「戲劇」仍然屬於英語課程的一部分，在未成為獨立的一門學科之前，仍然需要和各類學科或主題結合，以發揮實質的影響力。近年來，戲劇教育更是走出學校的範圍，與社區及企業結合，朝「應用戲劇／劇場」的方向邁進。以下針對個別階段的發展做說明。

壹 20 世紀初：教室中的實驗課程

20 世紀初，受到進步主義的啟示，Harriet Finlay-Johnson（1871-1956）開始在教學中實驗戲劇化教學。受到奧地利維也納藝術教師及福祿貝爾幼兒園教師的教學影響，Finlay-Johnson 嘗試將兒童遊戲的概念應用到自己的教學中。他嘗試將課程主題轉化成戲劇的呈現，透過教室中戲劇扮演的自然形式來引起學生的學習動機（Hornbrook, 1991）。

Henry Caldwell Cook（1886-1939）是另一位嘗試將戲劇結合學科學習的教師（Hornbrook, 1991）。他原是一位英語教學教師，在校長的支持下，以遊戲及一些戲劇技巧引導學生將文學內容表現出來，以達到語文學習的目的。在教學中，他特別強調學生的自主性與教師的引導角色，這與當時普遍強調「表演成果」的教育概念截然不同，其教育理念種下了「戲劇教育」的種子。

貳 1960 年代：「以人為中心」的核心思想

1960 年代後，受到人本教育哲學觀的啟發，戲劇教育的重點是放在「人」的發展。劇場教育家 Peter Slade（1954）和兒童劇場導演兼戲劇教育家 Brian Way，整理戲劇教育之相關活動，並由 Brian Way 執

筆，寫成《由戲劇而成長》（*Development through Drama*, 1972）一書。在書中，Way 表示戲劇是用來發現內在自我的媒介，他相信「戲劇是兒童自發性遊戲之延伸」，特別以過程為主的「即席戲劇活動」來發展全人教育。強調以學習者的興趣或生活經驗為教學題材，並重視其在學習過程中的收穫與成長，不以學科知識為內容，這類以「人」為核心的戲劇課程，風靡了當時中小學的課程。

1970 年代：「以問題為中心」之教育戲劇

　　1970 年代的學者關心社會、生活與學習的關係，認為戲劇教育可以提供學生在不同的戲劇情境中，練習人與自我及社會「議題」（issue or theme）的思考與體驗，進而發展批判思考與問題解決的能力。當時 Dorothy Heathcote 是最佳的代表人物。1970年代初，她特殊的教學風格流傳至美國，引起一陣旋風，而透過 Wagner 女士的研究，出版了《桃樂絲希斯考特：戲劇為學習之媒介》（*Dorothy Heathcote: Drama as A Learning Medium*, 1976）一書，期中將她的理念與帶領技巧描述得相當清楚。除了 Dorothy Heathcote，她的同事 Gavin Bolton 也針對這類的戲劇教學進行研究分析及戲劇教育的理念論述。Bolton 教授的論述，對英美兒童戲劇教育的發展提供了清楚的理論分析基礎。現今一般學者把這類的戲劇教學稱為「教育戲劇」（D-I-E）。在此類的課程中，教學者以具有爭議性的主題，運用教師／學生入戲的技巧，透過團體的扮演及討論，釐清問題的爭端，思索可能處理問題的方法，在模擬的情境中，學生對相關的問題產生新的觀點、做法和理解。

肆 1980 年代後：「以科目為中心」之爭議

戲劇在英國教育中之發展雖蓬勃，但受到傳統文化的影響，它始終附屬於語文課程之中，造成它在一般課程的定位不明的問題。1988 年英國《教育改革法案》中，「戲劇」仍然屬於英語的一部分，尚不能算是「藝術教育」的範疇。這樣的做法引起 David Hornbrook 等學者的質疑，先後在專書中（Hornbrook, 1989, 1998）大聲疾呼戲劇「本質內涵」的重要性。他認為戲劇學習應偏重於「戲劇與劇場藝術」之學習，亦即以「學科」為基礎的角度，重新審視戲劇在藝術教育中的定位。

在課程階段而言，Hornbrook（1991）認為戲劇課程可分為四階段，第一階段（5～7 歲）、第二階段（小學 7～11 歲）、第三階段（中學 11～14 歲）和第四階段（中學 14～16 歲）。由前兩階段的「扮演、即興表演創作」，漸漸發展到後兩階段之「青少年之劇場舞台呈現」。就內涵來看，他將戲劇課程分為三方面，包含：

1. 創作：發展學生的戲劇能力，使之能運用戲劇形式來解釋並表達自己的想法。
2. 表演：發展學生參與戲劇呈現的能力。
3. 回應：發展學生的戲劇知能與美感判斷能力。

然而，也有學者採取較務實的看法，認為戲劇教育在正式國家課程之前，可以朝向融入式的方法進行，如此更能發揮實際的影響。近代學者 John Somers 在《戲劇在課程中》（*Drama in the Curriculum*, 1994）一書中提及，「戲劇」若能獨立成為一門學科最為理想，如此就能直接在學校中普遍地進行戲劇教育的課程。然而，在戲劇課程尚未獨立成科之前，仍舊可以發揮其全方位統整的特性，與其他課程結合，成為活化教學或達到全人教育目標的媒介。透過戲劇互動的歷程，一方面幫助學生一般學科的學習，一方面也增進他們對戲劇／劇場的體會。Somers 教

授更進一步提出兩項主張：第一是「學習戲劇的語言」，由於戲劇中有特定的語言，因此在運用戲劇做為自我表達的工具前，必須先學會戲劇的語言，亦即教導學生戲劇的專業術語與形式；第二是「探討戲劇中的議題」，教師可針對學生的背景和興趣進行相關議題的探討，他主張將戲劇帶入生活與社區中，藉由戲劇的方式讓我們更加了解自身生活環境，培養人文情懷（Somers, 1994）。

伍 千禧後：應用戲劇的發展趨勢

除了 John Somers，當代還有幾位頗具代表性的學者如 Johnothan Neelands 和 Joe Winston 也和 Somers 教授一樣，對於戲劇教育採取類似的觀點。Neelands 就認為戲劇教育的方法，本來就是戲劇或劇場界由來沿用的「戲劇習式」或「慣用手法」（convention），引發兒童的參與投入戲劇，希望兒童不但能從中學習戲劇藝術的內涵，也能體會如何面對自己、自己與他人、自己與社會的關聯，並進而理解人類共同的生命經驗。

Winston 在 2010 年「美、笑聲與戲劇教育——三者何時再相遇？」的演講中也提出了這樣的看法，這是近年來歐美戲劇教育的發展趨勢，除了重視戲劇／劇場美學的陶養外，也重視戲劇／劇場之跨領域協作及與全球在地的多元表述現象。隨著後現代思潮的發展，「應用戲劇／劇場」（applied drama/theatre）這個名詞企圖打破歷來僵化固定的藝術教育界域與形式，以民主、開放及多元的態度來面對戲劇藝術，並與社會和大眾生活相連結。

第四節 ▪ 三種戲劇課程模式

從前面英美戲劇教育的發展，可以發現不同的戲劇教育學者或課程系統，會因著個別教育理念、教學目標與教學方法之差異，而產生各式各樣的戲劇課程。雖然各類的戲劇課程相當的多元，但整體而言，其中有三種較具代表性的課程模式：模式一，學習有關戲劇之概念；模式二，透過戲劇認識自己；模式三，透過戲劇來探討相關的議題（林玫君，2000a）。若從課程設計的角度分析，這三類模式也反映了三種課程發展的取向：以「科目教材」為中心、以「學習者」為中心，及以「問題」為中心（陳伯璋，1987；黃政傑，1991）。以下將針對三類戲劇課程之教育目標、代表人物、內容、方法、領導者角色及評量等方面進行分析。

壹 學習有關戲劇之概念（learning about drama）

這類的戲劇課程設計重點是以「科目教材為中心」，且以戲劇科目為單位，希望藉著「參與戲劇活動的經驗來了解戲劇藝術的基本概念且進而增進對戲劇藝術的賞析力」（Siks, 1983）。從戲劇教育發展的背景來看，早在 1940 年代，Winifred Ward 就已建立了這類課程的教學模式。在目標上，她認為戲劇藝術可用來促進參與者個人與社會之全方位發展，而在方法上，她非常重視將戲劇藝術之內涵與技巧運用於課程中，這些技巧又包含了律動與默劇、敏感度的練習、人物刻畫與對白及故事戲劇等活動。跟隨其後的兩位門生，Siks（1983）和 McCaslin（1986, 1990）分別在其著作中闡述戲劇教育之目的，除了兼顧一般教育目標外，應該以培養參與者對戲劇的知識及概念了解為重點。

因其目標在「對戲劇藝術的學習與欣賞」，教學內容就特別重視運用一些戲劇概念來組織活動。從 Ward 女士開始，她就常把戲劇內涵與

技巧運用於戲劇課程中，至 Siks，更是將其立論發揚光大。在 Siks（1983）的著作中強調戲劇教學應該「為藝術而藝術」，其教學架構可用三個交錯的網狀概念圖來呈現：第一部分是「兒童為戲劇參與者」，其中的課程包含肢體放鬆、集中注意力、信賴感、身體動作、五官感受、想像情境、即席口語與人物刻畫等七項單元；第二個部分是「兒童為戲劇製作者」，其中包含劇情、人物、主題、對話、聲音旋律及其他特殊劇場效果等六項單元；最後的部分為「兒童為戲劇中的觀眾」，其中包含感受、反應及反省評析等三種能力的統整學習。

這類課程之發展多以漸進的方式，將戲劇的相關概念由簡單而複雜的原則，一一介紹給參與者。從最初的基本課程，以提供參與者肢體及口語表達和練習的機會；到第二階段的統合課程，透過故事或詩的製作與呈現來統整戲劇的元素；到第三階段的賞析課程，由參與欣賞教室或劇場中的戲劇活動而培養戲劇藝術的審美能力（林玫君編譯，1994）。

在單次教學的發展上，這類活動非常重視「準備」、「呈現」、「回顧」等三個階段層次（林玫君，2000b）。在第一個準備階段，通常領導者鼓勵參與者對人物的動作口白或故事的情節做計畫、想像或練習；在第二個呈現的階段，參與者會以戲劇呈現的方式來分享彼此的心得，這是當日戲劇活動的高潮；最後，在「回顧」階段，領導者會引導兒童討論及反省剛才演出的優缺點，並為再次的「呈現」做準備。從上述階段分析可見，「文學作品」的戲劇化與呈現乃是這類戲劇活動之重點，而如何選擇故事、發展情節、分析人物、創造對話及呈現故事等過程，成為教師進行活動中必備的技巧。

這些過程中「領導者」多居於「教師」的角色，幫助學生了解戲劇的元素，事先組織課程內容，然後依預定的計畫與目標進行教學。「參與者」在過程中，必須有機會表達自己的肢體與聲音；了解與熟練某些戲劇的概念與技巧；並能分析及欣賞劇情結構、人物等部分。

綜言之，第一類的戲劇課程統整方式是透過有系統的漸進計畫進行「戲劇」藝術概念之學習，以幫助參與者了解戲劇創作與劇場製作之過程與結果。最後評量的重點在「我們學了些什麼？怎麼做？」（What did we learn？How did we learn？）

貳　透過戲劇而認識自己（learning about self through drama）

這類課程設計重點放在「學習者」的部分，強調個體的自我概念、自我實現及自我的體認，此課程代表學者為英國的 Brian Way。由於受到 Peter Slade 及 20 世紀初人本教育哲學觀的啟發，他把自己研究戲劇多年之心得，集結在 1972 年所出版的《由戲劇而成長》（*Development through Drama*）一書。在書中，他表示戲劇是用來發現內在自我的媒介，教室中的戲劇課程應在發展「人本身」而非「戲劇」。Way 相信「戲劇是兒童自發性遊戲之延伸」，他特別提倡以過程為主的即席戲劇活動，並認為以表演為主的劇場活動並不適合年紀小的兒童參加，他甚至認為這會破壞了兒童原始的創造力。他的立論強調「全人的發展」，而不強調戲劇藝術概念的獲得。這與前述的第一種類課程不同，因為 Ward 女士認為「戲劇是過程也是結果」，而 Way 卻認定「戲劇乃參與的過程」，至於結果如何，並不重要。由於 Way 本人是英國一位著名的演員兼導演與作家，在其書中融入了許多實務經驗，也擷取了人文哲學教育理念之精華，因此，當 1970 年代，他的書從英國流傳到美國時，受到相當大的歡迎，甚至超越 Ward 女士之著作，成為美國大學戲劇課程最受歡迎之教科書。

在內容上，Way 的教育哲學觀是在發展「個人」而非「戲劇」，因此，他認為透過戲劇而產生的學習，萌發於七個領域中：「專注力」、「五官感受力」、「想像力」、「肢體」、「語言」、「情感」與「思考能力」。

雖然 Way 的課程內容仍與許多傳統戲劇遊戲或活動（theatre games）重疊，但其重點並非在發展這些劇場的內容，而是透過戲劇的活動架構而發展參與者對自我的認識與了解。由於特別重視參與者自發性的內在經歷，Way 常利用「音樂」、「歷史時事」或「日常生活事件」，當成其刺激戲劇創作之主要來源。他認為這些鮮活的經驗比經典故事中的人物情節來得更真實，因此較容易喚起參與者的舊經驗，並能使其更自在自發地從事戲劇性的活動。比起第一類課程的專家們利用故事為創作藍本，Way 強調用「參與者舊有的經驗」做為活動之基礎。

在方法上，Way 的引導過程與第一類課程的進行方法非常不同。第一類的課程是採用直線漸進的方法，由淺而深，把諸多戲劇之元素一一介紹給參與者，以為「戲劇之呈現」做暖身準備。Way 的方法是一種「圓形的循環」，可以用跳接的方式，在一個領域或數個領域中循環出現。因此，每次的課程都是獨立自主，長短不一，只要參與者的興趣及能力的允許下，活動的內容與程序都相當彈性。

Way 對單次教案之執行方式也與前類課程的方式頗不相同。Way 重視參與者回想舊經驗及回顧當日戲劇經驗對個人之收穫。因此，在第一個「準備的階段」，他強調「想像」的重要，包含回想個人的經驗及想像各種可能解決問題的方法。在第二個「呈現的部分」，他認為恆常持續的五分鐘活動比偶一為之的長時間戲劇表演，對參與者的幫助更大。在最後的「回顧之階段」，Way 強調參與者對當下自身經歷的戲劇活動之反省，以及如何能把它類推到平日的生活情境中，這與第一類戲劇著重於對故事人物及情節之想像與計畫及演出故事本身的回顧與檢討，是相當不同的。

領導者所營造的氣氛及參與者間的信賴關係在這類的活動中，顯得相當重要。Way 認為戲劇活動之目的並非訓練參與者的戲劇技巧，而是提供一個值得信賴且讓彼此願意相互合作之環境。領導者必須提供參與

者成功的經驗以增強其「冒險」的意願。由於 Way 發展的方法簡單易入門，且以參與者的舊經驗與潛能為起始點，即使初學的領導者都能很快地進入狀況，因此，這套方法吸引了許多非專業戲劇背景但對戲劇教學有興趣之教育學者。同時，Way 認為領導者也是一位學習者，他可以和參與者一起成長，學習有關「戲劇」及「個人」的相關知識與內涵。他並為這些初學的戲劇領導者提供帶領活動之控制技巧，包括使用「訊號或圖形指標」的外控方式，或「慢動作」、「催眠」、「劇中人物」等內控方式。

綜言之，第二類戲劇課程是以「個人經驗的統整與成長」為主。透過全面萌發式的方法，參與者和領導者都獲得自我探索與成長的機會。評量的方向不在戲劇的成果如何表現，而是「我們如何從這次創作經驗中成長？」（How did we grow？）

透過戲劇來探討議題（Learning through drama）

這類的戲劇課程設計是以「問題為中心」，希望透過不同的戲劇情境來引發參與者自我或社會之「相關議題」的深層體驗，並為其中議題提出解決之道。這類戲劇在英國非常盛行，其中又以 Dorothy Heathcote 為代表人物。在 1970 年代初，她特殊的教學風格流傳至美國，引起一陣旋風，直到 1980 年代，她仍是一位頗受教育界與戲劇界歡迎之戲劇領導者。一般領導者都是自行寫書並出版，Heathcote 女士的理念與帶領技巧卻是由 Wagner 女士記錄而完成。

依據 Wagner（1976）《桃樂絲希斯考特：戲劇為學習之媒介》一書中的描述，Heathcote 是一位高大強壯又充滿特殊個人風格的戲劇領導者。誠如該書的名稱所指，「戲劇」是統整個人學習的媒介與方式，在戲劇的經驗中所學得的技巧也是生活中必備的技巧。從另一個角度看，

「戲劇」是領導者運用之媒介，利用戲劇情境中的團體互動，參與者的舊經驗被重新喚回到當下的意識型態中。比較而言，這類的戲劇課程與第二類相似，其目的仍是把戲劇當成「媒介」來發展個人或其他相關之議題，而第一類的戲劇課程卻把焦點放在發展「戲劇」的部分。

在內容上，歷史、時事新聞或 Heathcote 所稱之「同理主題」為最佳之戲劇題材。Heathcote 認為領導者不必太費心力找尋題材，透過「同理主題」（brotherhood）的方式，任何故事、時空與社會階層所發生的情境一定都能找到相同或類似的議題。而這些「議題」就是值得大家深入探索的部分。例如【五隻猴子】的教案中，其內容雖只是一群猴子被鱷魚吞掉的經過，但值得探討的議題卻是如何面對死亡的威脅及找尋解決困境的方法。透過這種方式，領導者可以從任何故事、生活主題或社會事件，來找尋戲劇內容的來源。

在方法上，這類的戲劇課程通常以「全面直觀」的方式進行即席的創作活動。與前兩者不同的是它並沒有任何暖身或準備的活動。在相信參與者都已具備「兒時戲劇扮演之假裝能力」的前提下，領導者以「劇中人物」之方式出現，並運用問話的技巧來促發參與者對當下情境的反應及對自我情感的表達與討論。在單次教學的發展上，每次戲劇情節都不重複，隨著領導者之帶領，參與者必須隨著情境之發生而橫越「過去」、「現在」或「未來」的時空，做即席的參與和問題的解決。

領導者在這類戲劇活動中的角色相當地吃重，他（她）必須具備充分的戲劇教育、心理學、人類學之訓練及豐富的生活歷練，才能夠在當下處理可能發生的戲劇情境。根據 Heathcote 之建議，領導者必須以導演的身分出現，全程掌控處理戲劇的過程。與傳統的角色非常不同的是，這類領導者常以多元的面貌出現在參與者之間。他（她）有時會是個什麼都不懂的老百姓，假裝尋訪「專家們的意見」；有時也會是魔鬼代言人，壓迫在難民營中的逃犯；有時更可能成為小組的領袖，鼓勵參

與的科學家共同列出移居他鄉必須準備的器材。除了「劇中扮演」之能力外，領導者同時必須擁有良好的發問技巧。透過發問的引導，參與者必須磋商討論、集中思考、分享訊息、搜尋答案，並在當下做決定。在經歷過上列的戲劇過程後，無論領導者或參與者都能從互動的情境中領悟其潛藏的共通意義，Heathcote 將這個過程稱之為「進入宇宙共通的真理」（Wagner, 1976）。

綜言之，第三類的戲劇活動在內容上與前兩者不同，它多以生活議題為主。在方法上，它與第二類的戲劇流程較類似，都以全面直觀的方式進行活動。最後，在反省評量方面，教師可以思考的問題為：「我們從這次的創作經驗中感受到什麼？」（What did we feel?）「對主題了解些什麼？」（What did we learn about the theme?）

最後，筆者將以表列的方式呈現上述三類課程在代表人物、教育目標、內容、方法、領導者角色及評量等之特色（表4-1）。

表4-1　三種戲劇課程模式之特色比較

模式	學習有關戲劇之概念	透過戲劇認識自己	透過戲劇來探討議題
代表人物	Winifred Ward（美） Geraldine Siks（美） Nellie McCaslin（美）	Brian Way（英）	Dorothy Heathcote（英） Cecily O'Neill（英）
教育目標	以增進參與者對自我肢體與口語之表達、對戲劇元素之呈現與製作，以及對戲劇藝術之審美能力。焦點在戲劇的知識及概念形成過程。 （目標性）	戲劇是用來發現內在自我的媒介，其中包括：「專注力」、「五官感受力」、「想像力」、「肢體」、「語言」、「情感」與「思考能力」。焦點在發展「人本身」而非「戲劇」。 （表達性）	利用不同的戲劇情境來引發參與者對自我、世界或相關主題之深層探究的興趣。戲劇被用來當成了解人類情境之工具。焦點在對「議題」之深層探討。 （實用性）
內容	戲劇知識及概念。 兒童為戲劇參與者：肢體放鬆、集中注意力、信賴感、身體動作、五官感受、想像情境、即席口語、人物刻畫等活動。 兒童為戲劇製作者：劇情、人物、主題、對話、聲音旋律及其他特殊劇場效果等。 兒童為戲劇中的觀眾：感受、反應及反省評析等三種統整能力。	自發性的即興創作。 經常使用「故事」來進行戲劇之創作；運用多樣的劇場活動來發展參與者內在資源。「音樂」、「歷史時事」或「日常生活事件」當成刺激戲劇創作之主要來源，以喚起參與者的舊經驗。	以「歷史」、「時事新聞」或故事之「同理主題」（brotherhood）為藍本再加上參與者的想法。一般以具有某些「張力」（衝突）之主題開始進行活動。 每次劇情都不重複。
方法	以漸進式的方式，將戲劇的相關概念由簡單而複雜的原則，一一介紹給參與者。 單次教學重視「準備」、「呈現」、「回顧」等三個階段層次。	「圓形的循環」，可以用跳接的方式，在一個領域或數個領域中循環出現。每次的課程都是獨立自主。 單次教學包含： 準備的階段：強調「想像」（imaging）的重要，包含回想個人的經驗及可能解決問題的方法。	以「全面直觀」（holistic）的方式進行即席。 不用傳統「說故事」的戲劇手法，也沒有任何的暖身或準備的活動。在相信參與者都已具備「兒時戲劇扮演之假裝能力」的前提下，參與者馬上進入預設的劇情中，且必須從中解決所面臨的問題。

表4-1　三種戲劇課程模式之特色比較（續）

模式	學習有關戲劇之概念	透過戲劇認識自己	透過戲劇來探討議題
方法		呈現的部分：長短不一，活動的內容與程序都相當彈性。恆常五分鐘活動比偶一為之的長時間戲劇表演，對參與者的幫助更大。	在單次教學的發展上，每次的戲劇情節都不重複，隨著領導者之帶領，參與者必須隨著情境之發生而橫越「過去」、「現在」或「未來」的時空，做即席的參與和問題的解決。
領導者角色	相當於「教師」的地位，幫助學生了解戲劇的元素，事先為學生把課程組織好，然後依預定的計畫與目標進行教學。	需營造氣氛、建立信賴關係及增強「冒險」（risk-taking）的意願。領導者也是學習者，可以和參與者一起成長。	領導者多以「劇中人物」之身分出現，以促使參與者共同為其所有之想法建構劇情。運用問話的技巧來促發參與者對自我情感的表達與討論。
評量	評量以參與者對戲劇技巧（默劇活動、即興演出）能熟練精進；對戲劇的理論（劇情結構、人物分析等）能領悟欣賞。「我們在這課中學了些什麼？」（What did we learn?）	評量以鼓勵參與者對當下經歷的戲劇活動的合作態度、投入程度、喜悅感覺及對自我與周遭環境之了解與認識為主。「我們如何從這次創作經驗中成長？」（How did we grow?）	評量的重點在參與者的感情反應，而非學到的戲劇技巧。不以增進參與者戲劇創作之能力為主；勇於赴諸行動的參與力才是重要的。「我們從這次創作經驗中感受到什麼？」（What did we feel?）「對主題了解些什麼？」（What did we learn about the theme?）

CHAPTER 5

幼兒園多元
戲劇課程

前　一章已說明英美戲劇教育發展及課程模式運作，本章將特別討論
幼兒園戲劇課程可能發展的方向。本章主要內容來自原書《創造
性戲劇理論與實務：教室中的行動研究》繁體字版第三章「創造性戲劇
之課程」的第三節，但是經歷小部分的修訂，將引用筆者在幼兒園現場
進行之「戲劇融入幼兒園課程發展歷程」研究，於第一節以十字軸勾勒
出幼兒園發展不同戲劇課程的可能性，並於第二節到第五節以實例分別
說明幼兒園中各類戲劇課程的具體樣貌及引導方式。

第一節　幼兒園的多元戲劇課程發展

　　一般人在看待課程時，會從四個基本定義分析：課程是學科（教
材）、課程是目標、課程是經驗、課程是計畫（黃政傑，1985）。而當
面對的是幼教課程時，有些學者（黃瑞琴，1994）就會建議從「課程即

經驗」的觀點，支持「遊戲」應該是幼兒園正式課程的一部分，因為「遊戲」就是幼兒個人內在與外在物理及人文環境互動的學習經驗。既然是重要的「學習經驗」，就應該是課程的一部分，只是這類的課程來自於幼兒自發的活動，萌發於日常生活中，需要刻意觀察與引導，否則稍縱即逝。同理，在平日的「戲劇遊戲」中，幼兒主動地將日常生活中所體驗到的人、事、物，轉化到自己的想像世界。此時，課程的焦點已由教師的「教」轉入幼兒的「學」，這種以「幼兒」為中心的課程模式，也符合發展取向的幼兒教育課程（Bredekamp, 1986）。

若從「課程是經驗」和「幼兒」為中心的課程觀點，幼兒園戲劇課程就應該同時包含「幼兒的戲劇遊戲」和「戲劇教育活動」兩個可能發展的方向。若是將它們放在一條連續的橫軸上，在左端比較偏向於「同儕間的戲劇扮演遊戲」，而右端就比較屬於「教師安排的戲劇教育活動」。

除了從經驗取向的觀點來看幼兒園的課程，另外也可以從「課程組織與發展」的方式來分析。一般而言，有些課程相當重視教學的具體目標，在組織的方法上，以循序漸進的線性方式（linear）安排活動，可以在事先安排較長時間的系統性課程。然而，也有些課程相當重視過程中的經驗，依據活動中學習者的興趣與反應，提供更深入的引導。這類課程的組織通常以全面直觀的方式（holistic）進行，由一個主題出發，預設幾個可能發展的方向，透過這些非線性的經驗，提供學習者內在統整的機會。

綜合上述分析，可以從下列兩個向度來探討戲劇課程：橫軸代表課程的觀點，左端是「幼兒的戲劇扮演遊戲」，而右端是「教師安排的戲劇教育活動」；縱軸代表課程組織和發展，上方是以「全面直觀」的方式，而下方則是以「線性組織」的概念發展課程。依照這兩個向度，幼兒園的戲劇課程可分為四種型態（圖 5-1）：型態 I 隨機性的戲劇扮演

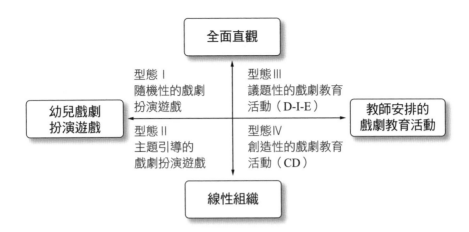

圖 5-1 幼兒園可能發展的四種戲劇課程型態

遊戲，其課程發展是全面直觀、即席萌發且零碎片段。型態Ⅱ的活動乃是來自幼兒的戲劇遊戲經驗，但透過教師刻意地引導組織，讓課程的發展導向特定的目標，進行的方法也比較有計畫組織。不同於型態Ⅰ、Ⅱ之課程，型態Ⅲ、Ⅳ的活動來源是已經安排好的主題，只是在發展的過程上，型態Ⅲ屬於即席萌發，全面直觀的方式，如英式的教育戲劇；而型態Ⅳ則屬循序漸進且條理分明的課程，如美式的創造性戲劇——透過暖身、引起動機、說故事、討論練習等發展階段，最後進行戲劇呈現的部分。

第二節 ▌ 隨機性的戲劇扮演遊戲

這類課程是屬於幼兒平日自發的經驗課程，多半發生在非事先安排的時間或非正式的教學場域中。通常課程的主題來自幼兒遊戲中萌發出現，整體課程的發展也相當隨興又即席自發。

在這種狀況之下，教師通常會先從觀察孩子的遊戲著手，並從中了

解到孩子當下的戲劇主題。透過非正式的問題或即席的參與，教師利用戲劇技巧來擴大或加深孩子們的遊戲內容。此時教師所用的技巧，乃是以一般引導幼兒遊戲之方式（Johnson, Christie, & Yawkey, 1999），透過鷹架的提供，來延伸或豐富幼兒的戲劇遊戲（Vygotsky, 1978）。教師可以利用情境內或情境外之參與方式，透過介紹一個新的人物或者衝突進入遊戲中。另外，教師也可提供孩子情境、道具及言語的支持（黃瑞琴，1994）。

通常這類遊戲的參與者比較侷限於小組的幼兒，地點則發生在教室的戲劇區（娃娃家），或者戶外遊戲場。時間通常比較短，大概只能持續 5 至 20 分鐘或任何一群幼兒玩遊戲的當下。以下將以一個在遊戲場發生的例子，說明這類的戲劇活動如何在課程中發生，教師該如何引導這類的戲劇活動。

怪獸與魔術師

壹 第一次戲劇引導

連續幾天，教師在戶外遊戲場看到甲元、乙蕙、丙謙、丁寧四人在鞦韆旁追來追去，進行怪獸的遊戲，教師接近幼兒，仔細觀察並聆聽其遊戲的內容：

甲元：「我是一隻大怪獸，我要把你們統統吃掉，哇……」
（甲元忽然張牙舞爪地追逐著乙蕙、丙謙和丁寧，三位幼兒一面逃離甲元的追逐，一面大喊。）
三位幼兒尖叫：「有大怪獸，有魔鬼要吃我們，哇！趕快跑！」
（這時戊智也跑來要抓乙蕙、丙謙和丁寧。）
甲元：「戊智你又不是怪獸，你不能抓他們。」

戊智：「我是怪獸，我要把他們統統吃掉。」

甲元：「你又沒有經過我們同意，你不可以過來。」

戊智：「好嘛，我也要當怪獸，可不可以和你們一起玩？」

（他們五人就圍在一起不知在說什麼，然後甲元開口了。）

甲元：「好！我們已經決定給你玩，可是你不能當怪獸，你只能當人。」

戊智：「我不要當人，我要當大怪獸。」

甲元：「如果你不當人，我們就不給你玩。」

戊智：「好嘛！」

（戊智加入乙蕙、丙謙、丁寧，被甲元扮成的怪獸追著跑。）

隔日，教師看到甲元和丁寧扮成怪獸在那裡追逐乙蕙和丙謙，教師到幼兒怪獸身旁，問了一些問題：「你們是哪一種怪獸？」「住在哪裡？」「吃些什麼東西？」「喜歡做什麼事？」「要怎樣才能變成怪獸？」「有沒有爸爸、媽媽還是小孩？」幼兒七嘴八舌地回答問題。甲元自稱是酷斯拉，住在很深的海裡，最喜歡到陸地上吃人和動物，而且喜歡吸動物的血。還說要跑得很快而且很厲害的人才能變成怪獸。接著，甲元去找乙蕙、丙謙和丁寧，要他們當酷斯拉的小孩，一起去追其他的人和動物，結果只有丁寧願意。

透過上述的引導，教師希望能鼓勵幼兒擴展劇中人物及劇情的內涵，同時教師也希望能突破幼兒對怪獸的刻板印象，可是並沒有很成功。

貳 第二次戲劇引導

己仁、庚遠、辛麗、壬勇在溜滑梯的下面猜拳，當四個人無法決定勝負時，己仁決定變成魔術師，會出變化拳。

己仁：「假裝我是魔術師，我會變化拳！」

庚遠：「假裝我也是魔術師，我也會變化拳！」

（辛麗和壬勇也表示要當魔術師，會把別人變成動物。）

己仁：「那我先當魔術師，我把你們變成小狗！」

庚遠：「要輪流當魔術師，我才要玩。」

（己仁同意後，嘴裡唸了一串咒語，然後喊一聲「變！」，庚遠、
辛麗、壬勇三個人就在地上爬，又爬上溜滑梯。）

己仁：「你們要學狗狗叫，然後學狗狗吃東西！」

（三個人配合學狗叫和啃骨頭的樣子。）

庚遠：「換我當魔術師了！」

庚遠唸了一段咒語：「我要把你們變成僵屍！」

（小朋友就爬起來，學起僵屍跳呀跳。又聽庚遠的指令，做掃
地、擦玻璃、洗澡、開車等動作，時而會提醒僵屍身體要直直
的，不可以亂動。）

　　教師希望幼兒能夠繼續發展遊戲的深度與廣度，但不要打斷幼兒遊
戲的進行。因此，教師參與幼兒遊戲，隨興進行了一些非正式的引導活
動。

　　教師加入魔術師組，跟著幼兒變成僵屍跳來跳去。幼兒又要教師當
魔術師，教師說她可以讓每一個人的夢想成真。教師要每位幼兒都想一
個自己很想變成的動物，當教師唸了一串咒語後，幼兒就可以變成那個
動物，但教師唸另一段咒語時，大家要停下來（幼兒興高采烈地配合
著）。

　　接著，教師要動物們坐下來，詢問每一位幼兒變成了哪一種動物，
並描述每種動物的特色和動作。結束後，教師又進一步詢問每一個魔術
師的名字，魔術師有什麼最特別、最厲害的法術，以及如何才能變成一
個真正的魔術師。

參 第三次戲劇引導

幼兒繼續玩怪獸的遊戲，乙蕙跑累了坐在地上，向丙謙和戊智求救。教師藉由幼兒戲劇主題的改變，希望引入另一組幼兒加入戲劇活動。

乙蕙：「我昏倒了，你們趕快來救我！」

（於是丙謙、戊智就拖著乙蕙到球池旁。）

丙謙：「這是我們的家，怪獸找不到我們的。」

（戊智就做個關門的動作）

丙謙：「門不是在那裡，是這裡啦。」

（丙謙用手比了另一邊。）

戊智：「我們要去找怪獸，把牠打死！」

（丙謙點點頭，並叫乙蕙自己休息，等一下再買藥回來給她擦。）

乙蕙：「我要去醫院住院，再吃藥。」

丙謙和戊智跑去找著甲元：「醫生，有人生病，你來給他打針、吃藥。」

甲元：「喂！我又不是醫生，我是怪獸耶！你們會不會玩呀！」

丙謙：「好吧！」

教師跑去找魔術師組的幼兒，告知有人生病需要幫助，請他們過去看看乙蕙、丙謙和戊智。教師繼續詢問是否有辦法治療乙蕙，並詢問魔術師要如何才能逃離怪獸的威脅。大家七手八腳地把乙蕙抬到滑梯下面，並假裝幫她治療。時間到了，回到教室後，教師假裝是新聞記者並告訴幼兒，聽說遊樂場出現了怪獸和魔術師，請幼兒描述他們的長相和特色，並問大家有沒有辦法解決怪獸的問題？有小朋友建議可以用魔法把他變成好心的怪獸，也可以去和他打仗。

肆 第四次戲劇引導

　　過了幾天，教師為了讓兩組有互動，故意製造衝突情節，結果魔術師組的幼兒，跑去偷襲酷斯拉的小孩丁寧，並把他帶回家，躲在溜滑梯下，並大聲喊話：

「大怪獸，我們已經把你的小孩抓起來了，你來找我們呀！」

（甲元衝到溜滑梯下，抓住幼兒己仁並假裝吸他手臂上的血。）

甲元：「把小孩還我，我就不吸你們的血。」

（甲元繼續追其他的人。）

己仁：「我們都假裝昏倒好不好？」

（大家都同意一起躺在地上，甲元就一個個吸他們的血，包含他自己的小孩，幼兒們一直笑。）

甲元：「你們的血被我吸乾了，已經死了不可以笑，也不可以動來動去。」

（但幼兒仍笑個不停。）

庚遠：「酷斯拉，你還吸你小孩的血，真奇怪！」

甲元：「那也沒怎樣。假裝五分鐘後你們就復活了。」

己仁用手指著甲元、丁寧，口中喃喃自語地說：「我是魔術師，我要把你們變成好心的怪獸。」

甲元：「我是酷斯拉，我才不要當好心的怪獸！你的血已經被我吸乾，你應該不能動！」

甲元：「這樣不好玩，不要跟你們玩了啦。」

（甲元便走了，大家也就散了，有的繼續玩溜滑梯，有的就坐在樓梯上休息、發呆。）

第三節 ▌ 主題引導的戲劇扮演遊戲

比起型態Ⅰ的戲劇活動，型態Ⅱ之組織與計畫較清楚嚴密，但其課程的內容，主要還是配合幼兒在戲劇遊戲中所發展的題材。因此，教師仍需要從觀察幼兒戲劇遊戲開始，以便了解孩子正在玩的主題；然後，教師再進入組織，加上相關的道具、材料和口語討論，引導幼兒進行更深入的戲劇扮演遊戲。

比起型態Ⅰ戲劇扮演遊戲進行的方式，教師透過比較有組織及計畫的方法，來引導幼兒進行戲劇扮演。教師甚至可以結合課程主題，加入一些戲劇教育的策略，如教師入戲、默劇活動，用比較貼近幼兒戲劇扮演遊戲的方式來發展幼兒的戲劇課程。以下將以實例說明。

小小餐廳

壹 源起

幼兒本來就對食物頗感興趣。剛好學校利用週末舉辦親師聯誼烤肉的活動，隔週回到學校後，教師觀察到幾位幼兒在積木區利用積木做了魚和玉米，放在鐵盤上，假裝在烤肉，又引發了另一群幼兒加入他們，進行買魚、賣魚的買賣活動。後來，又連到在娃娃家的幼兒就近利用架上的塑膠水果，進行「烤水果」及開餐廳的活動。之後，教師在娃娃家的學習區中放了幾頂大廚師的帽子和圍裙，幼兒就開始玩了起來。

貳 練習默劇活動

隔幾天，教師利用大組活動的時間介紹一些不同食物樣本，如漢堡、烤肉、擔仔麵、麵包等，並詢問幼兒知不知道怎麼做這些食物。教師發給幼兒一人一頂廚師帽，並告訴幼兒今天大廚師要和小廚師一起練

習做菜的技巧。透過討論，教師與幼兒決定要先試著做漢堡，教師引導幼兒討論做漢堡的材料及製作的過程，並用默劇動作做出來。

接著，可以詢問幼兒有沒有去過餐廳，要大家輪流扮演餐廳中人員的默劇動作，要其他人猜猜看是什麼人物，如客人、服務生、老闆、廚師、櫃檯、領班、清潔人員及送貨人員等。透過默劇活動之帶領，教師可以了解幼兒的先前經驗及對相關人事了解的程度。教師也可以一邊讓幼兒輪流扮演，一邊補充說明各種不同角色的任務，並把大家的意見寫在白板上。

 計畫進行戲劇活動

一‧‧ 角色分配

教師與幼兒討論，若是要開一間餐廳，必須要有哪些人員、這些人員必須先做什麼準備工作。可延續前次的討論，也可考慮這些人員的準備工作必須在哪些地方進行，如大廚師要在廚房準備所有的材料、服務生到前面排好桌椅、老闆和經理要寫菜單並決定價錢、司機要洗車準備載貨、客人先在家中準備出門，而櫃檯人員要準備收銀台和玩具紙幣等，接著，可以和幼兒討論這些人應該利用哪些地方工作，然後，讓幼兒自由選擇討論過的角色，教師儘量讓每個人或每二、三個人，都有適合的角色扮演。

二‧‧ 材料與位置的分配

教師可拿出事先準備好的材料或半成品（分在四至五個不同的箱子中），將它介紹給幼兒，並看看大家有沒有不同的想法與建議。其中兩箱放置製作兩種不同類型食物的道具，以提供兩組大廚師製作不同的餐廳食物。第一箱是屬於烤肉類，包括玉米、豬肉片、香腸、竹串、烤肉醬、烤肉架、刷子、木炭等材料與器具；第二箱是冰品點心類，包括製

作剉冰的材料如紅豆、綠豆、湯圓（用串珠代表）、水果（雪花片）、刨冰機、盤子、湯匙……；製作點心的材料如麵粉、奶油、葡萄乾、雞蛋、烤箱、盤子，和麵糰的機器……（可與幼兒討論，不同的材料可代表哪些不同的食物）。第三箱中，可裝一些空白菜單、價目表、筆、收銀機、玩具紙幣、餐桌布、花瓶、餐紙巾、碗具、清潔用品、小貨車等道具，提供經理、服務生、櫃檯等工作用品。第四箱中，可放一些男、女服裝，如領帶、西裝外套、長裙、皮包、項鍊、帽子、鞋子……，為客人外出準備的道具。接著可把全班分成四組，並決定教室中工作的區域，然後就可以開始分組做準備工作。

肆　進行戲劇遊戲

當幼兒分成四組，且在各區域中自行搭建扮演，這時教師的角色只是要讓每一組的活動繼續進行。萬一有中斷的情況，教師可以協助恢復活動的進行。另外也可以繼續利用言語的支持或是道具的支持，讓孩子的戲劇活動一直持續下去。大概在 20 分鐘後，教師請大家暫時停止活動，然後請一些客人和餐廳工作人員交換，所以幼兒可以交換角色，嘗試一些不一樣的角色，同時也為戲劇活動注入一些新的氣氛和感覺。老師可視情況讓幼兒再交換一次角色，如此整個活動持續約 50 分鐘左右。

第四節　議題性的戲劇教育活動

在第四節及第五節中，將分別呈現課程橫軸發展的另一大類課程。和前兩類「以幼兒戲劇扮演遊戲」為基本戲劇課程的發展很不一樣，型態Ⅲ、Ⅳ比較以戲劇教育中的活動為主。這類多半是教師事先安排，從

「議題」或「故事」出發的戲劇創作活動。

　　雖然在幼兒園發展戲劇課程時，型態Ⅰ、Ⅱ的戲劇活動是比較容易取得的發展題材，也是最貼近幼兒發展的戲劇模式，但並不是所有的幼兒園都以「遊戲」或學習區為主導的課程，反而許多幼兒園的課程還是來自預設的主題架構。因此，型態Ⅲ、Ⅳ的戲劇活動反而比較可以配合預設的教學主題，有計畫地進行相關的戲劇課程，只是雖是事先預設的主題，教師在選擇題材時，仍需考慮幼兒的舊經驗與興趣（林玫君，1999a）。

　　依據圖 5-1 的向度分析，型態Ⅲ的戲劇活動，主題事先就已設定，但其教學發展的方向是以全面直觀的方式進行。前述戲劇課程模式中的型態Ⅲ──「議題性的戲劇教育活動」，就屬這種類型。它是以英國教育戲劇為發展模式之課程。雖然這種型態的主題非源於幼兒當下的興趣，但在戲劇進行的過程中，主導權仍在幼兒。教師如何利用各種發問問題及教育戲劇帶領技巧，來鼓勵幼兒去參與主題或故事之發展與創作，是一大挑戰。

　　以下筆者運用〈五隻猴子〉的手指謠，以「猴子家族的命運」為主題，討論當人類面臨生存困境時，考慮是否遷移或抵抗的議題。這個教案的靈感來自於 O'Neill《戲劇結構》（*Drama Structures: A Pratical Handbook for Teachers*, 1982）中的一個例子，以「猴子」為主題，一方面提供讀者了解型態Ⅲ的戲劇課程，一方面用來對比下一節中，型態Ⅳ的戲劇課程發展樣貌。

猴子家族的命運

壹 教學目標

1. 深入體驗面對敵人之困難的情境，並利用團體行動來解決問題。
2. 體驗並了解移居他鄉的準備與將會發生的問題。

貳 教材準備

1. 兒童事先已熟悉〈五隻猴子〉的手指謠，並討論過面臨威脅的猴子應該想什麼方法解決問題。
2. 兒童分組成為不同的猴子家族，教師則扮演猴族中的「猴王」。戲劇開始時，先用小椅子圍成半圈環繞猴王的寶座，要每個家族依序到猴王宮殿大廳中。（教師可先問兒童，各個家族會如何去王宮、見到國王用什麼方法致敬、怎麼排座位，然後站在教室四周角落，準備進宮。）

參 活動流程

一 ·· 聚集

教師宣布：「猴王召集猴子家族進宮。」猴子家族聚集在王宮中，猴王歡迎大家並提醒大家從上次聚會到現在，這是第二次聚會，大家還記不記得上次的聚會口號是什麼？（待兒童提議，或教師可提醒大家。）例如：「猴族一級棒！」教師一一和大家握手致意（用特別的方式）且要每個成員跟著他（她）一起喊：「猴族一級棒。」當猴王回寶座時，全體猴族再一起喊：「猴族一級棒！」猴王拿起一支棍子讓大家看。教師宣稱這是猴族的「權杖」，它代表猴子家族的力量。

接著，他繼續強調很高興見到他忠誠的伙伴們，並解釋召集大家來此的目的是要宣布一件重要的消息。森林中的鱷魚王又開始進行牠每年一度的攻擊行動，據說已經有五個家族被牠吃掉了。很快，牠就會繼續來攻擊其他的猴子家族和猴王的宮殿，若是象徵猴族力量的權杖被鱷魚王偷走就糟了。猴王希望大家可以一起想辦法解決這個每年困擾著他們的問題。（兒童可能以投票或辯論的方式決定採取行動與鱷魚對抗；或準備逃亡，將整個猴族移居他鄉。教師可以視情況而接續下面的發展。）

二 ‧‧ 情境一：決定與鱷魚對抗

（一）秘密行動任務之大考驗

（教師入戲）鱷魚王是個狡猾的怪物，或許可用陷阱的方式來捕捉他，但是必須利用「秘密行動」的方式。在過去，這個方法曾被使用過，而且是個不錯的辦法。要進行秘密行動之前，必須要先練習此技巧。猴王把手上的權杖放在自己的椅子底下，要自願的臣民試著去偷他座位下的權杖，而不發出一點聲音。再請另一位臣民坐在國王的寶座上並蒙上眼睛，假裝是鱷魚王的手下，正在看守偷到的權杖。假裝看守者正在睡覺，若是聽到任何聲音，他可以指向聲音的來源，這表示考驗失敗——換成偷東西的人來保管權杖，請第二個人再試試如何取回權杖。參與者在進行秘密行動時，教師可在旁邊口述並鼓勵：「我們的權杖已落到鱷魚王的手中，一定要採取秘密行動才拿得到……看，我們的同伴好棒，他們快要取得權杖了！」

猴王也可以問問大家，過去的經驗中，這種秘密行動有沒有失敗的例子，除了用這個方法之外，還有沒有其他更好的方法。

（二）傳達死訊之考驗

當猴王的勇士除了要能有足夠的勇氣與能力去與鱷魚王對抗外，他們也必須有足夠的智慧去傳達戰友蒙難的消息。「當他的好朋友們戰死的時候，其他的戰友如何回來告訴他的家人？」

（教師入戲）「這可能比前一個考驗還難，因為這需要另一種不同的勇氣。現在，我想要看看你們會用什麼方法來告訴朋友的爸爸媽媽他們的小孩已經被鱷魚王吃掉，所以沒有一起回家的事實。」（教師邀請自願的參與者當爸爸、媽媽、家人或其他朋友，圍坐在小圈圈中，請二至三位自願者當傳信人，告知朋友他們小孩死亡的消息，同時，教師可詢問參與者，家人正在做什麼？什麼時間告知最恰當？用什麼方式？直接告訴，或慢慢地透露？）之後，教師可以稱讚剛才表現良好的人，也可提醒戰友有些什麼優點。

（三）冒險之旅

（教師入戲）「大家在出發前有什麼問題要問我？例如要怎麼抵達鱷魚王的宮殿？鱷魚王是什麼樣子？要做什麼樣的陷阱？」（教師可以問得更細，例如：如何造船？築陷阱？蒐集什麼裝備？）討論結束後，猴子群被要求各自回家準備，並在一週內聚集在宮殿外廣場，準備出發。在解散前，猴王再度拿出自己的權杖，要大家與他一起共呼聚會前的口號，並把權杖傳下，要每個人高舉權杖，矢志效忠，並告知，若是猴王死在戰爭中，請務必保護權杖，不要讓它落入敵人的手中。最後，大家再一同高呼口號並結束此段。

（四）討論反省

行動結束後，要全體坐下與教師討論下列問題：

「你們認為為什麼這次的行動那麼重要？」

「為什麼在出發前要進行前兩項的考驗？」

「跟猴王行動的人會得到什麼好處？」

「若是不跟著行動會怎麼樣？」

三 ‥ 情境二：移居他鄉

（一）成立探險隊

1. 猴王以探險隊領導者的身分，歡迎這些猴族的自願者參加探險隊
的計畫。強調為了逃避每年一度鱷魚王的侵襲，也為後代猴族的
子子孫孫設想，要逃避猴族世代輪迴的命運，就必須移居他鄉。
為了慎重起見，決定先派一隊探險隊去找尋傳聞已久的森林樂
園。在那兒會遇到許多的危險和困難，但相信這一切的努力是值
得的。「現在，你們或許有許多的問題想詢問，例如到時將住在
哪？氣候如何？你們可以儘量發問。」教師儘量請其他的成員回
答彼此的問題，並表示今天來參加的有很多是這方面的專家。例
如由建造房子的專家來回答房子方面的問題。

2. 說服大眾：教師將學生分兩人一組，一人當探險隊成員，另一人
當一般大眾，A 要說服 B 成立探險隊的目的與重要性。之後，
A、B 可交換角色再行辯論。

3. 教師用一大張白紙寫下剛才討論的內容以做結論。

4. 「我們對新的地方的了解」（列出的內容可能是它的位置環境、氣
候等相關因素）。最後，請每一位成員帶「一樣可能需要用到的東
西」以維持基本的生存。這些東西可以列在另一張大壁報紙上。

（二）出發前分享專長技能

　　小組或個人決定能提供的專長技能為何。可以把這些專長列出來，
並解釋其對未來生活的貢獻。

1. 兩人一組：互相分享彼此的特殊技能，並解釋其對未來生活的幫
助。

2. 大組：請自願者出來分享他的專長，並教大家一起學習此專長。

3. 電視秀：小組製作一幕電視秀來為這次的探險隊打廣告。內容除了解釋探險隊的使命外，還可秀出他們已準備好的東西、隊上的專長人員，以及他們將如何在新的地點利用最原始的方式生存。例如：

   (1) 解釋畫好的地圖、四周環境、居住的地方及工具。

   (2) 示範已訓練好的特殊專長技術。

   (3) 示範如何解決面臨的問題。

   (4) 一段電視專訪小隊成員，表達他們對探險隊的效忠及對家人的態度。

4. 出發前的合照：請所有成員聚集在一起做靜止動作，教師假裝為他們拍下照片。教師可以在拍照時，一面口述下列內容以加強學生的使命感。「這些在照片中的人，正要去完成一項超級任務。他們將要為我們族類找尋一個適合大家居住的新地點，並以最原始的方式為大家建立新的村落。他們能不能克服困難並存活下來，就得靠著他們手邊的工具與專長技能。」

（三）到達新天地

要全體起立，把眼睛閉起來或全體在教室中轉一個方向，表示換了一個新場景。教師可以下列口述內容，銜接場景的轉換：「探險小隊的準備已經完成。他們對自己的親朋好友道別，並向新的地方出發。在過程中，他們經歷了許多危險，最後，終於到達新的森林樂園。」當學生張開眼睛後，教師可告知他們目前正站在森林的邊緣。可以問問大家對森林樂園的第一印象為何，是不是和他們想的一樣。如果他們決定要記錄探險的經歷，現在可以畫下他們眼前所看到的一幕。例如森林某個角落的東西或動物。

1. 探險

分組做初步的偵測，看看新的環境中有些什麼東西可以拿來維生、適不適合大家居住。可以分配任務給各小組，例如一組去找水和食物，另一組去找適合居住的地方，一組去蒐集木材，再一組去探測附近危險的來源。出發前，提醒大家必須沿路畫記號，免得迷路。待領導者的集合訊號後，全體將再度回到聚集地，大家把新發現分享給彼此。之後，大家要開始搭建晚上的住處，並分配蒐集到的食物和水。最後，可把探尋到的發現記錄在一張大地圖上，每組記下他們已探索過的地方。

2. 第一個晚上：兩人一組，互相分享彼此的想法或害怕的感覺

「有沒有什麼令他們擔心的事？」「目前最害怕的事是什麼？」

3. 聚會討論

全組人員分享食物與水，並在領導者的引導下，討論下列問題：

「在新的地方發現什麼新的問題與困難？」

「目前最重要的任務是什麼？」

「要待多久才能把情報蒐集完成並回去告訴族人？」

也可以討論任務的分配與完成、責任的歸屬及如何做決定等問題。

4. 新開拓地的生活分享

分成小組利用「靜止動作」的方式把在新地方的生活片段分享出來。可用輪流的方式，依時間的先後，要各組呈現一天的生活。例如：「早上起床後，會做些什麼？」要每組組成一個靜止畫面，而且可以顯示小組中合作的關係。「中午吃些什麼東西？」「下午的活動為何？」「晚上呢？」也可以請小組分享一段在一天中曾遇到的危險是什麼，最後怎麼解決的。

5. 無法預期的危險

分享小組曾遇到的危險，而且這些危險可能不在他們的預料中。小組討論時，領導者可請大家考慮下列問題：

「什麼樣的危險會威脅他們的生存？」

「在最緊急的時候，他們用了什麼方法克服危險？」

6. 評估新棲息地

召集大家，重新回顧剛才各組所分享的危險，重新考慮下列問題：

「從前面的經驗中我們學到了什麼？」

「危險可以怎麼被克服？哪些可以事先防範？」

「這些危險會不會威脅未來族人的生存？」

「這是不是一個適合永久定居的地方？」

（四）回程

（大組）該是回家的時刻了。探險隊的任務終於完成。最後，領導者召集大家並詢問：

「這次的探險學到了什麼？」

「在過程中，他們覺得最好和最壞的經驗是什麼？」

「若是要回去向族人表示他們曾經歷過的事，可以帶什麼小東西回去做為證明？」

（大組）回到家，族人歡迎他們歸來，並在廣場集合。長老請探險隊的代表到台前，分享他們的紀念物，並告訴大家發生的事及所遇到的危險。全體決定要不要遷徙（贊成的人坐一邊，不贊成的人坐另一邊）。

第五節　創造性的戲劇教育活動

　　型態IV的戲劇活動和型態III類似，其主題是來自事先預設的課程計畫或是教師的想法。不若型態III，必須直接跳入戲劇情境，本型態之戲劇活動是以循序漸進（linear）的方式進行，對初學的教師或幼兒而言，可能比較容易進入狀況。型態IV的戲劇，是源於一般美國課程之架構，從肢體與聲音之入門課程到故事戲劇之進階課程，條理分明地將戲劇相關的概念與技巧介紹給參與者。之後會於本書第七、八章中，引用行動研究之結果做更詳細的課程分析。

　　下列先以【五隻猴子】為例，介紹這類戲劇活動之流程，以提供與前三種戲劇型態比較之參考。

五隻猴子

壹　教學目標

1. 了解戲劇名詞「說服」的意義。
2. 增進聲音及肢體的表達能力。
3. 增進創意解決問題的能力。
4. 鼓勵創造新的童謠。

貳　教材準備

猴子手偶、鈴鼓（開始與結束之指令）、背景音樂。

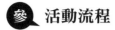 **活動流程**

一 •• 引起動機

　　介紹「說服」的意義。利用猴子手偶引進猴子主題，並製造情境，引發幼兒參與討論「說服」的意義。

　　猴子媽媽說，現在不能看電視，如果你是這隻小猴子，要怎麼「說服」媽媽讓你看電視？

二 •• 介紹童謠

　　「五隻猴子盪鞦韆，嘲笑鱷魚被水淹。鱷魚來了！鱷魚來了！啊！啊！啊！」

　　（反覆上述，五隻改四隻、三隻、二隻、一隻。）

　　鼓勵參與者練習童謠中的用詞與語調的變化。可以下列方式提出問題：「如果你是猴子，看到鱷魚正向你走來，會用什麼樣的聲音說話？」「如果你是鱷魚呢？」

三 •• 引導發展（依時間選擇下列二至三項演練）

　　1. 猴子會怎麼盪鞦韆？（手指動作試試看）

　　2. 猴子會在哪裡盪鞦韆？（手指動作試試看）

　　3. 鱷魚會怎麼接近猴子？怎麼吃掉猴子？（手指動作試試看）

　　4. 只剩下兩隻猴子，盪鞦韆的心情如何？（很害怕、很傷心……）
　　　 害怕的時候怎麼盪鞦韆？（手指動作試試看）

　　5. 只剩下一隻猴子，他要如何面對即將來臨的鱷魚？
　　　 討論猴子面對鱷魚的來臨，要想什麼辦法解決問題。視小朋友回
　　　 應而討論下列問題：
　　　 「若是猴子不想被鱷魚吃掉，可以怎麼說服他？」

（小朋友可能回答：「可以送牠禮物啊！」、「可以找食物給牠吃」。）

「若是小動物要躲起來，可以躲到哪裡才不會被鱷魚吃掉？」

（小朋友可能回答：「躲到石頭後」、「山洞裡」、「樹林中」。）

「若是小動物很勇敢，想用一些方法整整鱷魚，可以怎麼做？」

（小朋友可能回答：「用木棍撐住鱷魚的嘴巴」、「用石頭打牠的頭等」。）

6. 小組活動：五至六人一組，分組討論猴子的名稱、特色、叫聲、盪鞦韆的方式及對付鱷魚的方法（教師給各組五至十分鐘的時間討論及練習）。

四 ·· 整體呈現

1. 呈現前，「角色分配」之計畫：教師可指定或與小朋友商量呈現時個別扮演之角色。並告知教師將扮演的角色（鱷魚）。

2. 呈現前，「場地位置」之計畫：教師可指定或與小朋友商量呈現時的移動位置。可問：「等一下鱷魚要到森林中吃猴子，教室中哪裡可以當森林？鱷魚要從哪裡出發？猴子的位置在哪裡？」

3. 呈現前，「進行流程」之計畫：決定各組出現的先後次序及流程，並說明開始與結束的訊號。說明可如下：「等一下先有一段音樂，等大家準備好，一起朗讀童謠中的第一段，各家的猴子同時盪鞦韆，待唸到『鱷魚來了』，老師（鱷魚）就會出現，並隨意走向其中一組猴子，這時猴子就可以表現出對付鱷魚的方法。做完後，全組可以坐下，表示已經結束。」

4. 正式呈現：音樂燈光準備好，全班同時說：「好戲開鑼！」就可開始進行活動。

五 •• 反省檢討

在活動後，教師可問下列的問題鼓勵幼兒回想活動內容，並提出建議：

1. 記不記得剛才猴子怎麼對鱷魚說的，所以鱷魚沒有吃掉他？小猴子用的方法就叫做「說服」。

2. 看完活動後，你們覺得某某組的××猴和某某組的××猴有什麼不同特色？哪裡不同？你最喜歡哪一組？為什麼？

3. 記不記得他們做了什麼事來解決鱷魚？你覺得如何？如果你是他，你會不會那麼做？

4. 剛才第×組的猴子扮演的時候，很用力地抓扯老師的衣服，老師的衣服快被扯破了！下次若再玩一次，可以如何用假裝的動作而不傷害演鱷魚的人？（若呈現中發生這種問題，就可以提出討論）

六 •• 延伸活動

鼓勵小朋友設想不同的情境，創造不同的童謠。可問下列問題：

「猴子除了盪鞦韆還能做什麼？」

「猴子是因為嘲笑鱷魚而被吃，他還可以做什麼？鱷魚會有什麼反應？」

最後，綜合小朋友的意見，改變後童謠內容可能如下：

「五隻猴子捉跳蚤，嘲笑鱷魚沒洗澡，

鱷魚來了！鱷魚來了！啊！啊！啊！」

「五隻猴子盪鞦韆，邀請鱷魚一起跑，

鱷魚來了！鱷魚來了！好！好！好！」

總結

　　本章針對四種幼兒園中可能發展之戲劇課程型態提出說明與解釋。未來幼兒園戲劇課程可以下列四種型態發展：第一種型態，其主題來自幼兒戲劇扮演遊戲內容，而課程發展是即席萌發且零碎片段的，如幼兒的自發性戲劇扮演遊戲。第二種型態，其主題是來自幼兒偶發的遊戲經驗，但透過教師的引導與組織，課程的發展比較以目標為導向，且循序漸進。不同於第一、二類之課程，第三類和第四類的課程型態，其題材來源都是教師或課程中安排好的主題，只是發展課程的取向不同，第三類以過程為主屬於即席萌發、全面直觀的方式，如英式的教習戲劇；而第四類則為目標導向，屬循序漸進、條理分明的方式，如美國的創造性戲劇——透過暖身、引起動機、說故事、討論練習等發展階段，才會進入正式之戲劇呈現。未來待更多相關的研究為這些課程型態進行分析、實驗與修正的工作。

CHAPTER 6

兒童戲劇教育
之教學

兒童戲劇教育是一門理論與實務兼具的課程,過去的文獻資料多以量性的方式來證明戲劇教學成效,但是缺乏質性的研究來呈現戲劇教學的歷程及相關的問題,如:教室中教學氣氛的營造、社會互動的歷程、成員的組織、時間的安排、空間的運用、題材的選擇,以及其他教學相關事項的準備等。另外,多數的研究仍針對小學或中學以上的兒童,對於幼兒園中之幼兒實際進行戲劇活動的狀況,缺乏深入的了解(林玫君,1997b)。有鑑於此,筆者開始在幼兒園進行臨床教學工作,利用行動研究及系統分析等方法,針對兒童戲劇教育入門課程做研究(林玫君,1997b)。接著,筆者又於隔年繼續針對兒童戲劇教育進階課程中的「故事戲劇」做行動研究。兩項研究結果對兒童戲劇教育的入門與進階課程內容及教學流程所面臨的問題,做了深入的了解與剖析。筆者將於下兩章一一說明。

而在兩次的研究中,筆者與教師也發現,在進行戲劇課程時,最常

面臨的還是與「教學及教室管理」有關的問題，如：「教師與兒童如何建立關係？」「教室中的生活規範與兒童創意的發揮如何獲得平衡？」「教室組織如分組、時間、地點、空間及題材、道具等如何影響戲劇教學的進行？」等，故筆者經重新編排整理，將於本章討論兩次研究中與教學和教室管理有關的主題，本章第一節將以「教師與幼兒的關係」為主軸，探究兩者之間關係建立的方式以及教室中的生活規範；第二節則是討論教室生活規範的維持與處理；最後，第三節將綜合分析影響戲劇帶領之變化因素，以供欲帶領戲劇活動之相關人事參考。

第一節 ▍ 教師與幼兒的關係

對任何一位教師而言，在帶領戲劇活動時，最重要的關鍵就是如何在「教師與學生」或「學生與學生之間」建立一種彼此信賴且尊重的關係。唯有在這個前提下，一個團體的成員才能毫無保留地針對「個別」或「他人」所關心的議題進行討論與溝通。在研究中也發現（林玫君，1997b），如何透過不同的方式來建立互信互重的教室氣氛是教師最常面臨的問題。根據系統分析一覽表（如表 6-1），可歸納 30 次教學中（課程內容可參見表 9-1）以「互信互重的教室氣氛」為主軸，參與研究的某位教師遇到的問題如下。

表 6-1　系統分析一覽表：互信互重的教室氣氛

觀察主軸：互信互重的教室氣氛	
本次教學進行情形	下次教學改進建議
1.【10/15 拍球】幼兒害羞或其他原因不願意當眾表演之處理方式。	⇨ 接受孩子的感覺，注意勿破壞教室氣氛。
2.【10/17 回音反應】幼兒互相指責對方模仿別人的創意，教師如何因應？	⇨ 教師可接受模仿行為並強調對方因為喜歡你的動作而模仿。

表 6-1 系統分析一覽表：互信互重的教室氣氛（續）

觀察主軸：互信互重的教室氣氛	
本次教學進行情形	下次教學改進建議
3. 【10/22 進行曲踏步】教師對幼兒常規問題感到困擾，如何表達自己的不滿？	⇨ 利用「我一訊息」，例如：當你們因為無法等待而在那裡一直講話時，我感到很不舒服，因為我都沒有辦法聽到前面的人在說什麼。
4. 【10/24 回音反應＋遊行Ⅰ】接受創意的限制。	
5. 【10/29 方向與節拍】教師自己弄錯方向。	⇨ 接受自己的錯誤，「對不起，老師把方向弄錯了，再來一次吧？」
6. 【11/5 遊行Ⅱ】教師表示信心的鼓勵。	⇨ 正面鼓勵。
7. 【11/12 冠軍群像】真誠的鼓勵：「謝謝，有了隊名隊呼，讓接下來的計畫容易多了。」	⇨ 指出貢獻和感謝之語。
8. 【11/14 新鞋Ⅰ】如何處理學生不當的話語，例如：「老師，你好笨喔！」	⇨ 接受及反映兒童之情感與想法，「你覺得老師好笨，為什麼？」
9. 【11/28 小木偶】反映式的傾聽，如何應用？	⇨ 「你覺得很生氣，都沒有輪到自己當木偶？」
10. 【12/10 形狀森林】「你們覺得巫婆的故事怎麼樣？」	⇨ 教師表示接納的語氣。
11. 【12/10 形狀森林】「你覺得很擔心，怕巫婆把你抓走？」	⇨ 教師反映兒童之感覺。
12. 【12/12 機器人】教師用口語表達對幼兒之感謝。	⇨ 建立互信互重的教室氣氛。
13. 【12/12 機器人】接受幼兒的「暴力」刻板印象。	⇨ 接受兒童的想法。

表 6-1　系統分析一覽表：互信互重的教室氣氛（續）

觀察主軸：互信互重的教室氣氛	
本次教學進行情形	下次教學改進建議
14.【12/19 毛毛蟲變蝴蝶】放音樂時，有失誤。	⇨ 教師接受自己的錯誤。
15.【12/23 小狗狗長大了Ⅰ】接納幼兒的喜好。	⇨ 接受幼兒的想法。
16.【12/23 小狗狗長大了Ⅱ】忘記要等主人回來時才躲起來。	⇨ 接受自己的錯誤。
17.【1/23 阿羅有枝彩色筆Ⅰ】教師：「你快要掉到大海裡，快畫一個東西救你自己，你要畫什麼？」幼兒：「馬桶。」	⇨ 鼓勵：表示信心的語氣。
18.【1/23 阿羅有枝彩色筆Ⅰ】教師：「我相信你們會像阿羅一樣想出好方法來解決問題。」	⇨ 同前。

　　經過重新整理上述表列內容，研究發現教師與幼兒關係的建立，包含下列五項：「適當真誠地鼓勵」、「接受及反映幼兒的情感與想法」、「教師表達自己的感覺」、「接受創意的限制及模仿的行為」，以及「接受自己的錯誤」。接著，以下將引用研究發現及二度文獻回顧中之實例來說明。

 適當真誠地鼓勵

　　鼓勵是幫助孩子覺得自己有價值的方法。它是一種欣賞且接納孩子本身的口語及行動之表現。它代表承認孩子為完成一件事所下的功夫，以及為改進所做的努力。若教師能對孩子有信心，孩子更容易接納且尊

重自己和別人的想法與感覺。年紀較小的幼兒，因受限於思想與表達之能力，常提出一些不合邏輯、無關主題或缺乏創意的想法。教師絕不可認為其想法太過幼稚而加以嘲笑。事實上，幼兒願意表達自己已經值得鼓勵。要鼓勵孩子的行為時，教師可使用表示「接納」、「信任」或指出「貢獻」、「才能」和「感謝」的語句來表達（Cherry, 1983）。在實際的行動研究中，也發現運用這些語句的確有助於師生關係的建立，茲以下列例子做說明：

一 •• 例一：顯示接納的語句

「你們好像滿喜歡當小狗狗的。」【小狗狗長大了】
「你們好像很怕故事裡的巫婆？」【形狀森林】

二 •• 例二：表示信任的語氣

「我相信你們會像阿羅一樣想出好方法來解決問題。」【阿羅有枝彩色筆】
「遊行隊伍很不容易走得很整齊，但我想你們一定有辦法走得很好的。」【遊行】

三 •• 例三：指出貢獻、才能和感謝的語句

「謝謝，有了隊呼隊名，讓接下來的計畫變得容易多了。」【冠軍群像】
「還好有某某幫忙，不然我真的不知道怎麼讓機器人動起來。」【機器人】

貳 接受及反映幼兒的情感與想法

「反映式的傾聽」可以讓幼兒誠實地表達自己的信念和情感，而沒有被拒絕的恐懼。傾聽幼兒說話時，要讓他們知道教師很清楚知道一些已經說的、沒有說的和其背後要表達的內容。人在情緒激動時，容易失去透視事情的能力，而經由反映式的傾聽，教師可以幫助孩子重新思考自己的問題。下列就是一位戲劇教師在上課時，運用反映式的傾聽來釐清幼兒心中真正想要表達的想法（Heinig, 1988）：

幼兒對教師說：「你好笨喔！」

教師：「你覺得老師好笨喔！為什麼會這麼想呢？」

（教師未生氣，而且利用反映式的傾聽。）

幼兒：「因為你常常假裝來，假裝去的，看起來好好笑喔！」

（幼兒表達自己真正的感覺。）

教師：「對啊！我真的很喜歡假裝當這個，假裝做那個，我覺得很好玩耶，你覺得老師這樣假裝的樣子，看起來很好笑是不是？」

（幫孩子澄清問題。）

由以上的例子可以了解，這個孩子可能在其他地方聽過用這樣的方式嘲笑別人，也怕別人會用相同的方式笑他。或許這種假裝扮演的行為讓他覺得不自在，因此就先發制人，以為先嘲笑別人就能避免被別人嘲笑。但是當這位幼兒聽到教師點出自己內心的掙扎，且願意接受他的感覺時，他的焦慮可能因而減低，且願意繼續參與活動。

除了上述的例子外，在研究中也發現，幼兒常會有一些奇怪天真的想法與特殊的情緒反應，若是教師能坦然接受甚至引導討論，就能幫助幼兒接納自己與同儕間彼此的感覺與想法。下列就是實際教學時發生的例子：

一 •• 例一：接受具暴力的想法

　　幼兒：「機器人會用槍殺壞人。」

　　教師：「除了用槍殺壞人外，它還會做什麼事情？」【機器人】

　　評論：幼兒提出具暴力且刻板印象的答案，教師未指責幼兒，除了接受其想法外，還引導其思考其他的答案。

二 •• 例二：接受異想天開的答案

　　教師：「你快要跌到大海裡，趕快畫一個東西救你自己，你要畫什麼？」【阿羅有枝彩色筆】

　　幼兒：「馬桶！」（教師不置可否，繼續進行活動。）

　　評論：雖然幼兒的答案有點異想天開甚至譁眾取寵，教師仍接受其回答，且不加以批評，繼續向下進行活動，如此反而有助於減少奇怪的應答。

三 •• 例三：害羞或不願意參與的幼兒

　　　在團體活動時，教師發現幼兒甲做得很棒，想要請他出來做給大家看。幼兒甲拚命搖頭，顯出害羞的樣子。

　　教師：「你覺得要在別人面前表演很不自在，沒關係，等你準備好的時候再說。」【拍球】

　　評論：教師請表現好的幼兒出來示範給大家看，以鼓勵孩子的表現，但有些幼兒很害羞，不願意表現出來，教師了解孩子的感覺後，未用強迫的方式逼他出來（此幼兒在戲劇活動進行一段時間之後，肢體更開放，並且願意在群眾面前表現）。

在情感的表達方面，幼兒常會因為一些「不合理的信念」而隱藏自己真實的感情，教師可以與孩子談論並幫助他們探索自己對這些信念的想法。根據 Charles Smith（呂翠夏譯，1997）的建議，與情緒有關之不合理信念包括「別人該為自己的情緒負責」、「負面的情緒如悲傷、生氣、害怕等，代表一個人的價值，這些感覺不可接受，所以不該讓別人知道」、「情緒與特定的角色連結，如大男孩不哭，小女孩溫柔愉悅，老大應該勇敢負責等」，這些不恰當的信念，常常阻礙幼兒表達內心的感受，也間接影響了師生的關係與幼兒本身自發式的表達。教師應該在平日就試著傳達「所有的人都有感覺」的訊息，且透過「主動的傾聽」（active listening），來協助幼兒描述及反映自己的感覺。

根據 Gordon（1974）之建議，可利用下列描述「負面情感」或「正面情感」的字眼來「反映孩子的感覺」：

反映「負面」情感的字：被錯怪了、生氣、著急、無聊、挫折、困擾、失望、氣餒、不受尊重、懷疑、尷尬、覺得想放棄、懼怕、有愧疚感、憎恨、絕望、受傷害、能力不足、無能為力、被忽略、可悲的、不受重視、被拒絕、傷心、愚蠢、不公平、不快樂、不被愛、想要擺平、擔心、覺得自己沒價值。

反映「正面」情感的字：被接受、被欣賞、好多了、有能力的、舒坦的、自信、受鼓勵、喜歡、興奮、愉快、舒服、充滿感激、了不起、快樂、愛、欣慰、驕傲的、放心了、受尊重、滿足的。

在研究中，也常有機會發現幼兒的負面情緒，這些情緒常因及時被教師反映出來而得到抒解，例如：

「你覺得很生氣，因為他每次都當小木偶，你都沒有機會？」【小木偶】

「你覺得很擔心，怕巫婆把你抓走？」【形狀森林】

參 教師表達自己的感覺

在活動中，有時幼兒容易因為肢體或思想的開放而興奮過頭，造成教師的困擾。一位成熟的戲劇帶領者在面對自己的情緒困擾時，應坦承面對自己的問題且誠實地表達出來，讓幼兒了解因為他們的某些行為，影響了教師及其他參與者的情緒，甚至干擾了整個戲劇活動的進行。

根據 Gordon（1974）之建議，教師可以用「我—訊息」（I-message）的方式來溝通自己的感覺與想法。「我—訊息」一般包含三個部分：

1. 要能使學生明確地了解對教師造成的問題是什麼。換言之，教師必須先描述學生所干擾教師的「行為」（只加描述，但不含責備之意）。

2. 要指明該項特殊行為給予教師實質或具體的影響是什麼。簡言之，教師要「描述後果」。

3. 要敘述教師因受實質的影響而內心所生之感受。換言之，教師要「描述學生行為造成的後果給教師的感受」。

一般可以用下列公式套入：「當你……（描述行為），結果造成……（描述行為後果），我感到……（描述情感或感受）」，或「當你……（描述行為），我感到……（描述情感或感受），因為……（描述行為後果）」。

在研究的過程中，教師也曾使用「我—訊息」的方式溝通，常常得到意想不到的回饋，例如：

> 「當你們因為無法等待而在那裡一直講話時，我感到很不舒服，因為我都沒辦法聽到前面的人在說什麼。」【進行曲踏步】

評論：教師運用我—訊息，表達了自己的感受之後，孩子很快就安靜下來。

肆 接受創意的限制及模仿的行為

　　教師常常急於啟發學生的創意，而對於學生在活動之初「了無創意」的想法或表達會顯得失望，且常透過眼神或舉止來表現教師無法接受的態度。教師應了解這些「了無創意」的行為只是開始的表現，創意會隨著熟練、適當的引導及耐心的等待而發揮出來。尤其是對於幼兒而言，他們常會從模仿教師或其他同伴中學習表達（岡田正章，1989）。教師若能明白這點並能善用問話的技巧來鼓勵各種不同的想法與表達方式，漸漸地，孩子的創意就能在這種了解與信賴的氣氛中發揮出來。在戲劇教學研究中，也曾發生類似的問題，幼兒互相指責對方模仿別人的創意：

幼兒甲：「幼兒乙學我的，是我想到的。」
幼兒乙：「又沒有什麼關係，你上次還不是一樣學我的。」
教師：「當有人看到一些喜歡的動作或想法時，他一定很喜歡照著做，幼兒乙一定是很喜歡你的動作才會學你做。」【回音反應】

　　評論：如此解釋，教師表達了他接受模仿為學習的一種方式之態度。同時，他也解除了幼兒乙的窘境，並增加始創者（幼兒甲）的信心。無形中，也增進了兩人互相信賴的感覺。

伍 接受自己的錯誤

　　在一個開放的教室中，無論教師或學生，對不同方法之測試及不同想法之表達，常會存有許多疑問或不確定之處。但許多成人或幼兒常誤以為「失誤」代表個人的「失敗」，因此會存著求全的心理或無法接受失誤的心結。這種情形更常反映在教師身上，因為一般的教師容易把自己建立成權威且不容犯錯的形象，要叫他打破自我的藩籬，去接受自我

的限制，是一件不容易的事。因此，若教師能突破自我的限制，在平時活動進行中坦承自己的錯誤或不當的措施，反而能成為幼兒勇於接納自己的典範。例如：

> 「對不起，老師把方向弄錯了，再來一次吧？」【方向與節拍】
>
> 「哦！我的音樂太早放了，對不起，可不可以再來一次？」【毛毛蟲變蝴蝶】
>
> 「哇！我們好像忘記了，記不記得討論時說好要等到主人回來時才去找角落躲起來，剛剛躲得太快了，這一次再試試看，好嗎？」【小狗狗長大了】

綜合而論，要建立良好的師生關係、營造互信互重的教室氣氛，無論是帶領的教師或參與的幼兒都必須具備下列兩項重要的態度和能力：

一 •• 對別人的開放與了解

對別人正面及負面的想法、感覺及行動都能接受，且有表達的能力與意願，讓對方「知道」你對這些想法、感覺及行動的了解。這必須透過正面口語的鼓勵、反映式傾聽等技巧來達到上列之目的。

二 •• 對自己的開放與了解

無論是「教師」或「幼兒」都必須培養接納自己的態度，尤其是針對較「負面」的感情或「欠缺」的能力。教師如何能利用「我—訊息」進行溝通，用適切的語意表達自己的感覺與不足處，是相當重要的。對學生而言，教師的身教示範也會影響其關係互動的模式，這對整個班級氣氛的營造而言，的確是關鍵且重要的起步。

第二節 ▌教室中的生活規範

　　除了建立關係外，研究中常發生的問題都肇因於戲劇活動中，幼兒過分沉浸於開放的肢體和言語的表現，而造成嚴重的常規問題，有時甚至阻礙了活動的進行。「教師要如何在教室常規與幼兒自由創作中取得平衡點」，是研究中一直面臨的問題。換言之，如何透過教室中的生活規範來協助教學順利進行，同時又能提供幼兒多樣的選擇與創意的表現，是教師的一大挑戰。表 6-2 之觀察對象為參與研究之另一位教師，表格中的問題，就是 30 次教學中與常規有關的問題（林玫君，1997b）：

　　常規通常包含「規則」與「程序」兩項。「規則」是指教師期望學生遵守的一般性標準，用以規範學生個人之言行舉止；「程序」則是為處理教室中之例行活動或工作所需共同遵循的步驟（朱文雄，1993；單文經，1994；簡楚瑛，1996）。教師進行戲劇活動時，也會針對需要來擬定一些「規則」或「程序」，下例就是研究中，幼兒園中班的孩子在學期初所討論上課時需要共同遵守之「規則」（林玫君，1997b）：

　　1. 要說話時請舉手。

　　2. 要注意聽別人說話。

　　3. 小手要放在自己身邊，不可以動手抓人。

　　4. 小屁股要坐在線上。

　　5. 進行活動的時候，不會跟別人擠在一起。

　　6. 打擾我們上課的人，就不能參加我們的活動。

　　除了一般性的規則外，有時教師也需針對戲劇進行的程序與幼兒訂定公約。

表 6-2　系統分析一覽表：教室常規

觀察重點：教室常規	
本次教學進行情形	下次教學改進建議
1.【10/15 拍球】秩序管理。	⇨ 忽略引人注意之負面行為。
2.【10/22 進行曲踏步】常規問題。	⇨ 下次宜於上課前討論「活動公約」。
3.【10/24 回音反應＋遊行Ⅰ】上課前討論活動公約。	⇨ 應該把公約寫下，便於日後提醒。
4.【11/12 冠軍群像】少數一兩位幼兒影響整體戲劇活動之進行。	⇨ 需要針對個別幼兒的情況討論，並想出因應之策略為何。
5.【12/5 氣球】個別常規問題。	⇨ 靜坐椅的功效？ 讓幼兒離開教室的可能性？
6.【1/3 小兔子】教師用兔子警察來勸小朋友待在線上。	⇨ 教室常規管理的技巧之一：利用劇中人物來控制秩序。
7.【1/9 動作充塞空間】教室常規問題增加。	⇨ 活動未計畫，常規問題自然增加。
8.【1/16 馬戲團探險】比較沒有常規之問題。	
9.【1/23 阿羅有枝彩色筆Ⅰ】想像空間大，空間移動多，常規問題也多。例如：到處亂跑、與人起爭執。	⇨ 教師需要用什麼方法處理？會不會打斷戲劇活動的進行？
10.【1/28 阿羅有枝彩色筆Ⅱ】二度改編想像空間更大。	⇨ 幼兒有能力把想像的東西呈現出來，但常規秩序的問題也相形增多，是不是該再做三度改編？ ☆下次用新的單角故事：《討厭黑夜的席奶奶》

下面的例子即是教師與幼兒為了如何開始進行戲劇活動而制定的「程序」（林玫君，1997b）：

1. 教師（大演員）當售票員，在教室門口等候將入場（教室）之幼兒（小演員）。
2. 幼兒先假裝交出票根，才能對號入座。
3. 小演員入座時，要依線上的號碼入座。
4. 待小演員坐定後，大演員會開始說：「小演員好！」而幼兒則回答：「大演員好！」之後，可開始進行當日的活動。

經過研究的整理與二度文獻的參考資料，發現常規方面的問題可分為三個歷程：「開始的建立」、「中間的維持」、「違反時的處理」。此外，教師可隨時彈性地運用「戲劇教學的技巧」，其效果有時比外控的公約及其他方法顯得更好。接著，將分項說明研究中戲劇教學之規範的建立、維持及處理等問題。

壹 開始的建立

根據簡楚瑛（1996）的研究，幼兒對規則的認知情形會影響他們遵守的程度。因此，她建議教師在建立生活規範時，宜將原因說明清楚，並嘗試以學生認知的角度找到輔導學生違規的策略。二度參考文獻時，也發現有些戲劇學者就曾依此原則與幼兒一起訂立下列的規則（Heinig, 1988）：

1. 因為我喜歡別人注意我說話，我也會注意聽別人說話。
2. 因為我不喜歡別人說我的想法很笨，我也不會說別人。
3. 因為我不喜歡別人嘲笑我的感覺，我也不會嘲笑別人。
4. 因為當我表演時，我不喜歡被別人打擾，我也不會打擾別人。
5. 因為我喜歡有好的觀眾看我表演，我也要當一位好的觀眾。

6. 因為我不喜歡被別人排斥在外，我也願意讓別人與我同組。

除了在內容上必須注意規則存在的理由外，在規則的「建立」上，也必須掌握「及早教導」、「把握時機」、「具體引導」等原則（簡楚瑛，1996）。在筆者的臨床研究中，也發現除上述原則外，直接將「常規融入戲劇情境」中，也是一項頗具效果的做法（林玫君，1997b）。

一 •• 及早教導

通常開學第一天或前幾週，教師就要讓學生知道教室中應該遵循的規則為何（Borich, 1992）。有些規則應該在第一天就要傳達，有些則待稍後再建立。通常在戲劇教學之始，最需要強調的規則包含座位的安排方式、身體在空間中移動的方法、發言討論的順序及某些控制器（如鈴鼓）的介紹等。對於一些戲劇中應遵守的規則，有經驗的領導者通常不會直接以教師的口吻告訴幼兒該怎麼做，他們會直接透過活動本身來傳達所要強調的規則，例如 Salisbury（林玫君編譯，1994）就曾在其戲劇入門課程之始，利用一個默劇活動，把「控制器」的使用規則介紹給小朋友：

「我要跟你們分享一個小秘密，我想告訴你們一個我一直覺得很有趣的東西。我暫時不告訴你們，我想表演給你們看，看看能不能猜出來這是什麼樣的東西。」教師假裝模仿小鳥兒飛翔，或者模仿其他的動物，當答案被猜出來後，幼兒可以討論個人所喜愛的鳥類。同時，可以把控制「開始」與「結束」的樂器，像鼓、鈴鼓或三角鐵等樂器介紹給小朋友。另外，也可賦予這些「平凡」的樂器一些「神奇」的特質，以用來捕捉孩子們的想像力。例如：「當『鈴鼓姑娘』發出聲響時，可以開始變成你們喜歡的鳥兒，再響時，必須停在原地不動，專心聽下一個口令。」每次教師在「開始」或「結束」時，要記住使用約定好的「訊號」。

二 ·· 把握時機

　　除了在正式的課程中要及早建立教室中的生活規範外，隨機的教學與示範對幼兒更有用。透過具體的事例，幼兒更能真實地體會規則的意義及應遵循的步驟。教師必須能夠充分掌握幼兒最佳之受教時機，在某些幼兒違反規則時，馬上進行強化的工作。在研究中也發現，當帶班教師面臨幼兒搶著分配角色的當下，她馬上強調「小演員與大演員」的公約來提醒幼兒常規（林玫君，1999b）：

　　例一：當幼兒搶著分配角色時，教師強調：「現在是大演員老師說話的時候，沒有請某某幼兒說。」接著教師告訴小朋友：「如果可以遵守小演員規則，等下才能演戲。」之後，教師也一一詢問每位小朋友能不能遵守規則，並請那時覺得自己很棒、又能遵守約定的小朋友舉手。

　　例二：某天兩位幼兒在上戲劇課時，因位置的關係發生肢體衝突，教師當下就與幼兒討論，為什麼兩人會撞在一起？每個人的位置在哪裡？什麼時候可以離開位置？在空間移動的時候，要怎麼樣才不會撞到別人？

三 ·· 具體引導

　　小朋友常規的建立要清楚地說明每一個細節及應該做的事，並實際練習如何做。可伺機提出相反的行為，以提供幼兒自行更正的機會。例如研究中，教師欲提醒小朋友「要注意聽別人說話」，其討論內容如下（林玫君，1999b）：

　　教師：「有人在說話時，你要專心聽，而且要看著他。」
　　教師：「像現在我在說話，你們要看著我。」
　　教師：「像甲小朋友跟乙小朋友這樣對看而且在笑，有沒有注意
　　　　　聽？」

教師：「現在，丙小朋友在說話，你們要看著誰？」（小朋友都朝
　　丙小朋友的方向看。）

教師：（此時有兩位幼兒丁和戊同時在說話）「同時有兩個小朋友
　　在說話，我們應該注意看誰？」（小朋友不知道該看丁或戊小朋
　　友。）「你們聽不聽得清楚誰在講話？」

教師：「丁小朋友先說，大家要看著誰？」（小朋友轉向丁。）戊小
　　朋友請說，大家現在要看誰？」（小朋友轉向戊。）

教師：「好，現在換我說了，你們要看著誰？」（小朋友轉向教
　　師。）

四 ·· 融入戲劇情境

　　有經驗的領導者，常把戲劇中應遵循的規則融入課程中，而不以直
接告知或討論的方式來建立。研究發現，利用戲劇情境內設的人物來規
範幼兒行為，比在戲劇情境外使用外控的常規，更易掌握活動的進行。
研究中常運用的戲劇技巧（林玫君，1997b）：

1. 利用戲劇遊戲來訓練參與者自我控制的能力：一些遊戲式的戲劇
　活動，本身就能讓參與者做自我規範的練習。例如：走路、慢動
　作、冰凍活動、猜領袖、肢體放鬆、無聲之聲等。透過這些遊戲
　式的活動，參與者在不知不覺中學習如何隨著領導者的口令及方
　向，控制自己的身體和聲音。

2. 編入具有內控規則之「劇情」或「劇中人物」：當幼兒過於興奮，
　教室常規出現問題時，教師創造一些靜態的情節，需要參與者放
　慢動作或安靜下來。例如：木偶覺得好累而想睡覺或休息；機器
　人電池用完，無法再移動；動物躲到山洞中，不能發出聲音等，
　這些都是情境內控的好方法。此外，教師也可扮演媽媽、巫婆、
　警察等具權威性的角色來做為「內控」之方法。透過媽媽的禁

令、巫婆的出現或警察之巡行，幼兒為配合劇中人物之需要，而不自覺地安靜下來。如此較不容易打斷活動的進行，且能避免因常規問題而產生的失控情況。有時教師為了控制常規而給予幼兒過多的指令與規定，反而容易妨礙幼兒創意之發揮。

貳 生活規範的維持

除了在學期初對生活規範的內容與建立，進行合宜的規劃與介紹外，如何在往後的日子裡繼續維持下去是教師的一大任務。根據學者們的建議及研究的發現（林玫君，1997b；簡楚瑛，1996；Borich, 1992; Kounin, 1977），在維持常規時應注意「掌握全局」、「掌握時間」及「堅持原則」等要領。

一 ·· 掌握全局

對於教室中任何角落發生的事，教師應該能夠全面掌控。尤其在進行戲劇教學時，幼兒有許多發表、討論並站起來在空間中移動的機會。此時教師必須能「眼觀四面、耳聽八方」，將視線涵蓋教室所有的部分，並穿梭其間，以提供適時的協助。

二 ·· 掌握時間

上戲劇課處理常規時，教師必須把握時間，善用「同時」與「及時」處理的原則。由於幼兒年紀的限制，在上課時，常常無法集中注意力。研究中就曾發現，在短短 20 分鐘的戲劇課程中，教師除了執行課程的內容外，常會因為下列狀況而影響正常的課程：自顧自說話、鑽到桌下、玩鈴鼓、站起來、喝水、吵鬧、意見不合、肢體衝突、言語衝突、分心、聊天等問題（林玫君，1999b）。當這些情況發生時，教師必須同時留意戲劇課程的進行並兼顧這些問題的處理。在不當的行為發

生之初，就要立即採取行動，如此才能防止情況繼續惡化下去。因此，要如何兼顧課程的進行與常規問題的處理，對教師而言是一大挑戰。表6-3 就是研究中，教師在同一次教學中運用「同時」及「及時」技巧，處理上課時突發的狀況（林玫君，1999b）。

表 6-3 上課突發狀況之問題及處理過程

幼兒行為問題	教師及時處理技巧	幼兒反應（效果）
幼兒自顧自的說話，沒有理會教師正在說話。	教師對著小朋友說：「你看著我，來，我跟你說一個秘密：「……」（教師假裝在幼兒耳邊說話。）	馬上坐好。
幼兒在全體討論時鑽入桌子底下玩，被別的小朋友發現，告知教師。	教師對他和大家說：「他不想演戲了。」	其他的小朋友都非常認同，為了繼續參與活動，這位小朋友也趕緊鑽出來。
一位幼兒在玩教師的鈴鼓。	「這是老師的工具，不是玩具，我相信他很愛我，他不會玩的。」	再玩一下下就停止了。
教師討論中，有小朋友忽然從圓圈中走出來。	教師強調：「我沒有請你，請你回座。」	教師強調兩次後，小朋友回座。
同時有兩個小朋友要出去喝水。	教師說：「我們的規定，一次只能出去一個。」	一位小朋友先去，之後才輪另一位。
某位幼兒無法靜下來。	教師說：「我相信，你願意像一個小天使，小天使是很溫柔的。」	坐下來。
三組分組討論時，有一組一直意見不合，怒目相視。	教師暫時忽略此組，走到其他組分享其成果。	小朋友的衝突減緩，有意重新開始。
過了一會兒，衝突又出現了，其中兩位小朋友已經扭在一起了。	另一位教師馬上去排解。	重新開始，但衝突不斷。

表 6-3　上課突發狀況之問題及處理過程（續）

幼兒行為問題	教師及時處理技巧	幼兒反應（效果）
兩個人開始吵架，又幾乎要大打出手。	教師忽略，告訴其吵架使得老師心情不好，而且也無法繼續進行戲劇活動；之後，教師轉移注意正面行為。	小朋友停止衝突。
一位幼兒跑到娃娃家玩弄帽子，無法專心參與戲劇活動。	教師提醒他若繼續玩弄而影響戲劇活動，要請他坐到門邊（要繼續進行活動）。	進入娃娃家的小朋友仍然在玩弄帽子。
小朋友仍然一直玩弄帽子且不參與活動。	「你到門邊坐，你這樣讓我們無法專心完成活動。」再次請他去坐門邊（他不去）。教師直接將他抱去門邊。	經過教師再三提醒仍無法停下，教師主動將干擾上課的幼兒移出教室，教師雖然及時處理，但整個上課氣氛變得很不好。
小朋友在教師的位置看到另一位小朋友在玩教師的手鼓，便大聲的說：「你不要玩老師的東西。」	教師馬上提醒。	小朋友靜下來。
甲幼兒在發表意見，另兩位幼兒在聊天，無法專心傾聽。	教師呼叫幼兒的名字，請他聽自己的好朋友說話。	小朋友靜下來。
課程結束後，其他幼兒都到外面玩，教師留下剛剛發生衝突的小組，重新討論剛才發生的問題。	討論：「吵架能解決問題嗎？」「你想想看，下次可以怎麼幫助你自己？」（教師先將衝突的狀況再一次說明。）我有一個建議：「如果甲幼兒說話很溫柔，你當……，他當……，那他們一定會很願意接受你的。」	教師在課程結束後，馬上處理剛才上課時一組幼兒發生的爭執，充分把握了「及時」的原則。在教師的幫忙下，組成了一個很棒的小屋。

表 6-3　上課突發狀況之問題及處理過程（續）

幼兒行為問題	教師及時處理技巧	幼兒反應（效果）
小朋友離開後，教師又特別把剛才坐到門邊的幼兒找來。	「知不知道老師為什麼要請你去坐在那裡？」 「你喜歡今天的戲劇課嗎？」 「若是不喜歡，可以幫老師做些什麼事？」	幼兒答應教師下次要幫忙拿大書，還有拍鈴鼓。

三 ▪▪ 堅持原則

　　教師在執行公約時，有時會因規則太多或同時發生多件違規情形而無法堅持當初的原則。有些幼兒也會故意破壞一些小規矩來試探教師執行常規的尺度與堅持度。因此，教師在處理常規時，一定要時時提醒自己與幼兒，對於已設立的規則必須採行同一種方式與標準，讓大家了解教師堅守原則的決心。研究中，也有如下的發現（林玫君，1999b）：

1. 常規之討論需要下一個結論，且每次上課時，都要執行已定的規則。

2. 教師必須確實執行違反公約之處理原則。

3. 戲劇課前的常規提醒與建立，對部分幼兒效果不大。若是在常規問題發生的當下處理，且事後馬上與幼兒討論處理之緣由，並強調規則與行為之因果關係，效果較好。

4. 教師必須在使用道具前說明其使用的方式，且強調若不能遵照規則，使用者將被剝奪使用道具的權利，而且教師「說到做到」。

　　雖然班上的規則必須確實遵守，但有時會因規則本身已不合時宜或因個別幼兒之差異，在特殊的情形下，教師會放寬標準且彈性處理某些違反規則之行為。在研究中也發現（林玫君，1997a），常規的形成是由教師與幼兒共同建立，但它也會不斷地被淘汰或修正。所以，教師如何

能保持彈性，讓幼兒了解有些是必要且一定得遵守的原則，而有些則因為某些特殊的原因而必須做調整。如此，幼兒比較願意且能夠隨時配合，戲劇活動的進行也能因此而更順暢。

違反常規的處理

在戲劇活動進行中，當有人的行為干擾到活動且違反常規時，研究中發現教師可應用「提醒」、「溝通」、「討論」、「轉移」、「扮演」、「暫停」及「隔離」等方式處理一般問題，經過整理，其實際處理情況如下（林玫君，1997b，1999b）：

一 ·· 口頭提醒

教師通常會用口語方式直接說出應遵守的規則，有時也會用禁止的語氣說出會違反規定的行為，例如：

> 「小朋友討論時，要『想』在心裡，不可以說出來。」（應該遵循）
>
> 「我希望小朋友用舉手的方法告訴老師。」（應該遵循）
>
> 「討論的時候要坐在線線上，不可以躺在線線內，或跑到角落去。」（禁止）
>
> 「別人說話的時候，不可以插嘴。」（禁止）

二 ·· 公約提醒

上課前討論公約並寫在白板上，當違反常規的行為發生時，可隨時提醒：

> 「我知道你們好興奮才會一直講話，但你知道我們的約定，等到大家安靜下來，我們才能開始活動，現在我要等到聽不到一點聲

音了，就可以準備開始了。」

「還記不記得上次說好的規則（教師手指著壁報紙上的大字），老師說話時，眼睛要看哪裡？」

三 •• 溝通——利用反映式傾聽且對事不對人

「我知道你很生氣，但我們教室中不允許打架的行為。」

「我知道你們很失望，但教室太小了，我們沒辦法讓所有的人同時下場，但等一會我們就會重做一次，每個人都有機會輪到。」

四 •• 引導討論

當違規情形再三發生，且干擾到全班時，教師可請所有的小朋友一起討論，讓其他的幼兒說出對這種行為的感覺，透過群體的力量，來約束、幫忙彼此的行為。藉此，幼兒可以了解這並非只是教師的感覺或規定，而是大家共同關心的事。在安排討論時，教師要提醒幼兒注意下列原則（Cherry, 1983）：

1. 注意聽彼此的談話，有人說話時，眼睛要看著他。
2. 說出發生的事情及自己的感覺為何。
3. 解釋事情發生的原因，並提出解決的方法。
4. 試著去同理了解別人的觀點與看法，但不見得要同意。

五 •• 重新集中注意力

幼兒能夠集中注意的時間很短。在活動中，他們的注意力常會因為許多外在的因素而受到影響，間接地干擾了戲劇活動的進行。根據研究之綜合整理結果，發現教師們常用下列的方式來提高幼兒的「專注力」：

（一）降低音量

1. 用「無聲」的方式要小朋友讀教師唇語。

2. 要小朋友閉上眼睛，教師以小聲而感性的聲音說話。

3. 小朋友有聲音，教師就停止說話，超過三次以上，則停止當日之戲劇活動。

（二）兒歌、口訣、唸謠等方式

1. 教師以一問一答或唸一首幼兒熟悉的兒歌、童謠或唐詩等方式，如教師唸「五隻猴子」，讓幼兒一起誦唸並集中其精神。

2. 教師說：「抬頭」，幼兒則回答：「挺胸」；老師說：「小手手」，幼兒則回答：「放後面」。

（三）使用樂器、音樂或節奏

1. 利用鈴鼓拍一下或兩下來提醒幼兒。

2. 利用音樂要幼兒做某些動作重振精神。

3. 利用彈琴的方式來集中幼兒專注力。

（四）肢體動作或遊戲

1. 老師喊一個口號，幼兒要做出一個動作，利用三種口號，不停地變化，要幼兒在老師喊出其中一種時做出動作。例如老師喊：「麥當勞」，幼兒要舉雙臂於頭上；「肯德基」，幼兒要秀出手臂肌肉；「頂呱呱」，幼兒要豎起兩隻大拇指。

2. 玩「請你跟我這樣做」或「老師說」的遊戲。

3. 玩「回音遊戲」（老師拍幾下，幼兒就拍幾下）。

六 ·· 全體暫停活動

當幼兒已完全無法集中精神進行活動時，教師必須及時喊停，溫和

而直接地告訴大家「暫停」的必要性。例如：「你們已經玩得太過頭，今天得休息一下了。」「你們一直爭吵且不能決定誰要擔任什麼角色，時間到了，我們今天必須停下來。」

七 ·· 個別暫停或隔離策略

有時有些小朋友玩過頭，教師也會運用暫停活動或隔離（靜坐椅）的方式，來緩和騷動的情緒。在運用隔離策略時，要讓幼兒了解這是因為他違反常規的行為結果。若是準備好時，可以再度回到團體中，加入活動。若加入後，再度違反，當天就完全不能再加入該活動。例如幼兒一直無法好好加入活動，教師對他說：「你已經干擾了我們大家的活動，請你先到旁邊休息，等你準備好時，舉手告訴老師，我會再請你回來。」

八 ·· 常規個案

除了暫時性的常規問題外，有時候教師會遇到一些常出問題的個案，有的是過動、有的是專注力非常短、也有的是負面攻擊行為；更有幼兒習慣用滑稽的動作或奇怪的話來吸引同儕的注意。這些小朋友通常需要教師個別處理，有些甚至需要長時間的輔導。茲以兩個例子呈現一些特殊案例及其解決過程：

（一）例一

幼兒甲上課的專注力非常短，並具有強烈的攻擊傾向。老師仔細評估發現其年幼時語言刺激不足，與家中年長的幼兒有爭執時，只有以攻擊行為做為抗議的手段而不知用語言溝通。再加上平日經常睡眠不足（晚睡早起），造成其專注力不佳且心浮氣躁。

1. 處理方式

在團體討論時，儘量提供其使用語言的機會。在其心浮氣躁而表現不佳時，教師忽略其行為，並請他休息一下。另外，在課餘時間多與他談話，幫助他與其他幼兒的互動。在活動進行中，給予正面的鼓勵及正面增強。同時與家長進行溝通，特別留意孩子的睡眠時間及攻擊行為。

2. 結果

幼兒的行為漸漸得以改善，也慢慢較能投入戲劇活動。但教師對該幼兒之關注卻不時遭到其他幼兒的抗議，覺得該幼兒的行為不值得老師如此對待，應該給予應得的處罰。這是教師仍須花時間與其他幼兒溝通取得諒解的部分。

（二）例二

幼兒乙第一次上學，社會化程度不佳，加上家中習慣講閩南語，以致影響他與同學或教師之溝通。當他與其他幼兒起衝突時，常有攻擊行為出現，經常干擾教室活動。

1. 處理方式

教師在上課時夾雜一些閩南語，課餘時間多跟他以國台語閒聊，將他帶在教師身邊，讓他多與教師和幼兒們互動。活動進行時亦多給予鼓勵及正面增強，並一再地提醒該生「現在是什麼時間，怎麼樣的行為才恰當」。

2. 結果

到了學期中，此幼兒之口語溝通、社會化及專注力都進步許多。他已能融入團體之活動，不會像以前一樣漫無目的地在教室中跑來跑去。

肆　教學技巧

　　除了情境外控來解決教室中的生活規範問題外，研究發現，教師若能善用旁白口述指導（side-coaching）及教師入戲（teacher-in-role）技巧，更能有效地掌握整個戲劇流程的運作。

一 •• 旁白口述指導

　　「旁白口述指導」是教師透過口語的方式引導參與者去體驗一些特殊的想像經驗。在戲劇的情境中，教師可利用引導想像（guided-image）或具象化（visualization）的方式，把一些意象具體地呈現於參與者的腦海中。透過教師之口頭描述，一些視覺及聽覺等感官的意象能刺激幼兒的感覺與想像，讓戲劇中的想像世界更具體地呈現在眼前。這類的口述引導也常常和默劇動作結合，教師一面口述想像的內容，一面要參與者運用自己的肢體動作把內容呈現出來，通常這種技巧稱為「口述默劇」（narrative pantomime）。在進行這類活動時，領導者必須慎選字句，恰當地運用一些感官字眼來刺激想像、製造故事的氣氛，以及鋪陳劇情的內容。同時，在提供口語指導時，也需注意切勿給予太多的口令與方向，讓參與者受限於口述的內容而沒有發揮的機會。根據 Heining（1987）的建議，教師口述旁白指導能發揮下列的功能：

1. 啟動故事：例如：「很久很久以前，有一位……」
2. 銜接提示：尤其當幼兒忘記故事中片段的情節，教師可以從中提醒。例如：「然後，阿羅就走到樹林中……」
3. 全場控制：尤其當問題出現時，教師可透過口述來重建快要失控的場面。例如：「最後，野獸們決定停止爭吵，回到自己的山洞中。」
4. 幫助幼兒融入戲劇的情境：教師引導想像，製造想像意象，讓參

與者覺得身歷其境，更能投入整個活動。

5. 加上默劇動作：當兒童需要一些建議時，可透過口述的方式，讓某些較平淡的情節增加一些動作。例如：「老婆婆從口袋中變出一堆餅乾，從帽子下面變出一堆糖果，還從鞋子中拿出一堆玩具，然後，把它們發給每一位小朋友。」

6. 提示場景改換時間與地點：例如：「第二天早上，當皮皮醒來時，他悄悄地離開他的床，走到櫃子邊，拿出他的寶貝……」

7. 結束故事：例如：「阿奇回到了自己的房間，發現海洋與樹藤都不見了，他覺得好累哦，爬上了床，就呼呼大睡了。」

在研究中，教師常常使用旁白口述指導的技巧來幫助幼兒集中注意力，舉例如下（林玫君，1997b）。

【蛹之生】

教師口述下列內容，幼兒做出默劇動作：「肥肥胖胖的毛毛慢慢地爬回他的家，他實在好累好累，眼睛都閉起來了。他的身體慢慢縮小……縮小再縮小，把腳腳縮起來了，手手也縮起來了，現在把你變得好小好小，裡面忽然變得好暗好暗，你要準備你自己變成一個蛹。」（放 morning 音樂，燈光打暗。）「在裡面好擠好擠，我在變耶，不知道會發生什麼事情？我的身體慢慢地變得好硬、好硬，連動一下都不能動，真的很不舒服，睡一下覺好了。」（暫停一分鐘，重新開燈……）「咦！好像有一點亮光，先把蛹咬開一點點，再把頭探出來，哇！好亮好亮，撥開一點，頭伸出來一點點，再出來一點點，把頭伸出來，把手伸出來，再伸出來一點點，身體也要伸出來，抖一抖。」「我有一對好漂亮的翅膀，哇！黏在後面，用力地抖一抖。我好想飛，飛不動，我抖一抖右邊的翅膀，抖一抖左邊的翅膀，兩邊都抖一抖，我動起來了，好棒哦！」（在原地練習抖動翅膀。）「我可以練習站起來，飛去我想去的地

方，去好美好美的地方。」（可引導幼兒去找一朵花停下，吸吸花蜜，飛回原來的位置，飛得好累，回到定點停下來。）

由以上範例可以看出，一個好的口述內容，其行動之銜接必須相當緊湊。在任何時候，教師都能引導參與者清楚知道自己該做些什麼、感覺些什麼，且如何移動。「旁白口述指導」不僅只是給一連串口述的方向，而是有技巧地插入想像及行動的內容，使得參與者幾乎無法分辨自己的行動與外來口述之區別。

教師要利用「旁白口述指導」前，可以先做練習。研究中顯示在進行中，要一邊述說內容，一邊看幼兒演出的情況，且要給予充分「暫停」的時間。另外，在口述的音量、語氣及臉部表情要力求變化，最好連教師自己也融入戲劇的情境中，如此才能說服參與的幼兒，去相信他們耳中所聽到的想像情境。有時，幼兒也會因過度興奮而影響口述者的聲音效果，教師必須透過「麥克風」或「暫停」的方式來改善。開始時，避免讓幼兒擔任此角色，待幼兒熟悉後，就可由幼兒輪流口述故事（林玫君，1997a）。

二 ·· 教師入戲

這是另一種教師常用的參與技巧。相對於「旁白口述指導」中以戲劇情境外第三人稱方式來增進參與者想像；「教師入戲」是以情境內第一人稱的方式來引導及協助參與者發展與呈現戲劇的想像情境。通常教師會扮演劇中某些人物，利用劇中角色的特質來引發幼兒的參與，藉此提出要求、建議，以達到發展劇情或探索重要議題之目的。

綜合諸多位戲劇專家之經驗（Cottrell, 1987; Heinig, 1988; Mogan & Saxton, 1990），通常「教師入戲」之角色有五種類型：

（一）具權威性之角色

利用其劇中角色所賦予的特權與控制力，對扮演其他角色的參與者提出要求、建議或問題，藉以控制整個戲劇的氣氛，並且刺激幼兒即席的反應與動作。一個故事中通常都有這類的角色，如國王、皇后、校長、巫婆、老師、爸媽等。當兒童年紀較小或缺乏經驗時，教師自己或可邀請一、二位小朋友一起扮演故事中具「控制力」的角色。

（二）次要之領導角色

這類角色在權力的掌控上，不若前類角色來得大，但在戲劇教學的運用上，也不亞於前者。它一方面能以居中的地位來引導參與者探究事實，一方面也能彈性地掌握全局而避免掉入過於權威的刻板印象。一般而言，國王的大臣、巫婆的助理、主角的朋友等都是教師入戲的最佳選擇。有時在故事中並沒有這類角色，若有需要可以自創。

（三）團體中之一員

教師可以假扮成團體中的一份子，如動物王國中的一員，用參與發問或提供建議之技巧，間接地掌握劇情的開展。當計畫提出時，他常用「我們」的語氣發言，讓大家覺得「他」與全體的立場相同，對整體的威脅力也不大。然而，多數參與者會受到「他」的影響而採取一些行動或考慮新的方向。

（四）挑釁者

領導者代表另一個團體或另一種聲音，運用對立的角色或立場來挑戰參與者，適時增加戲劇的張力，也迫使大家及早面對問題與障礙。例如在故事中扮演壓迫者、王國中的反對者、用新的方法煉丹的巫師，以迫使受壓迫者、王國中之群眾或用傳統方法煉丹的巫師，起而思索解決問題之方案。

（五）彈性角色

教師可自創角色，在劇情或團體需要時，臨時插入以協助參與者澄清、決定或結束某一些重要的行動。

在常規的運用上，教師也常利用「教師入戲」的方式，處理常規被破壞的情況（林玫君，1999b）：

1. 在上戲劇課之前（尤其有空間的轉換時），可讓小朋友在教室門口排隊，買票進場（在手上畫圖、蓋章、拿假裝的票……），準備進入戲劇的活動。

2. 教師對小朋友說：「當別人在講話時，若不能專心聽話，就不是一個好演員，所以我必須請你到旁邊去。」「大演員要講話，請小演員專心聽。」

3. 常規失控時，教師說：「不能聽大演員說話，就沒有辦法演下去了，有的人在講話，有的人在撕膠帶。這樣大演員不舒服，戲就不能演下去了。」

4. 某些人分心說話時，教師說：「當你發出聲音你就讓大演員和其他的小演員不舒服，大演員就會請干擾大家的人離開。」

5. 練習完以後，小朋友常興奮得不能坐回位置，教師可說：「我等『好』的小演員坐好。」

三 ·· 其他技巧之運用

綜合研究結果和幾位戲劇專家之建議（林玫君，1997b，1999b；Cottrell, 1987; Heinig, 1987; McCaslin, 2000），除了教師角色外，可運用下列技巧來避免常規的問題：

（一）準備與說明之技巧

明確的「開始」與「結束」訊號是成功帶領戲劇的首要原則。對於

將要進行活動之「開始」、「結束」的信號及戲劇發生的地點,都必須與幼兒明確地界定清楚才能開始活動。教師可用音樂、樂器或燈光來引起孩子的注意力,並告知幼兒不同訊號之意義。例如:「當音樂響起時,可以開始做動作;停了後,你也要停下來。」(神秘地)。「當燈光打暗時,這是晚上的暗號。小精靈就可以偷偷地起來活動(從躲著的書桌下出現),但當鐘敲五下時(小鐘鎚),你們就得回到躲著的地方,而且沒有人能看到你們。」

可預留時間給孩子準備完成練習的活動。例如:「老師倒數十秒就停下來。」活動前先利用腦力激盪的方法討論或練習心中的幾種想法。例如:「在社區中,有哪些工作人員?」「我數到 5,看看你是否能在每數一次時,做出一種不同工作人員?」「想想三項你能做的事情。」在練習中如果需要知道小朋友活動的情況,可用鈴鼓或其他控制器要大家「暫停」(freeze),可藉此時左右到處看看,小聲地與幾位幼兒談談(表示接受他們的想法)。另外,有時因個別的差異,每個幼兒需要創作的時間不一樣,這時可以告訴小朋友,做完後就坐回原位,且安靜地等待其他的人完成工作。

(二)機械動作

利用某些具有機械動作的角色如:機器人、上發條的玩具、吊線、木偶來創造戲劇情境,如:聖誕老公公玩具工廠中的玩具,都醒過來幫忙聖誕老公公製造今年的玩具。電池慢慢用完,玩具們都慢慢停下來了(教師可以幫每個人充電或上發條)。玩具們又可以繼續他們的工作,完成後,每個人走回自己的櫃子中(趁老公公起床前)。

(三)靜止畫面

幼兒將情節片段用默劇動作表現,同時停格於某一點成為一個靜止的人物畫面。教師可事先給每位幼兒一個固定的號碼,然後參與者再依

照「指示」復活。例如《野獸國》的故事，野獸狂歡的部分，教師可指定把幼兒分兩組，一組當 1，一組當 2。教師喊 1 時，當 1 的幼兒開始做狂歡動作，喊 2 時，當 2 的幼兒再加入做其他動作。最後可以重複一次，再要幼兒恢復成原來靜止的畫面。

（四）具象化

「具象化」是利用「引導想像」或「討論練習」的方式，要幼兒把想像中的行動具體地呈現出來。除非孩子們很清楚知道他們將做什麼，否則教師絕不能貿然地放手讓他們去做，不然會使自己陷入一團混亂之中。可以要幼兒閉上雙眼，想像他們自己從事一項特殊的活動，同時也可加入一些旁白，引導他們去想像。另外，也可利用討論的機會，要孩子實地做出二至三種可能的動作，在教師的鈴鼓控制下，在原地練習。

（五）其他發現

除了前述之技巧外，研究中發現下列技巧常能吸引幼兒注意力（林玫君，1997b）：

1. 利用遊戲的原形：用「躲藏—被發現」的方式來控制幼兒的出場及秩序。例如：小精靈的魔法不能被人類發現，因此老公公出現，會動的鞋子（幼兒扮演）就要停止。

2. 魔法的應用：劇情中加入一些神奇魔法，角色會被變成某種不能動的東西，如石頭、餅乾、冰塊。

3. 角色回顧：戲劇結束時，教師以劇中人物之角色跟幼兒對談。此時，幼兒也必須以角色的身分回想及分享剛剛做過的戲劇行動。也可透過這種方式，要求幼兒把較不熟悉的動作或情境再敘述一次。例如：在【魔幻森林】中教師扮演媽媽詢問孩子：「剛剛到哪兒去了？」「再做一次給媽媽看看。」

第三節 戲劇帶領之變化因素

兒童戲劇教育強調參與者「想像」與「創造」的過程，若是缺乏經驗，就容易因為興奮過頭而「失控」。無論對領導者或參與者，這種失控的現象常是一大威脅。研究的結果顯示有些「失控」的因素也是「掌控」的因素——教師若能由小而大，由簡而繁，注意一些重要的變化因素，就能避免失控的情形。綜合系統表中的主題分析，發現戲劇帶領之變化因素包含：參與者的組織（人）、時間的安排（時）、空間的運用（地）、題材的選擇與活動的組織（事），以及道具及其他媒材的準備（物）（林玫君，1999a）。

壹 參與者的組織（人）

戲劇活動中最基本的變化因素乃人員的部分。研究顯示（林玫君，1999a），教師在帶領一大組人員活動時，首先要考慮的因素就是如何分組的問題。通常，在「討論練習」的階段，需考慮是要讓全體參與者個別練習，還是要利用雙人或小組分組練習。另外，在「表演呈現」的階段，要考慮要參與者全部扮演類似的角色，同時上場，或者扮演不同的角色，一個個輪流出現。

一 •• 「個別練習」或「雙人、小組合作」之活動

在討論練習時，教師可以完全「不分組」（個別練習），也可以兩人或三人一組，甚至可以五至六人一組（雙人或小組合作）。研究發現，年紀小及缺乏經驗的參與者，開始時多採取「不分組」，也就是「個別練習」的方式。它的好處是可以同時滿足每位幼兒都想表演的慾望，而且不需與其他人合作就能馬上進入戲劇的情境。如此，幼兒較能專注於自己的想像與表現中，而不至於受到其他人的干擾。

待大家的默契建立後，就可以嘗試一些需要雙人或小組合作的活動。根據研究顯示，幼兒需要一段時間去學習如何與他人合作的技巧及如何協同完成所賦予的挑戰，因此最好避免一下就要雙人或小組合作之活動。

二 ‧‧ 「全體同時」或「輪流分享」之活動

在戲劇「表演呈現」的階段，為了幫助幼兒克服在人前表達之窘迫與不安，教師可讓所有幼兒都能「同時參與」活動。在其中，每個人都是表演者，沒有觀眾，大家都能自由自在地發揮，不用擔心有別人在看自己。另外，也可以節省「等待」與「輪流」的時間，以減少因等待而造成「吵鬧」或「說話」等常規的問題。待幼兒經驗較多或動機較強時，就可以用輪流的方式，讓他們自由分享。創造性戲劇並不強調演給觀眾看，只是透過分享來激發其他更多的創意且鼓勵幼兒克服自己的心理障礙，獲得一種正面的參與經驗。另外，當想要「好好表現」的慾望被誘發時，他們可能會一再主動地練習、改進且努力去完成這項他們所喜愛的事。當幼兒的社會技巧較成熟且能夠「輪流及等待」時，就可以常使用「分享」的方式來進行呈現的活動。

貳 時間的安排（時）

時間也是戲劇活動中主要的變化因素，不論是「進行時間的長短」或「進行的時段」，都會影響戲劇活動進行的狀況。教師需要視幼兒的情況而彈性地運用課程的時間。研究中顯示的發現（林玫君，1999a），時間因素包含：「時間之長短」、「時間之分配」、「不同時段之運用」及「導入時間之掌握」等四種問題。

一 ‧‧ 時間之長短

一般幼兒園中班的幼兒能維持至少 30 分鐘之專注能力，而隨著幼兒對戲劇主題內容之興趣加深，可延長至 50 分鐘，甚至一小時，也可能短至 15 至 20 分鐘。

二 ‧‧ 時間之分配

一般戲劇活動之流程包含四個時段：「前導暖身」、「討論練習」、「呈現分享」和「反省回顧」等。然而，有時候因為幼兒對主題興趣濃厚，在「前導」及「討論練習」花了相當長的時間，以致無法在當日完成「呈現」及「反省」。教師可視教學的情況，把整個戲劇的時段切成兩段或數段，分別在兩日或數日中完成戲劇活動。

三 ‧‧ 不同時段之運用

一般的戲劇活動需要高度的專注及創意，所以運用上午的時段進行活動，會得到較好的成果。若是下午午休後，可以運用一些暖身遊戲讓幼兒醒過來。另外，也可靈活運用一些戲劇遊戲並將之融於平日課程與生活中，如：室內到室外的轉換時間──要小朋友變成蝴蝶飛向遊樂場；由動態活動轉回靜態活動時──告訴小朋友：「小動物們都累了，請大家個別回到自己的窩去休息。」如此，幼兒很容易隨著戲劇的情境而融入幼兒園各階段的教學或生活中。

四 ‧‧ 導入時間之掌握

小朋友對於戲劇主題的興趣與熟悉度各不相同，因此，進行戲劇前需要不同的導入時間。有些比較陌生的主題需要較長的醞釀期，可在戲劇教學前，先做與主題相關的討論與體驗，待孩子對於主題有較廣泛的接觸與了解後，再進行活動。對於一些幼兒已熟悉的主題，可以經過簡

短的導入後，就馬上進入戲劇的「呈現」。但是有時，因為幼兒對主題相當感興趣，以致花了很長的時間做討論分享，間接影響後面教案的進行。教師可視情況彈性調整，做不完的部分，隔日再完成。

總之，雖然在時間上有長短及時段的限制，但「幼兒的興趣」主導著一切。一個吸引孩子的主題能夠長時間地（超過 50 分鐘）抓住幼兒的興趣，即便間隔好幾天，小朋友對戲劇活動投入的程度仍然熱力不減。在筆者教學中就發現，與「小寵物」有關的主題或一些具有神奇色彩的故事都相當地吸引小朋友。

參 空間的運用（地）

影響戲劇活動的另一個因素就是「空間」。研究中（林玫君，1999a），發現此類的問題包含「空間的利用」、「定點與動線的控制」及「現實空間與想像空間」等。

一 ·· 空間的利用

礙於大量的學生人數與狹小的教室空間，多半的幼兒園教室都不太適合用來進行戲劇活動。在筆者的研究中也發現，當小朋友留在定點上討論或練習時，一般的教室空間尚無問題，而當全體幼兒起立，必須同時在空間中移動時，教室的空間顯得非常的狹隘。小朋友常因互相碰撞而產生推擠的情形。當時教師解決之道從下列三方面著手：(1) 減少參與者人數；(2) 分組輪流；(3) 創造或找尋其他空間。在「人數」方面，一次活動理想上以 12 至 15 人為主，若全班有 20 至 30 位幼兒，可把全班分成兩大組，由一位教師在教室帶領其中一組進行戲劇活動，另一位教師至其他空間（如：吃點心、戶外遊樂場、音樂教室……）進行活動；之後，再另擇時間交換。在「分組」方面，有時可把幼兒分為數

組，有的當觀眾，有的則輪流進行活動。在空間方面，可移動一些桌椅，「創造」出開放或個別的戲劇空間。也可在地上貼地線（圓形、馬蹄形、正方形），幫助幼兒確定其活動之範圍。另外還可利用幼兒園「其他」的空間，如韻律教室、午睡間、地下室、資源教室等進行活動。由於這些空間未加區隔且非幼兒平日習慣性的使用方式，因此幼兒常會因為場地太大或不相關的材料設備（如鏡子、樂器……）而分心，以致無法專注於戲劇活動。因此，使用前必須貼好地線，挪走分心的來源，明確訂定公約，活動才得以順利進行。至於一些體育館的空間，由於其聚音效果差，容易影響上課時「說」與「聽」的互動。另外，體育館的空間太過遼闊，幼兒容易在中間追趕跑跳且製造噪音，根本難以定下心來進行活動，並不適合用來進行戲劇創作。

二 ·· 定點與動線的控制

戲劇活動中，通常需要參與者定位或在空間中移動。在活動之始，以定點的方式較容易進行活動。在教室中，可利用小朋友的桌椅當成定點。在沒有桌椅的地方，可用一張方形拼圖地板做為活動開始與結束的定點。這不但能使初學者感到安全也能幫助領導者控制整體的秩序。有些活動本質就屬於「定點」的活動，例如：【小種子】中，其長大發芽的過程；【父親的一天】故事之前半段，早起在原地做刷牙、漱洗、清潔、用餐等屬於定點的動作。根據筆者研究，定點雖然幫助幼兒安定身心，但有時候幼兒仍會玩弄手上或腳邊的地墊，其至會影響教學之進行。

除了定點的活動，教師常需要幼兒站起來至空間移動。要讓一群人同時在空間移動會是比較具挑戰性的工作。尤其對於初次參與戲劇活動之幼兒，要使其在空間中移動而不去撞到別人，是很難的一件事。移動前，領導者必須確定幼兒間有足夠的空間，不至於身體展開時，互相碰

撞。可用「手臂的空間」、「大腳的空間」或「身體的空間」等幫助幼兒保持個體之間的距離。移動前，要確定幼兒清楚知道將要移動的方向與方式，如此才能避免混亂。

同樣的主題，有些部分需要幼兒在空間中移動，例如：前面的種子長大後，會隨風到山上、沙漠、海洋等地旅行；前例的父親在做好出門前的準備工作後，接著，其「上班的過程」就必須利用部分的空間進行。教師最好在事前規劃空間的範圍，例如在【新鞋 I】的例子中，空間成馬蹄形，而在【新鞋 II】的例子中，空間呈圓形。在【超越障礙】的例子中，筆者利用地線與軟墊來分辨空間的動線。

有些活動需要幼兒時而坐下、時而進入空間移動。在這種情況下，教師最好在幼兒坐著的時候，就先確定知道起身之後的移動狀態，以避免因方向的混淆而造成混亂。另外，由定點而動點或由動點再回到定點之變化次數不宜太多，否則幼兒忽起忽坐，很難有明確的方向感。

三 ‥ 現實空間與想像空間

在實際的教室中，參與者在自己的桌椅旁進行與「生活有關」的活動較容易，例如：天亮了，早上起床、準備刷牙、洗臉、上廁所、做早操、吃早餐、準備上學。但當桌椅變成了石頭，劇情中出現了森林、河流、泥沼及流沙時，這類需要利用想像空間的活動就比較難表現。參與者必須用自己的肢體動作創造出戲劇的空間。在這種狀況下，可以利用燈光或者教師的口述旁白來營造氣氛，以幫助幼兒進入想像。例如：

【我們大家去打獵】

（首句）「我們大家去打獵，非得抓個大的打，我們不怕——
走—走—走—」（停）喔！

（第一句）「天哪！前面有座橋！沒法飛過去！沒法鑽下去！非得走過去。（教師口述過程）」（反覆到首句再接第二句）

（第二句）「天哪！前面有條河！沒法飛過去！沒法鑽下去！非得游過去。（教師口述過程）」（反覆到首句再接第三句）

（第三句）「天哪！前面有棵樹！沒法飛過去！沒法鑽下去！非得爬上去。（教師口述過程）」（反覆到首句再接第四句）

（第四句）天哪！前面有山洞！沒法飛過去！沒法鑽下去！非得走進去。這裡好黑！（教師口述過程）我摸到毛毛的東西！好像是眼睛、好像是耳朵、好像是鼻子、好像是嘴巴──啊，是一隻熊，快跑！

（教師倒述剛才經過的地點，樹─河─橋──最後回到家關上門，安全地坐下。）

像上述的例子，教師可利用「引導想像」的方法，口述去打獵過程中的各種情景，例如，在進入山洞後，描述山洞中的情景與經歷。「引導想像」不但能增加故事中的氣氛與冒險性，同時也能引導幼兒共同走入想像的空間中。

總之，雖然戲劇活動常受限於實際的教室空間，但幼兒與教師之想像空間卻無限。教師若能善用彈性空間、分組輪流及引導想像的技巧，讓幼兒進入故事或劇中人物的想像空間，即使範圍很小且干擾多，他們仍能在混亂中掌握自己與他人的安全空間。在研究中（林玫君，1999a），就數次經驗到類似的情境，例如：【阿羅有枝彩色筆】的故事中，幼兒各自扮演阿羅，在教師的口述引導下，進入阿羅的想像世界，當時的空間雖小，每位幼兒卻是非常專注地扮演阿羅的角色，隨著教師的引導想像，完全沉浸在另一個戲劇的時空中。

肆 「題材的選擇」與「活動的組織」（事）

這是戲劇活動中最菁華的部分，根據研究結果顯示（林玫君，1999a），必須選擇「符合幼兒興趣與舊經驗」之題材並分析「故事情節與角色複雜度」。在組織活動時，教師需考慮不同活動之「結構」、「種類」及「呈現」之難易度，以下就依上述分項做詳細說明。

一 •• 幼兒的興趣與舊經驗

教師在選擇戲劇題材時，可針對幼兒的興趣設計教學內容。例如，教室中孩子們正在養毛毛蟲，毛毛蟲變蝴蝶的戲劇活動就非常吸引孩子。另外，筆者也發現【小狗狗】、【小兔子】等以寵物為主題的活動也都是幼兒們的興趣所在。還有一些課程發展出來的學習經驗，也能成為戲劇活動的好題材。例如：教師曾在教室中帶領孩子做【冰淇淋】及【三明治】，這些與感官連結的課程，對於後來戲劇活動的討論與暖身，例如【各行各業】中的廚師及【冰淇淋】都有很大的幫助。

除了上述的主題吸引幼兒外，筆者發現小朋友對一些「暴力」的內容也頗感興趣。例如在【新鞋 II】中，部分幼兒要當「警察鞋」，他們會用手當手槍，想像自己是電視中槍戰情節中的主角。到底影響幼兒對暴力主題之興趣來源為何？是否來自內在的需要或外在的刺激，如電視或卡通？這是值得再探究之問題（林玫君，1999a）。

幼兒的舊經驗也是在選擇主題時另一項考量。對於已熟悉的活動或經驗，幼兒較能獨立呈現戲劇的內容，例如：筆者進行【冠軍群像】之戲劇活動時，那些已具有溜冰及觀賞錄影帶經驗的孩子，較能參與討論且呈現溜冰的動作。而在幼兒缺乏相關的經驗下，如筆者進行【遊行】之戲劇活動時，需要花很長的時間來討論遊行中的人物與情境。另外，幼兒對戲劇基本進行之程序有經驗後，也較能融入戲劇活動中。例如：

小朋友知道要先做一些引導發展才會進入主要的故事，或開始演戲前必須針對角色地點與進行的程序先做規劃。

二 ·· 故事情節與角色複雜度

故事若有重複的情節與內容，對初學者而言較容易入戲，因為教師與幼兒不需要花太多的時間去熟悉或發展劇情。這類故事相當多，【小青蛙求親】或【三隻小豬】就是典型的例子。反之，若故事情節曲折複雜、缺乏反覆的情節，其挑戰性就較高。但有些故事情節雖複雜，如【灰姑娘】、【白雪公主】，但因幼兒對其劇情相當熟悉，所以也能勝任愉快。

在角色的部分，若故事中的角色單純，只有一至二位主角，如【猴子與小販】，比較容易進行，且可避免角色分配的問題。教師在帶領之初，可以讓全體幼兒同時擔任一種角色（猴子），教師自行扮演另一位對立的角色（小販），待幼兒熟悉這類活動後，可再引入情節與角色較為複雜的故事。

另外，一般故事情節若過於平淡，較無法引起幼兒的興趣。若是劇情略帶「衝突性」，且角色具「對立性」，較能引起高潮並加深劇情的張力及吸引力。

三 ·· 活動之結構性

在開始組織戲劇活動時，教師通常會以結構性高的方式引導。此時，教師口述的提示內容較多，幼兒想像的空間相形變小。例如：【阿羅有枝彩色筆】中，教師在初次戲劇口述時，就直接依照著故事中的原始情節，要求扮演「阿羅」的幼兒們在落入水中後，馬上畫一艘帆船，讓自己不要沉下去。隨著幼兒經驗累積及對故事的熟悉度提高後，教師就能用更開放性的問題與口述的技巧，引導幼兒做更多創意的發揮。例

如：阿羅落入水中後，教師請幼兒自己想辦法讓阿羅不要沉下去，此時，五花八門的「解救」方法，隨著教師開放性的引導而產生。有的幼兒為自己準備了一隻「海豚」，有的是「海島」，有的更突發奇想，認為抱住一個「馬桶」，也可以讓自己浮起來。

四 •• 活動的難易度

組織活動之初，除了考慮結構性外，不同種類活動之難易度也是另一項考量因素。戲劇活動之種類包含甚廣，活動間的難易度差別也大。從「默劇活動」到「即席口語對話」或「聲音的模仿與創造」等，有些活動比較容易進行，有些活動的挑戰性較高。在帶領之初，教師可先以「默劇動作」開始引導，要求幼兒只做出動作，不需要講話。例如：做出小鳥飛翔狀，飛向溫暖的南方。待幼兒有經驗後，就可要求其進行「對話或口語溝通」之活動。例如：除了做小鳥飛翔動作外，還需要加上叫聲並說服另一個同伴與其同行一起飛向南方。

五 •• 呈現表演之方式

教師在計畫教案時，需要考慮未來活動在表演呈現時要以何種方式進行。戲劇活動之呈現方式包含兩類：開始時教師可以選擇在介紹故事後，讓幼兒把故事從頭到尾簡要地做一遍，有些學者（Heinig, 1988）稱這種方式為「走劇」（run-through）或「圓圈故事」（circle story）。之後，教師可花時間與幼兒討論且發展故事中的片段內容，對劇情與人物做深刻的分析引導發展，這種方式稱為「段接故事」（segmented story）。

伍 道具及其他媒材的準備（物）

道具與音樂對幼兒園戲劇教學之影響，不亞於其他因素。尤其這個年齡階層的孩子，非常需要一些半具體的道具及相關的音樂背景來發揮想像，使其更能進入戲劇的情境。研究結果有下列發現（林玫君，1999a）：

一 ‧‧ 道具之運用

無論對人物之模仿或劇情之呈現，教師若能適當地提供一些具體、半具體之實物，或非具體之替代物，都能增加幼兒對戲劇內容之興趣，甚至引發更多的創意空間。例如：在人物模仿上，加上一些配件、衣物或頭套；在劇情中，加上一些真實的東西（如餅乾）。但必須留意道具之具體性、運用的時機及對道具操作之熟練度等問題，否則會弄巧成拙，反而妨礙戲劇的進行。

二 ‧‧ 音樂、樂器與燈光之使用

此三者對整個戲劇時間的控制及氣氛的烘托有重要的影響。教師可利用教室中現成的燈光或窗簾來表示情境的轉換或日夜晴雨的變化，讓幼兒更能表現出內心的感覺。而音樂則是全世界共通的語言，它能烘托戲劇的氣氛，也是一項很好的戲劇媒介。有時候，加入一些小樂器當作「控制器」，或由幼兒自己為戲劇製造背景音效，對於鼓勵幼兒的創意有很大的助益。藉著戲劇氣氛之增加，幼兒在不知不覺中更能專注地進入戲劇的情境。教室中若能設置一個小小的舞台，再加上幕簾及簡單的燈光裝置，可讓幼兒親身感受舞台的效果。在進行課程前，也要留意一些小細節，例如電源有無插頭、機器有無故障、東西是否在手邊等問題，以保障教學之順利。

總之，以上「人」、「時」、「地」、「事」、「物」的分項變因，是研究中發現活動進行前必須特別考量的因素，若能充分掌握這些要訣，就能減少失敗的變數，讓整個活動進行得更順暢。最後用表 6-4，由左邊較易進行之帶領方式至右邊較複雜之技巧，依五種分項因素，來綜合呈現本節所討論的要點。

表 6-4　戲劇帶領之變化因素比照表

簡單　　　　　　　　　　　　　　　　　　　　　　　　複雜	
壹、人——參與者的組織	
一、個別練習之活動 呈現前的練習階段，需要單人就能進行之獨立活動。它可協助幼兒專注於自己的想像與表達中，不致受到其他人的干擾。	➜ 雙人或小組合作之活動 雙人或小組的活動，需要待大家的默契建立後才容易進行。
二、全體同時活動 能讓所有的人都能同時表現的活動。在其中沒有觀眾，每個人都是表演者。	➜ 輪流分享活動 分享活動時，分組輪流表演。有時分享，有時則當觀眾。這種分享能激發其他更多的創意。它也能鼓勵幼兒克服自己心理的障礙，獲得另一種參與的經驗。
貳、時——時間的安排	
一、簡短的活動 幼兒專心度很短，在開始時，宜利用 5 至 10 分鐘左右的小活動，引起動機與興趣，然後再見機行事。長段活動可分數日進行。	➜ 較長的內容 幼兒有了經驗且對主題有興趣時，進行的活動即可慢慢加長或加以變化。

表 6-4　戲劇帶領之變化因素比照表（續）

簡單	複雜

二、最佳活動之時段
因為創造性戲劇活動需要很大的注意力。通常宜利用早晨或精神佳的時候為原則。

➤ **其他時間**
可靈活運用於平日的課程，或將之拿來做為轉換時段的方法，例如：變成蝴蝶飛向遊樂場。

三、導入時間短
若是選擇幼兒較熟悉的主題或是已存在於課程中的主題，經過簡短的討論，就能很快地進入戲劇情境中。

➤ **導入時間長**
有些主題必須在事前提供較多的經驗與討論，才能較容易進入戲劇的情境中。

參、地──空間的運用

一、教室
大部分的活動可以直接利用教室的空間。也可以移動一些桌椅創造出一個開放的空間。最好在地上貼地線（圓圈、馬蹄、開放式正方形……），以標明活動範圍。

➤ **其他空間**
學校其他地方，例如韻律教室、午餐教室、幼兒活動室等都能善加利用。但需排除易讓幼兒分心的因素，或貼上地線以標明活動範圍。

二、定點（原地）
在空間中取得個人的定點位置，最簡單的方法就是使每個人在定點活動。

➤ **移動**
移動前，領導者必須確定有足夠的空間可以移動。且事先說明將要移動的方向與方法，如此才能避免不必要的干擾。

三、現實空間
在實際的教室中，參與者在自己的桌椅旁進行與現實生活有關的活動。

➤ **想像空間**
當桌椅變成了石頭，劇情中出現了森林、河流、泥沼及流沙時，參與者必須用自己的身體建構出戲劇中的空間。有時可以利用燈光音樂或者教師的引導想像來營造氣氛，幫助幼兒進入想像空間。

肆、事──題材的選擇與活動的組織

一、幼兒的興趣與經驗 ➤ 非幼兒的興趣與經驗

二、情節與角色單純 ➤ 情節與角色複雜

表 6-4　戲劇帶領之變化因素比照表（續）

簡單	複雜
單一劇情，且有重複性，主題輕鬆又幽默。例如：【小青蛙求親】、【三隻小豬】等。教師與幼兒不需花太多時間去發展劇情就能進入呈現部分。	故事曲折、複雜、無反覆情節。主題嚴肅，戲劇張力大。例如：【白雪公主】、【睡美人】。教師與幼兒需投入較多時間計畫討論，但若故事熟悉，有些幼兒仍能勝任。
另外，故事中的主角單純，只有一、二位主角也容易呈現。例如：【猴子與小販】。	若主角較多、人物個性較複雜，挑戰性較高。
三、結構性高　　　　　　　━━━▶	結構性低
雖然是「創造」，在開始時，通常由領導者口述，指示參與者應該做的事，方向感非常明確，但相形之下，給予參與者的自由度少。	隨著經驗之累積、參與者與領導者默契的建立，領導者所能給予的想像空間就愈大，提示的愈少。
四、較容易進行之活動──默劇活　━━━▶ 　　動	挑戰性較高之活動──加上聲音和口語
只需做出動作，不需講話。	除了模仿動作以外，還得加上對話或與別人做口語之溝通。
五、表演呈現之方式──把劇情簡　━━━▶ 　　略地敘述出來（run-through）	呈現方式著重於片段故事中深刻的反思與表現
簡單地把「故事」內容，概要性地做一遍。	加重其中的情感與人物衝突之分析，並分幾次討論練習後再呈現故事內容。
伍、物──道具及其他媒材的準備	
一、實際的道具與實物經驗　　　━━━▶	象徵性的道具與想像的道具
例如：【猴子與小販】中利用真實的帽子扮演。	例如：【猴子與小販】中直接用默劇動作做出戴著帽子的樣子。
二、利用面具或頭套去認定「角　━━━▶ 　　色」	直接扮演
尤其是動物或想像的人物更需要。	不需要具體實物的幫助，就能直接用口語或動作來表現故事的人物與情節。

表 6-4　戲劇帶領之變化因素比照表（續）

簡單	複雜
三、簡單音樂、燈光之使用 利用教室中現成的燈光、手電筒、窗簾等設備來表示情境的轉換。利用小樂器或簡單的音樂背景來烘托氣氛及當成開始與結束之訊號。	複雜的音樂與燈光之製作 教室中若有一個小小的舞台，再加上窗簾及簡單的燈光裝置，可讓幼兒親身感受舞台的效果。

總結

　　研究發現，教師最常面對的問題就是與兒童關係的建立。研究結果發現教師可用適當真誠地鼓勵、接受及了解兒童對戲劇的感覺與想法、表達教師自己的感覺、接受兒童模仿的行為及一些能力的限制等方法來建立關係。

　　在教室中的生活規範部分，必須留意與幼兒創作的自由度取得平衡，過與不及皆不恰當。另外，在常規開始建立與維持時，也必須運用「及早教導」、「把握時機」、「具體引導」、「融入戲劇情境」、「掌握全局」、「掌握時間」及「堅持原則」等要點。當幼兒違反常規時，教師可以用「提醒」、「溝通」、「討論」、「轉移」、「扮演」、「暫停」及「隔離」等方式處理。而運用一些戲劇技巧，如「旁白口述指導」、「教師入戲」、「準備與說明技巧」、「機械動作」、「靜止畫面」、「具象化」、「幼兒遊戲之原形」、「魔法」及「角色回顧」等，更能巧妙地化解許多常規的問題。

　　最後，在影響教學因素之部分，教師進行練習活動時，必須考慮人員的分組、時間的安排、空間的運用、題材的選擇及道具與媒材的準備等問題。

除了上述教學與管理的技巧外，教師也必須注意課程之組織方式（林玫君，1999a）。研究中顯示，在戲劇活動進行之初，由於幼兒剛接觸此類活動，無論在概念、常規及默契上都未準備好，因此教師所使用之活動主導性偏高，較常以教師指導或口述旁白之方式呈現。而在戲劇進行之中後段，教師之主控性逐漸降低，可多利用發問技巧來鼓勵創意及呈現個別想法。然而，當幼兒自由發揮的機會增多時，教室常規的問題也隨之增加。

CHAPTER 7

肢體與聲音之
表達與應用

肢體與聲音的表達與應用是美國戲劇藝術課程架構的基本層次。由於幼兒的發展與學習多是透過感覺與動作，而上述這類活動多半是為促進參與者肢體或聲音之感受力及表達力而設計，故許多戲劇專家在帶領戲劇活動時，以此為兒童進入戲劇教育之入門課程。一般而言，這類的入門課程多半以簡短的方式呈現，包含了「韻律活動」、「模仿活動」、「感官知覺」、「聲音及口語練習」、「口述默劇」等種類。

本章主要內容來自筆者於 1997 年在臺灣進行研究計畫之成果（林玫君，1999a）。這些本來是美國戲劇入門課程中的系列活動，經過作者在幼兒園進行課程實驗的轉化與行動省思後，重新整理為目前的內容。本章將在各節中，針對韻律活動、模仿活動、感官想像活動及聲音口語等各類活動，說明其課程設計原理，並以原始的教學實例來說明研究中的教學與省思，以提供教師及研究者參考。

第一節 ▍韻律活動

　　韻律活動，一般譯為韻律動作（rhythmic movement），是指隨著特定「韻律」（rhyme）而創造的肢體表達動作。平日時常可見兒童隨著音樂擺動身體，這是源自於他們對於音律的敏感度。戲劇活動就是利用兒童這種天性，將含有韻律的肢體動作做為開啟戲劇的鑰匙。透過具有韻律的音樂或運用鈴鼓或手鼓創造固定的節奏，引發兒童跟著韻律進行想像，並創造出不同的角色與默劇動作。

　　在進行韻律活動創意戲劇之前，教師必須先將觀念釐清，如此才不會以刻板印象來設計教學活動。首先，由於這類的活動常以「音樂」或「節奏」為主，容易將它和幼兒園中的「兒歌律動」混為一談，誤以為只要幼兒隨著一首流行音樂，模仿成人事先編好的動作，就算是韻律活動。然而，在這些活動中，幼兒只是配合一定的旋律，依樣畫葫蘆地跳出固定的動作，完全不需要發揮想像或創造新的動作，並不符合戲劇教育的基本精神，理想的幼兒韻律活動應該是「透過韻律的節奏，促發兒童創意的表達」。

　　其次，戲劇教育中的韻律活動和音樂系中的「幼兒律動」（如奧福課程）也不盡相同。一般音樂教育中的律動課程是透過戲劇的技巧來引導幼兒對音樂內涵的學習，如音階、音符、節拍、音感……。其基本目標乃是對音樂概念之學習，只是在方法上運用了想像及戲劇的技巧。戲劇教育的韻律活動雖然也包含了音律節奏，但其目的是透過這些節奏來引發參與者的「想像」，並藉此來創造一些「角色人物」及「戲劇情境」。它的終極目標是希望透過「音韻」的刺激想像，使幼兒運用身體表現戲劇中的人物或情境，進而體驗身體表現與創造的樂趣。

壹 課程設計

　　許多韻律活動的課程，多來自某些反覆固定的節奏，綜合相關書籍及研究之發現（林玫君，1997b；McCaslin, 1987a, 1987b; Salisbury, 1987），教師在撰寫這類課程時，可依下列三項來源發展教案：(1) 由「身體或物體」之韻律而引發的創意活動；(2) 由「樂器」之韻律而引發的創意活動；(3) 由「音樂」之旋律而引發的創意活動。

一 ·· 由「身體或物體」之韻律而引發的創意活動

　　「用手拍擊身體」的任何部位而產生的固定節拍，就能創造出簡單如【拍球】（例一，p. 176）、【回音反應】的教案。而「腳步反覆踏步」也能產生如【進行曲踏步】或「方向與節拍」中【猴子訓練營】（例二，p.177）的教案。若再加上一些特別的事件，就能創造出研究中「樂隊」或「馬戲團探險」等活動，如【大遊行】（例三，p. 179）。此外，道具的想像加上節奏也能創造【鞋店】及【溜冰大賽】等活動。除了人物外，動物也是有趣的主題，如【動物移動】。此外，機械性的固定動作也能引發想像，產生新的韻律活動。

二 ·· 由「樂器」之韻律而引發的創意活動

　　透過手鼓、響板或高低木魚等打擊樂器所製造出的節奏，可引發兒童想像與創作。筆者曾改編 Way [1]（1972）的活動，運用手鼓創造出四種不同節奏，而引發兒童創造出【軍隊行進】（例四，p. 180）的戲劇情境。而運用同樣的節奏，另一班的學生卻創造出【媽祖出巡】的戲劇情境。在製造節奏時，通常開始時都以穩定的節奏來帶入想像中的情境；繼之以變化性的節奏來介紹不同的劇中人物；接著再以急促漸強的聲音來創造情境中緊張高潮的場面；最後以拉長緩慢的節奏帶入故事的尾

聲。在樂器的選擇部分，只要是方便攜帶、容易使用者，都可以彈性運用。同一個情境中，也不限只用單一種類的樂器，可同時並用二至三種不同的樂器。

三 ·· 由「音樂」之旋律而引發的創意活動

　　「音樂旋律」也是另一種戲劇創作靈感的來源。教師可以自行剪接音樂，無論以單首旋律或數首音樂組合的旋律，在選擇及增刪時，必須考慮「起、承、轉、合」之情節組織原則。簡言之，在音樂之始必須讓參與者聽起來有一種「某事即將發生」的氣氛；接著，可使用反覆的旋律來鋪陳接下來發生的事件或出現的角色；至音樂旋律之中後，可製造一些驚奇凸顯的音樂代表情節的轉折與高潮；最後，提供整合而舒緩的慢板象徵著故事或事件的結束。在音樂的部分，教師不妨利用一些適合幼兒的古典音樂，如柴可夫斯基的「胡桃鉗」或「動物狂歡節」、新世紀（New Age）音樂或自然音樂來組合新的音樂旋律。有時也不妨配上藍調、熱門等各種不同音樂旋律。原則上，無論輕快活潑、嚴肅凝重、清新自然或固定穩重的節奏，只要符合「起、承、轉、合」的組織原則，都能引發具有創意的戲劇活動。

貳 研究省思

　　本研究結果乃是蒐集近四個月約 30 次在幼兒園戲劇教學之觀察記錄與教師反省日誌（請參考第九章）。綜合每次教學之問題與檢討內容，利用系統分析法來整理與主題相關的內容，藉由縱向的教學分析來了解實際活動運作的情形。根據研究結果，針對「韻律活動」的省思如下（林玫君，1999a）：

　　1. 在 13 項韻律活動中，【進行曲踏步】、【拍球】及【回音反應】

都屬於定點且指導性高的活動，這些由身體或固定的節奏而產生的韻律活動雖簡單，但因重複性強、缺乏戲劇主題，幼兒在開始時興致並不大。後來，教師在教案中加上球隊比賽之假設情境，且要幼兒取隊名，其興趣才又再度點燃。而【回音反應】乃幼兒們常玩的遊戲「請你跟我這樣做」的變形活動。幼兒對它並不陌生，且因其活動簡短，教師將之當成教室控制或銜接活動。

2. 根據幾次上課的經驗，發現加入想像的人物與劇情可以吸引幼兒興趣及幫助教師之教室管理，因此在接下來的研究中，原始的教案幾乎都編入了新的故事或想像情境。例如：

【大遊行】：結合《大遊行》一書，以及樂器的練習，在第二次的教學中加上道具，進行實際之遊行活動。

【猴子訓練營】：教師成為猴子訓練營之媽媽，運用熟悉之童謠「五隻猴子」訓練小猴子之方向與節拍。

【遊行 II】：遊行回到教室後，老師變化活動，利用鼓的拍子快慢引發想像，成為軍隊行進之主題。

【跟拍子】：利用一隻害羞的蛇偶，請幼兒跟拍子教他跳舞。

3. 鑑於前六次的活動都集中於拍子和方向的韻律活動，大同小異，幼兒對類似的主題已失去新鮮感，教師開始進入新的主題，且結合視聽、故事等其他方法來吸引幼兒興趣。下次設計學期活動時可考慮把韻律活動和模仿活動混合安排，以增加變化性。

【溜冰大賽】：欣賞迪士尼製作之卡通《幻想曲》一片，引發幼兒欣賞不同的舞姿。利用幼兒已有之舊經驗溜冰，加上「溜冰表演」及「比賽」的過程來增加活動的高潮。另外，加上「音樂背景」來豐富活動的氣氛與想像。結果幼兒相當投入，此次活動算是相當成功。

【新鞋】：此主題共進行了兩次，由於第一次進行時引起動機之

故事缺乏戲劇性，且與後來之活動內容無關，決定再做第二次。

第二次上課時，教師改編【小精靈與老鞋匠】的故事原形，由幼兒當鞋子精靈，兩位老師分別飾演鞋匠及客人，藉此來增加神奇與神秘的氣氛。

接著，筆者將運用下列五個教案實例來說明韻律活動之創作與教學過程。其他相關教案請參見《兒童戲劇教育：肢體與聲音口語的創意表現》一書（復文，2016）。

 教學實例

> 例一 【拍球】
>
> **教學目標**：隨著音樂的節奏拍「想像中的球」。
>
> **教學準備**：強節奏的固定旋律、鈴鼓、各種球。
>
> **教學流程**：
>
> **一 •• 介紹主題**
>
> 　1. 介紹手上的球，問：「有沒有拍過？」或「可以怎麼拍？」
>
> 　2. 請每個參與者閉上眼睛，教師為之變出一顆想像中的球，並要求參與者利用五官的感受去感覺手中的球。
>
> **二 •• 引導發展**
>
> 　1. 配合「鈴鼓的拍子」拍球，並嘗試練習大、小、快、慢及手勢等不同花樣的拍球方式。
>
> 　2. 配合固定的音樂旋律拍球，最後讓參與者自行發揮，並在音樂結束時停下。
>
> 　3. 嘗試練習不同形式的球及拍球方式，且重複 1 至 2 步驟。

三 ‧‧ 綜合呈現

分組練習——全班分 A、B 兩大組面對面，要 A 組想一種球類運動（棒球、網球……），並用默劇動作表達，讓對面的 B 組猜測是何種球類（教師可利用口述默劇技巧為運動者的姿勢、情境做旁白）。

四 ‧‧ 變化

全班也可分為數組，讓每組都依節奏創造出一組特殊球類運動。

例二 【猴子訓練營】

教學目標：依方向與節拍移動；透過手指謠引發人物創意。
教學準備：標籤貼紙、手指謠「五隻猴子」大海報。
教學流程：

一 ‧‧ 介紹主題

教師帶領幼兒複述五隻猴子之手指謠：

「五隻猴子盪鞦韆，嘲笑鱷魚被水淹，鱷魚來了！鱷魚來了！啊！啊！啊！

四隻猴子盪鞦韆，嘲笑鱷魚被水淹，鱷魚來了！鱷魚來了！啊！啊！啊！

三隻猴子盪鞦韆，嘲笑鱷魚被水淹，鱷魚來了！鱷魚來了！啊！啊！啊！

兩隻猴子盪鞦韆，嘲笑鱷魚被水淹，鱷魚來了！鱷魚來了！啊！啊！啊！

一隻猴子盪鞦韆，嘲笑鱷魚被水淹，鱷魚來了！鱷魚

來了！啊！啊！啊！」

二 •• 引導發展

1. 介紹猴子訓練營：

「我們現在是猴子訓練營，我是猴子媽媽。」

「為防禦鱷魚來襲，全班要來動動手、動動腳，看
看自己靈不靈活。」

「我們要分辨是不是我們自己的小猴子，所以要在
右手上貼標籤。」

2. 老師發出口令，訓練小猴子跳前、後、左、右（用標籤
分辨）：

「向前跳」、「向後跳」、「向右跳」（舉起有標籤的
那一隻手，並向那邊跳）、「向左跳」（舉起沒有標
籤的那一隻手，向另一邊跳）。

3. 除了前後左右的方位外，練習其他方位（向上、向
下）。

三 •• 綜合呈現

小朋友分五組當小猴子，選擇不同方位盪鞦韆，老師入戲
當鱷魚，一面唸謠一面與五組猴子互動，每次一組猴子做
完後就蹲下，輪到下一組猴子與鱷魚互動。

四 •• 變化

鼓勵幼兒討論對付鱷魚的方法，並利用新的方法重新再演
一次。

例三 【大遊行】

教學目標：隨進行曲拍子移動；透過「遊行」主題引發肢體創意之表達。

教學準備：手鼓、進行曲音樂、《大遊行》圖畫書（台英出版）。

教學流程：

一 •• 介紹主題

讀《大遊行》一書，討論遊行中參與的人物與樂隊中的樂器手。

二 •• 引導發展

定點練習書中遊行的演奏樂器及人物（大鼓、喇叭、橫笛）。

「除了書中的樂器外，還看過哪些樂隊的樂器？」（練習演奏）

「除了樂隊外，還有哪些人參加遊行？都做些什麼事？」（鼓勵幼兒用肢體表達）

三 •• 綜合呈現

1. 分配遊行隊伍的角色。

2. 老師發出口號，並引導幼兒繞教室或全園一周。

四 •• 變化

1. 可鼓勵幼兒在工作區創作遊行需要的裝飾物品。

2. 可配合時令改成國慶遊行、聖誕化妝遊行、春天動物遊行等。

例四 【軍隊行進】

教學目標：透過樂器的固定節奏，引發肢體創意。

教學準備：手鼓。

教學流程：

一 ·· 介紹主題

教師拿出手鼓，告訴幼兒會用它拍出一連串固定的節奏，請大家閉上眼睛，告訴教師這個節奏聽起來像什麼樣的人物在走路。

二 ·· 引導發展

1. 假設小朋友的建議是「士兵」，告知：「你們現在是士兵，正準備前往戰場。」用固定的鼓拍配合幼兒行進速度，慢慢變快，然後停止。

2. 利用手鼓拍出下列節奏：強／弱；強／弱；強／弱。反覆前項步驟，問：「覺得這個聲音像什麼？」小朋友若建議為獨腳士兵，告知：「你們現在是獨腳士兵，走得好累、快走不動了！」保持原來固定的節奏，速度愈來愈慢，最後停止。

3. 利用手鼓拍出快速流動的拍子，再繼續詢問幼兒覺得發生什麼事情。有幼兒建議：「打仗了！」教師引申幼兒的建議，一面重複前面的拍子，而告知：「忽然之間，這些士兵遇到了敵軍。」並問：「看到敵軍會做什麼事？」拍子速度愈來愈快、聲音愈來愈大聲，最後忽然停止。

4. 利用緩慢穩定的拍子，問：「打完仗後，又發生什麼
   事？」討論後練習之。教師繼續以穩定而緩慢的速度拍
   手鼓，至結束停止。

三 •• 綜合呈現

連續拍打 1 至 4 的節奏，配合幼兒創造的劇情，要幼兒聽
節奏做出自創的默劇動作。

四 •• 變化

同樣的節奏應用於不同的班級，會創造出不同的戲劇情
境，如：【媽祖出巡】、【馬戲團演出】等。

例五【音樂旋律之想像】

教學目標：透過固定的音樂旋律引發參與者肢體創意。

教學準備：自行組合具「起、承、轉、合」的音樂。

教學流程：

一 •• 介紹主題

分段播放事先剪接好的音樂，並詢問幼兒聽到音樂後的感
覺，以及想像音樂中可能出現的角色與戲劇情境。

「這個部分聽起來，像是誰出現？在做什麼事？」

（接著聽下一段）「後來呢？你覺得這裡發生了什
麼事？聽起來有什麼感覺？」

二 •• 引導發展

1. 從諸多的想法中選擇一至兩項有趣的主題，並依下列程
   序分別討論之。例如幼兒的回答為：「獅子王被不同的
   動物吵醒。」

2. 引導發展角色動作：獅子走路方式（高低、移動、活力、情感），並配合音樂，全體一同練習。還有其他動物（松鼠、兔子、花鹿、花豹、大象）走路及出現的時機，並配合音樂討論之。
3. 討論與決定劇情：決定開始、中間、高潮及結束所發生的情節並配合音樂練習。
4. 計畫呈現部分：決定場景及相關位置，分配角色及出場順序。

三 •• 綜合呈現

配合音樂，把創造出的人物與劇情從頭至尾呈現出來。

四 •• 變化

同樣的音樂節奏，可產生許多不同的主題：「老鷹捉小雞」、「森林中的迷藏王」、「小偷與主人」、「新馴悍記」、「武士與美女」。

第二節 ▍模仿活動

　　模仿活動，一般翻譯為模仿動作（imitative movement），是參與者對於某些特定的人物、動物或靜物仔細觀察及了解後，運用自己的肢體動作或聲音口語把這些人物或動物的型態和特色表達出來的活動（Salisbury, 1987）。雖然名為「模仿」，其重點並不強調一模一樣的拷貝，而是參與者運用自己的理解與想像，把特定的對象「重新創造」（recreate）出來的過程。

　　根據研究結果（林玫君，1999a），發現「模仿活動」的教學內容，有時會和「韻律活動」類似，常容易混淆不清。透過反省，發現必須確

切地掌握兩者的不同教學目標與發展重點。例如：在【溜冰大賽】中，如果教學目標是透過輕快的音樂而引發平順優雅的溜冰動作，它就屬於「韻律活動」。如果教學目標是針對芭蕾舞者或溜冰人物的模擬，透過溜冰大賽之扮演而表現其特殊的肢體動作，就可以算是模仿活動。「動物」相關的主題也是一例。如果教學中強調【動物移動】中不同的「動作」，如袋鼠用跳的、馬用跑的、蛇用爬的、貓狗用走的，此時的活動就比較偏向「韻律活動」的目標。若是教學中強調【小狗狗長大了】、【蠶寶寶長大了】等過程的模仿，它就比較偏向模仿活動的目標。簡言之，「韻律活動」是透過音樂或固定的節奏來刺激參與者的想像而表達的動作；而「模仿活動」是透過實際的觀察、討論、分享而產生的表徵動作（representative movement）。雖然在實際的教學中，兩者的分野並不大，教學者心中必須清楚地了解自己的教學目標在哪裡、想要參與者在創造過程中得到哪方面的引導發展，才能發揮兩類活動不同的特色。

壹 課程設計

模仿活動的教學內容很廣，從人物、動物甚至到靜物，只要教師巧妙地帶領，了解參與者的舊經驗，能夠發揮的空間很大。綜合相關書籍（McCaslin, 1987a, 1987b; Salisbury, 1987）及研究之教學心得（林玫君，1997b），發現設計教案時，可從下列四個方向來考慮。

一 ·· 對「人物」的模仿

教師可以依據某些真實人物的特質來設計活動。對於年紀較小的兒童而言，日常生活所接觸到的各類人物，如嬰兒、父母、教師、醫生、老闆，或各種行業的人物，如廚師、警察、美髮師、修路工人、消防隊員等，都是幼兒模仿的對象。除了真實人物外，一些故事中的想像人物

也是另一種模仿的選擇。無論真實或想像人物，教師在帶領時，可以利用問話的技巧，引導幼兒分析不同人物的生理特徵，如年齡、性別、高矮、胖瘦……而表現出不同的動作。也可以依據不同的心理狀態，如喜悅、生氣、失望而產生不同的表情回應。如此，幼兒可以重新創造屬於自己的想像人物。例二【三輪車】（p. 189）之老太太，就是上述內容之具體實例。

二 ·· 對「動物」的模仿

在幼兒的舊經驗中，與「動物」相關的主題常是幼兒的最愛。教師可以引導幼兒去觀察了解動物的型態、動作、移動的方式及成長的過程等「變化」，鼓勵幼兒用自己的肢體或口語呈現出來。在型態方面，可以考慮不同種類動物的外型（如大型動物、小型動物）或不同特質（如天上飛的、地上走的或水中游的動物）；另外，也可考慮因為型態與特質之不同而造成的行為模式，如飲食、睡眠、清潔、排泄或移動等差異的動作。教師可依據個別動物的特徵拋出問題，引導幼兒去探索練習。有時候教師也可以利用對比的方式來進行教學活動。例如要小朋友做出如大象般的大動作和小老鼠般的小動作，藉此練習「大」與「小」之不同的表達方式。「動物的成長」也是一項值得探索的主題。尤其在幼兒園的課程中，常有飼養動物如蠶寶寶、小蝌蚪、小兔子等單元，教師就可以配合教學主題，引導幼兒觀察並進行戲劇活動，例三的【蠶寶寶長大了】（p. 190）就是一例。

三 ·· 對「物品」或「符號」的模仿

雖然「物品」或「符號」不如「人物」或「動物」，在本質上就具備自發性的動作，但經過教師戲劇技巧的引領，它仍能產生許多動作上的變化。例如「汽球」是小朋友常接觸的東西，因為吹氣的力道不同，

它會產生大、小的變化，成形後它也會隨風飄動，甚至爆破或洩氣（例四，p. 192）。幼兒的玩具也是一項容易發揮的題材，如【小木偶】、【機器人】、【禮物】等主題[2]，透過木偶或機器人，這些易「操縱」的玩具，幼兒們可以藉此練習一些與精力概念有關的肢體動作，如輕快、沉重、僵硬或舒緩等不同的動作狀態。除了玩具外，「生活用品」也能利用類似的方式進行活動。另外，一些抽象符號雖然整體上的動作少，老師可以透過不同肢體組合的運用，加上神奇的魔力，使得原本單純的物品如幾何形狀，變成多樣有趣的戲劇活動。

四 •• 對「自然」的模仿

除了人物、動物及靜物的模仿外，「自然的現象」也是一項戲劇創作的靈感來源。自然界中的風、火、雷、電或雨、水、海、河都可以用來進行時間（速度、長短、時間）或空間（個人與他人空間、高低層空間、彎曲、Z 形等形狀空間）或精力（輕快、沉重、強烈、平靜、顫抖等動作）等三方面的動作練習。自然界中的植物花草也是模仿活動中的常客。例五的【小種子】（p. 195）就是根據種子成長的過程而衍生出來的活動。

貳 研究省思

有了「韻律活動」之教學經驗，筆者又嘗試在幼兒園中進行了 12 項的模仿活動。經過行動研究反省也發現教師常需要在原始的教案中加入新的戲劇情境以吸引幼兒注意。由於模仿活動多半限於對人、事、物之默劇動作，教師常用「旁白口述指導」及「教師入戲」等方式來增進戲劇之效果。以下將針對個別模仿活動省思之內容做討論。

1. 第一個模仿的活動是「各行各業」，這是對「人」的直接模仿，由於教師事先準備了廚師的帽子、醫生的衣服及道具、鋼琴家的

音樂，配合教師扮演劇中人物，並與幼兒互動，效果不錯。三種扮演的人物中，又以廚師的主題最吸引幼兒。探究其因，發現除了口述默劇之技巧運用適當外，幼兒的舊經驗（前一天在教室中的烹飪活動）也有相當大的關係。

2. 除了對人直接的模仿外，教師也嘗試要幼兒對「物」之模仿，並以幼兒較感興趣之玩具為主題，如【小木偶】、【機器人】、【汽球】、【冰淇淋】等活動。同時教師也利用實際的玩具及人物的扮演，一起進行教學活動，發現效果甚佳。但教師必須事先練習道具的操縱及劇中人物的動作，以避免因搭配失誤，而影響戲劇活動之效果。

3. 戲劇活動可結合幼兒的舊經驗或教室活動，尤其是能引發感官經驗之相關活動，例如：【冰淇淋】、【爆米花】。

4. 幼兒之最愛乃是對「動物」的模仿。在活動之初，曾用【大與小】（動物）及【動物移動】等活動引入，但是發現活動中的動物多為森林或野生動物，幼兒只認識少數幾種動物，如大象、長頸鹿……，對其餘動物都不甚熟悉，結果也影響幼兒在戲劇中的參與和表現。因此，在接下來【小狗狗長大了 I、II】、【毛毛蟲變蝴蝶】及【小兔子】等活動，教師把森林動物換成日常生活熟悉的動物，配合相關書籍與圖片的討論及教室的飼養活動，以協助幼兒加深對這些動物的了解。另外，由於幼兒平日已對這些動物有較多的接觸，在引導發展時，每位幼兒都相當踴躍發言，其對動物的觀察與分享也相當的豐富。在幾次的創作經驗中，教師利用燈光的明暗與音樂的緩急，來增加戲劇的臨場氣氛，也間接幫助幼兒專注力的延伸，幾乎進入忘我的境地。

5. 除了針對人物、動物之模仿外，教師也嘗試以「物品」為模仿對象，並編入故事以加深活動的吸引力。在【形狀森林】中，本來

乃是單純模仿「形狀」、「符號」等肢體活動，但教師利用巫婆奶奶及媽媽等角色，加上小朋友進入魔幻森林之懸疑劇情，就成了引人入勝的戲劇活動。

6. 劇情中「躲與追」之遊戲原型，很容易引起小朋友的「玩性」。例如：小狗狗與主人、小兔子與野獸捉迷藏、媽媽巡查頑皮的小孩有沒有入睡等具有「躲與追」的遊戲劇情。

接著，就以研究中的五個活動來說明模仿活動之帶領流程及練習重點，其他相關教案請參見《兒童戲劇教育——肢體與聲音口語的創意表現》一書。

 教學實例

例一【小小大廚師】

教學目標：透過對廚師及烹飪工作的了解，進行各行各業人物之模仿。

教學準備：

1. 事前幼兒有參與烹飪活動的經驗。
2. 事前幼兒已有參觀廚師之工作場所或接觸來教室訪問之廚師的經驗。
3. 當日準備廚師帽、鈴鼓、音樂背景。

教學流程：

一 •• 介紹主題

教師戴上廚師帽並自我介紹，告知幼兒他們都是小小廚師訓練班的高材生，並詢問幼兒：「今天想來學做什麼料理？」

二 ·· 引導發展

與幼兒共同決定好要做的料理後，問幼兒下列問題：

「需要哪些材料？」「需要哪些用具與設備？」「需要哪些步驟？多少時間？」「做完了後要請誰吃？」

（教師可以將上述答案畫／寫在壁報紙上或白板上。）

三 ·· 綜合呈現

根據討論的結果模擬情境，配合音樂或鈴鼓，將烹飪的過程用默劇肢體動作呈現出來。教師可以在過程中，用口頭提示做菜步驟。例如決定做「漢堡三明治」，教師可提示：

洗手→放麵粉、蛋、奶油、鹽、糖→揉→切長條→揉成麵包→放進烤箱→煎蛋→切火腿→切小黃瓜→拿出麵包→切開麵包→放進材料→聞→吃。

四 ·· 變化

1. 全班可分為數組，各組決定不同的料理，利用默劇動作呈現，讓別組猜答案。

2. 利用同樣的過程，進行其他行業人物之扮演。

3. 發給幼兒不同行業人物之認字圖卡，分兩大組，要每組幼兒分別做出圖片中人物之默劇動作，讓另一組幼兒猜答案。

例二 【三輪車】

教學目標：透過熟悉的歌謠，模仿並創造其中的角色。

教學準備：鈴鼓、三輪車兒歌。

教學流程：

一 •• 介紹主題

用唱或聽的方式複習三輪車兒歌。

二 •• 引導發展

1. 三輪車上的老太太長什麼樣子？（高、矮、胖、瘦）演演看？怎麼走路？

2. 老太太穿什麼樣的衣服？從鄉下或城市來？

3. 老太太要去哪裡？為什麼要坐三輪車？心情如何？怎麼招呼三輪車？（若是快樂會怎麼招手？若是生氣呢？）

4. 為什麼三輪車老闆只要五毛，她卻要給他一塊錢？

三 •• 綜合呈現

教師與幼兒一同唸出童謠，每位幼兒裝扮成一位不一樣的老太太，待讀到「三輪車，跑得快」時，老太太要走到街上攔車；讀到「上面坐個老太太」時，老太太要爬上三輪車並假裝坐著；「要五毛，給一塊」時，老太太要下車，並告訴扮演三輪車車伕的教師為什麼給一塊錢。（教師可走到每位幼兒跟前一一詢問。）

四 •• 變化

運用不一樣的童謠，選擇有特色的角色，利用討論練習的技巧，在呈現時邊唸邊做。

教學目標：模仿蠶寶寶成長的過程及其變成蛾後的動作。

教學準備：《蠶寶寶長大了》（親親自然出版）、緩慢的音樂。

教學流程：

一 •• 介紹主題

1. 《蠶寶寶長大了》一書的分享。

2. 到戶外參觀與蝴蝶相關的農場或生物館。

3. 讓幼兒親自在班上飼養蠶寶寶。

二 •• 引導發展：可針對蠶寶寶生長的過程來討論一些細節。

1. 形狀：

「蠶寶寶有幾隻腳？」、「牠有沒有眼睛？」、「頭有什麼東西？」、「觸角是用來做什麼的？」

2. 動作：

「蠶寶寶是怎麼移動的？」、「如果你是蠶寶寶，你要怎麼吃桑葉？」、「嗯嗯的動作怎麼做？」、「牠是一邊吃一邊嗯嗯？還是吃完再嗯嗯？」

3. 吃東西的動作：

「蠶寶寶吃飯時，怎麼吃？」、「現在你的手當作蠶寶寶，你的另外一隻手當作桑葉，你要吃出一個美麗的形狀，要怎麼吃？」

4. 脫皮：

「蠶寶寶吃了桑葉之後，會怎樣？」、「它脫皮時，是從哪裡開始脫的？」、「蠶寶寶一共要脫幾次皮？」（四次）

（口頭討論後，引導幼兒做做看。）

「現在老師拍一下鈴鼓時，你就會變成一隻普通的
蠶寶寶」、「你會感到很緊很緊，當老師再拍一下
鈴鼓時，你的頭會啵一聲先出來」、「你會用力扭
屁股，把身上的皮一直往後褪」、「一直脫一直
脫」、「再來一聲鈴鼓，把你的尾巴翹起來」、「再
兩下鈴鼓時，把你的腳用力往後踢，把皮完全脫出
來」。

5. 結繭：

「繭脫完皮之後，牠要做什麼？」、「結繭之前要做
什麼？」（清腸、爬到一個較好的位置）、「牠是用
什麼地方吐絲的？」（有一吐絲器）、「牠是怎樣破
繭而出的？」（吐出口水，用口咬破）

（口頭討論後，引導幼兒做做看。）

「我們來試試看，當老師拍一下鈴鼓時，我要讓你
慢慢縮，然後吐絲，想辦法把你自己包起來，一次
口吐一條絲」、「當老師拍鈴鼓時，你會完全地將
自己包起來」、「現在你的翅膀開始長出來了，腳
也慢慢長大了」、「開始吐口水，用力地咬破繭，
用力鑽出來，當老師拍鈴鼓時，就停止你的動作，
回到你的座位坐好」。

三 •• 綜合呈現

整個過程呈現：卵→蟻蠶→吃的動作→脫皮→吐絲→結繭
→成蛹→成蛾。

1. 教師可用燈光的明暗來增加氣氛，例如：在結繭成蛹
時，就可把燈光變暗，讓幼兒感到那種被包起來暗暗的

感覺；等到破繭而出時，再開燈重見光明。

2. 教師亦可用不同的音樂來配合情境，例如：吃東西時用一種音樂，結繭時再用另一種音樂。

四 •• 檢討與反省

1. 當你變成蛹時，你有什麼感覺？

2. 當你破繭而出時，你有什麼感覺？

3. 剛才有小朋友的動作做得很像，我們請他來表演讓我們欣賞。

4. 在蠶寶寶的一生中，你最喜歡哪一個動作？

5. 剛才老師看到有幾個小朋友都擠在一起，他們在做什麼？下次我們如果要再做這個活動時要怎麼辦？（討論一些常規的問題。）

例四 【汽球】

教學目標：

1. 能模仿汽球充氣的過程。

2. 用肢體做出不同形狀造型的汽球。

3. 模擬汽球飛行的狀態。

教學準備：各式各樣的汽球、吹汽球的工具、有聲汽球、音樂背景（飛行的感覺）、鈴鼓。

教學流程：

一 •• 介紹主題

介紹各式各樣的汽球，並問：「有沒有吹過汽球？」

二 •• 引導發展

1. 吹氣與放氣：

   示範汽球如何被吹氣，並請小朋友預測要數幾下汽球才能吹起來？數幾下汽球的氣才能放光？（在汽球上貼一小塊膠帶，並在膠帶處用針輕輕戳一下，汽球會慢慢放氣。）

   要小朋友變成一個完全沒有氣的汽球、平躺在地上，教師由 1 數到 5，汽球慢慢變大，停在定位點，教師再由 1 數到 5 時，汽球慢慢洩氣，變回原狀。可反覆練習數次，吹成不一樣大小或形狀的汽球。

2. 汽球的形狀與放氣及爆破後的狀態：

   示範各種形狀汽球充氣後的樣子，並示範放氣後，汽球的飛行方向。

   要小朋友想像三種不同造型的汽球，並分別命名為 1、2、3，教師喊 1 時，就做出第一種形狀，成一靜止畫面，其餘類推。之後，數 3，讓汽球放氣，並向四周飛行。最後，示範汽球爆破的樣子，並要幼兒練習。

   教師可拍鈴鼓表示汽球爆破，鼓勵小朋友朝不同的方向爆裂，並用身體表現出斷裂的殘骸。

3. 汽球飛行：

   討論汽球怎麼飛？速度快慢？精力大小？飛行方向？飛行視野？可能遇到的危險情況？之後讓幼兒實地練習飛行。

三 •• 綜合呈現

教師利用口述的方式，描述一段汽球旅行的過程，其內容
來自引導發展時的創意，細節可能如下列：

小朋友變成各式各樣未吹氣的汽球，平躺於地上。

教師吹氣後，慢慢變成各種形狀，停在原地，待音樂開
始，汽球起動（老師可在一旁增加風力的變化以改變速度
和力道）。

最後，加上不同危險的情況，如小鳥、飛機、暴風雨等，
待汽球破掉，慢慢回到地面，留下斷裂的殘骸。

四 •• 檢討與反省

1. 最喜歡哪種形狀的汽球？

2. 喜歡汽球洩氣或爆破的樣子？

3. 旅行中有沒有看到什麼特別的景觀？

五 •• 變化

1. 雙人或小組組成一個汽球，進行造型、飛行、遇到危險
   狀況及最後爆破的過程。

2. 討論可用汽球進行的活動，並試試看。

例五 【小種子】

教學目標：模仿創造小種子發芽及成長的過程。

教學準備：不同大小及顏色的種子和植物、音樂背景、艾瑞·卡爾（Eric Carle）之繪本大書《小種籽》（*The Tiny Seed*）。

教學流程：

一 ·· 介紹主題

準備各種不同大小形狀顏色的種子，討論種子的來源和會變成什麼。鼓勵幼兒自己用肢體變成一顆小種子。

二 ·· 引導發展

1.「冬天過了，小種子躲在很硬的泥土中」，討論並練習種子用什麼方法鑽出堅硬的地面。

2. 討論並練習不同形狀的綠芽及發芽後可能生長的方向。

3. 討論成長的過程中可能發生的意外（如被踏死、採走、風吹……），練習因應這些意外的方法。

4. 討論並決定每個人最後要長成的植物（花、樹、果子等），並用肢體做出來。

三 ·· 綜合呈現

配合背景音樂，老師把討論的內容口述出來，要小朋友隨著做出肢體動作。

四 ·· 檢討與反省

分享過程中最喜歡的部分並說明。

第三節 ▍感官想像活動

一般人用五官感覺周遭的世界，尤其對演員、作家或其他藝術創作者而言，五官的知覺與回想（recall）的能力，是一種相當重要的創作工具。感官想像活動（sensory activity）就是透過默劇、遊戲及各種戲劇活動來加強參與者五官及情緒知覺的敏銳度，以增加其想像與表現的能力。許多的戲劇活動又特別針對下列三項而設計：

1. 感官知覺（sensory awareness）：由經驗來促進感官接收的敏銳度——開放五官感覺來增加對事情的了解程度。

2. 感官回想（sensory recall）：透過記憶來回想某些感官的經驗，以能準確地把這些感官經驗再次重現。

3. 情緒回溯（emotional recall）：在扮演一個角色時，能夠真切地將過去的情感經驗重新喚回，且再將之投射於劇情中人物的能力。

壹 課程設計

在幼兒的生活中，感官的經驗是了解周遭環境最直接具體的方法。綜合文獻資料與研究結果，與感官有關之活動如下列（林玫君，1997b；Heinig, 1987; McCaslin, 1987a, 1987b; Salisbury, 1987）：

一 ‧‧ 感官想像默劇

教師運用引導想像，透過口述技巧來引導參與者去感受五官經驗。通常可以先利用實物引導參與者在實況下做出動作，再利用想像做出默劇動作，如此可以幫助參與者的默劇動作更確實。在幼兒技巧未成熟以前，可與幼兒一起做出默劇動作，以便提供一個示範的對象。研究中使用感官默劇的內容如：

1. 視覺：做出縫釦子、認錯人、賞鳥、讀書等默劇動作。

2. 嗅覺：做出聞香水、烤雞、玫瑰花及廚房垃圾桶味道之反應。

3. 觸覺：先摸狗狗、冰水、砂紙、漿糊等實物，老師與幼兒討論其
種類、名稱及表象後，要幼兒想像眼前有一樣東西，且假裝去摸
摸它，並詢問摸到的感覺。

4. 聽覺：做出聽到蚊子於耳邊嗡嗡叫（視覺：開燈、趕或打蚊
子）、鐘敲四下、一台飛機降落、鬧鐘吵（不想起床）等默劇動
作。

5. 味覺：提供冰淇淋、最喜歡的點心、口香糖、苦的藥水等東西，
要幼兒先想像其口味，再聞聞看，最後假裝嚐一嚐。

二 ‧‧ 感官想像遊戲

上列的感官默劇，若加入規則性的遊戲形式就成了感官遊戲。研究
中，教師也會運用這類活動當成暖身或銜接性活動，其進行的內容可包
括下列：

1. 我發現：要一位幼兒暗中選一樣教室中的東西，描述其顏色、形
狀……，並要其他人猜猜看他發現了什麼東西。

2. 支援前線：全部人分數組並排成一列，在有限的時間內，蒐集一
堆東西並傳遞到前面（如：鉛筆、迴紋針、鞋帶、髮夾、絲巾、
筆記簿等），比較哪一組的速度快。

3. 猜聲音：幼兒把眼睛閉起來聽老師製造不同的聲音（撕紙、寫
字、走路、拍手、踏步等），之後要幼兒說出聽到的聲音。

4. 神秘袋：放一至三件東西在一個袋子中，輪流讓幼童摸摸看袋中
的東西，描述其特色並說出摸到的東西。

5. 觀察變化：兩人一組，要其中一人在身上改變兩種衣著配飾，另
一人進行觀察並說出其中的改變。

三 ·· 情緒默劇

　　透過認同、回想、表達及同理心等方式，把情緒用默劇的方式表達出來。研究中教師較不常使用這些活動，但它對演員或一般人而言都很重要。一般與情緒有關之默劇活動如下：

1. 傳臉（pass the face）：第一個人選擇一種表情，傳給第二人去模仿，依序類推；或第一個人傳給第二個人後，第二個再做另一種表情傳給第三個人……。

2. 情緒反應：口述某些情況來引發幼兒做出相對之情緒反應。例如：假裝看一齣很好笑的電視節目；一個人深夜讀書，忽然聽到可怕奇怪的聲音；假裝當一個很壞的醜巫婆，正在攪拌鍋中的毒湯；假裝是灰姑娘，衣服被姊姊扯破。可加長內容，加上劇情「衝突」。例如：先問哪些電視節目好笑？恐怖？要幼兒假裝看電視，遇到弟弟要轉別台，很生氣；搶回後，剛好看到很好笑的綜藝節目……；弟弟去睡覺，剩你一個人，忽然電視跳到恐怖片台，這時又……。

貳　研究省思

　　在平常的戲劇教學中，上述的感官想像活動常常自然地融入其他的戲劇活動中──有時是暖身活動，有時是引起動機之開場白，有時則是配合故事之口述默劇動作。在筆者的教學中，這些活動常被用在銜接活動的時段，或者與前述肢體動做結合，透過「感官回想」而產生之模仿活動，如下列【爆米花】、【冰淇淋】兩個研究中的教學實例。

參 教學實例

例一 【爆米花】

教學目標：模仿「爆米花」的聲音和動作。

教學準備：

　　1. 玉米粒、爆米花機器、奶油。

　　2. 事前參與烹飪活動的經驗。

　　3. 當日準備廚師帽、鈴鼓、背景音樂。

教學流程：

一 ‥ 介紹主題

　　前一日或當日在教室中進行爆米花之活動，展示硬硬的玉米粒讓幼兒利用視覺、味覺、嗅覺及觸覺，體驗爆米花之過程。並請小朋友吃爆米花。

二 ‥ 引導發展

　　教師利用感官回想之技巧，引導幼兒回想爆米花之過程。

　　「記不記得爆米花之前長什麼樣子？是硬或是軟？什麼形狀？」

　　「記不記得要先做什麼準備？」

　　「玉米粒在鍋子上發生什麼事？」（試試看）

　　「玉米粒如何變成爆米花？」（試試看）

　　「變成什麼形狀？」（試試看）

　　「兩人一組，可變成什麼形狀？」（試試看）

三 ‥ 綜合呈現

　　1. 利用口述默劇的技巧，引導全體幼兒把爆米花的過程做一次。（配合音樂和燈光效果）

2. 將小朋友分兩組（兩個一組）。一組為玉米，一組為奶油，聽老師口述：

奶油下鍋→奶油慢慢融化→玉米粒下鍋（可用呼拉圈當鍋）→玉米粒滾來滾去與奶油黏在一起→兩個人一起變成漂亮的爆米花。

3. 兩組交換。

四 ‥ 變化

1. 全班可分為數組，各組決定不同爆米花造型，利用默劇動作呈現，讓別組猜答案。

2. 利用同樣的過程，進行其他食物之扮演。

3. 發給幼兒不同食物之認字圖卡，分兩大組，要每組幼兒分別做出圖片中食物之造型，讓另一組幼兒猜答案。

例二 【冰淇淋】

教學目標：藉著模仿冰淇淋「凍結」與「融化」的動作，來加強「緊張」及「放鬆」身體默劇動作並呈現吃冰淇淋的感官經驗。

教學準備：製作冰淇淋材料、真實的冰淇淋、鈴鼓。

教學流程：

一 ‥ 介紹主題

前一日或當日在教室中進行冰淇淋之製作，讓幼兒利用五官知覺，體驗冰淇淋之過程。並請小朋友吃冰淇淋，及展示真實的冰淇淋。並問：「冰淇淋是用什麼做的？冰淇淋

裡含有什麼原料？」「喜不喜歡吃冰淇淋？」「喜歡什麼口味？」

二 •• 引導發展

1. 教師利用感官回想之技巧，引導幼兒回想吃冰淇淋的過程：

   「記不記得冰淇淋之前長什麼樣子？是硬或是軟？什麼形狀？什麼口味？」

   「現在老師要變一個冰淇淋給你們，把眼睛閉起來，把手伸出來，老師唸完魔咒後，冰淇淋會在你的手上（老師開始唸咒語）。好，現在注意看看你手上的冰淇淋是什麼形狀？聞一聞是什麼味道呢？用舌頭舔一舔是什麼口味？哇！冰淇淋開始融化了，快點咬一大口，喔！好冰哦！再咬一口！糟糕！滴到手上了，用舌頭把它舔乾淨！天氣好熱，冰淇淋一下就融化了，快點！把手上的冰淇淋吃完，還剩最後一口，加油！終於吃完了。好冰哦！」

   「等一下想像你正在吃冰淇淋，等老師到你身邊時，告是我你的冰淇淋是什麼口味的。」

2. 教師引導兒童回想冰淇淋之製作過程：

   「記不記得要先做什麼準備？」

   「記不記得冰淇淋的製作過程？」（試試看）

   「把冰淇淋從冰箱拿出來後，如果沒有把它吃掉，會發生什麼事？」

   「冰淇淋融化了，會變成什麼形狀？」（試試看）

「若是把它再放回冷凍庫，冰淇淋會變成什麼形狀？」

「冰淇淋慢慢結凍了，可能會變成什麼形狀？」（試試看）

「『凍結』和『融化』有什麼不同？」

三 •• 綜合呈現

1. 引導小朋友變成冰淇淋的材料，把製作過程呈現出來，並體驗「凍結」與「融化」的感覺。

2. 教師利用口述默劇的技巧，引導幼兒把冰淇淋的過程做一次，老師口述內容如下：（配合音樂和燈光效果）

   「我們大家要來做一種最適合小朋友自己吃的冰淇淋，大家一起來混合材料，做成冰淇淋。」（小朋友變成冰淇淋）

   「冰淇淋還很稀，水水的，液體狀態，它會開始變硬，慢慢地，慢慢地變硬。」

   有人來挖走了一團冰淇淋，把它放在碗裡。」

   「叮咚！有人來了，那個人走開了。但是他把冰淇淋放在陽光下，它愈來愈熱、愈來愈熱，當冰淇淋愈來愈熱時它會變成怎麼樣？

四 •• 變化

1. 全班可分為數組，各組決定不同種類的冰淇淋，利用默劇動作呈現，讓別組猜答案。

2. 另一天的時間跟小朋友討論，哪些東西可以由軟變硬，或相反的由硬變軟，像義大利通心麵條、雞蛋、橡皮等都是一些可能的例子。

第四節 ▪ 聲音與口語表達活動

聲音和口語的訓練可以幫助孩子流利地溝通與表達，且幫助其控制自己的聲音與語調。由於幼兒園階段受限於兒童本身口語表達的能力，這個時段的口語練習多半透過兩種活動來進行（Salisbury, 1987）。

1. 聲音模仿（imitative sound）：針對特殊的聲音或音效做模仿。通常教師可以製造一個故事，讓幼兒在聆聽故事後，用自己的聲音或身體部位為故事中的聲音製造音效，這種專為製造音效而創造的故事被稱為「聲音故事」（sound story）。

2. 對白模仿（imitative dialogue）：針對某些人物之口語內容或對話做模仿。例如幼兒可以模仿大巨人或小精靈的聲音說：「讓我進去！」透過練習，兒童會注意用不同的聲音、語氣及會話的內容做溝通。

由於幼兒園階段兒童熱愛聽故事，表達力也有限，因此在研究中口語活動的部分多從聲音故事開始（林玫君，1999a）。

壹 課程設計

無論對成人或兒童而言，要他們坐下來聽故事且依著領導者的提示為之配上自己的聲音製成效果，不是一件太困難的事。研究中也發現（林玫君，1999a），對年紀小的參與者，這種有限參與活動的方式，可讓他們自發性地加入故事，且能依自己的想法創造一些簡單的聲音，很快地就能獲得高度的成就感。領導者也正可透過這種方式邀請參與者與自己建立合作默契，這種合作默契是建立未來良好互動關係的起步。

研究發現教師可依照不同的來源自創或改編故事。若要自創故事，可考慮多方面的聲音資源（如基本元素中打雷、起風、下雨等情形；家中電器、動物或人物的聲音；街上叫賣、交通、車子等狀況）。除了創

作來源不同外,聲音故事之進行步驟及注意事項如下(Way, 1972):

1. 故事開始前,先介紹控制器「箭頭開關」給參與者,且練習一至兩次。可說:「等一下老師要講故事,可是需要你們幫忙為我們的故事製造一些特殊音效,這樣故事會更精彩。我們現在來試一個聲音看看,假裝故事中有飛機的聲音,好,拍鈴鼓後大家一起試試看。」(第一次嘗試,小小聲音沒關係)。

   介紹箭頭指標:「現在,老師要介紹一個特殊的開關給大家,就像是收音機的開關,箭頭向上升時,聲音就變大聲,箭頭向下降時,聲音就愈來愈小聲,然後就沒有聲音。大家一起用飛機的聲音來試試看!」

   把箭頭介紹給幼兒時,要注意下列事項:

   (1) 故事開始時,提醒每位參與者注意「箭頭開關」。

   (2) 不要把「箭頭開關」隨便給班上的人使用,因為這是開始帶領活動的控制器。

   (3) 當「箭頭開關」到最大聲的時候,根本不可能聽到說故事者的聲音,等聲音降下來後,再繼續你的故事。

2. 不要擔心參與者無法或不依想要的方式發出適當的聲音。教師可繼續講述故事,待故事講完以後再討論其他製造聲音的可能性。例如:參與者不知道掠鳥怎麼叫,可繼續你的故事,之後再討論。參與者用「嘴巴」以外的方法(如:手敲地……)製造聲音,這些方式都可以接受,且等故事完畢後,再討論之。

3. 無論在說故事之前、中間或之後,不需要告訴或示範如何製造故事中的音效。參與者會自己創造聲音。

4. 若是故事變得太吵或無法以控制器控制時,可考慮縮短故事或加入一些比較安靜的聲音(因此用自創的故事比較容易增減故事內容,而用現成的故事,彈性就沒有那麼大)。

5. 開始練習聲音故事時，不要期待或強迫參與者能持續太久，這與他們的舊經驗有關。

貳 研究省思

　　在實際的研究中，「對白模仿」通常融入其他的戲劇情境中，很少獨立成為一個教學活動，反而「聲音故事」是較常用的方法。雖然這類故事之主控權在教師，但小朋友非常喜歡使用自己的聲音來協助故事與發展之成就感。根據研究的經驗，教師可利用幼兒感興趣且熟悉的主題如【馬戲團探險[3]】中各種動物的聲音，且運用衝突及劇情的變化來吸引孩子的注意。在說故事的同時，教師之臉部表情、身體動作及音調變化都是影響成敗之關鍵。在進行聲音故事時，教師也發現些許疑問。通常幼兒在聽過第一遍故事後，才於第二次述說時為之製造音效。但當故事長時，幼兒必須等待較久的時間，才能加入故事，是否可於第一次說故事時就讓幼兒直接參與製造聲音的部分，由於研究時間的限制，筆者未能有充足的機會嘗試新的想法，這也是以後值得繼續探討之問題。接下來就針對聲音故事的部分以【牛媽媽生牛寶寶[4]】及【製造噪音的人】為例，做詳細的描述。

教學實例

例一 【牛媽媽生牛寶寶】

一 ·· 教學目標：參與者自發性地為故事創造一些簡單的音效。

二 ·· 引起動機

討論與發表下列問題：

「你們有沒有到過農場或在電視上或書本上看過，農場裡有哪些動物？」

「你們有沒有注意過動物的叫聲？」

三 ·· 控制器介紹

「現在，老師要介紹一個特殊的嘴巴給大家，就像你的嘴巴一樣。嘴巴開得愈大，聲音就愈大；嘴巴開得愈小，聲音就愈小，然後就沒有聲音了。我們現在來從 1 數到 10，試試看聲音的大小。」

四 ·· 講述故事：牛媽媽生牛寶寶

阿達先生的農場裡有許多動物，每天一大早都是由公雞來叫大家起床，當然今天也不例外。公雞非常賣力地叫著……非常非常賣力……非常非常非常賣力地叫著（音效），阿達先生卻還在床上呼呼大睡，發出打鼾的聲音（音效）。阿達先生睡的那一張床，伴隨著他打呼的聲音，也發出嘎嘎的聲音（音效）隨著阿達先生的打呼聲，羊也起床了，還不悅地叫了一聲（音效）。

一群小鳥飛過阿達先生的床，發出啾啾的聲音（音效），阿達先生還是沒有起床，依然還在床上打呼

（音效），之後，居然發現還有比阿達先生打呼的聲音更誇張的聲音呢！原來是豬圈裡的豬正在吃東西，發出好大的聲音（音效）。突然一陣萬馬奔騰的聲音，原來是馬也起床了（音效），之後所有的動物也都跟著起床了。

突然牛欄裡發出了很大的牛叫聲（音效），原來是牛媽媽今天要生小牛了。聽到這個聲音，公雞咕咕咕地跑了過來（音效），羊也急忙地跑了過來，知道牛媽媽要生小牛了，急得咩咩地叫著（音效），而小鳥們也飛了過來（音效），接著一群豬跑了過來（音效），馬也狂奔了過來（音效），阿達先生被吵醒，他終於起床了。他先漱漱口，再刷刷牙，走出農場，看看究竟發生了什麼事，才發現原來是牛媽媽要生小牛了。阿達太太這時也走出了農場，聽到了牛的叫聲（音效），阿達太太不知道該怎麼辦才好，尖叫了起來（音效）。阿達先生請阿達太太趕緊打電話叫救護車，聽到這麼吵雜的聲音，警車急忙趕來了（音效），跟在警車後面，救護車也來了（音效），大家都非常著急，牛媽媽很痛苦地叫著，愈叫愈大聲，叫到聲音都沙啞了（音效），終於牛寶寶誕生了（音效），雞聽到牛生出來了，快樂地大叫了起來（音效），之後羊也知道了，他也咩咩地大叫（音效），小鳥也大聲地叫著（音效），豬聽到了，也大聲地邊叫邊跳（音效），馬聽了，也大叫起來為牛媽媽和牛寶寶歡呼（音效），農場裡一陣陣的歡呼聲。這時警

車看到大家都沒事了，也開走了，之後救護車也跟著
開走了（音效）。

夜幕低垂，青蛙出來了，呱呱地叫著（音效），蟋蟀
也出來了（音效），農場又陷入了一片寧靜，這時候
只有聽到阿達先生的打呼聲（音效），伴隨著那張陪
著他搖晃多年的床……（音效）。

五 •• 分享與討論

1. 討論小朋友較不熟悉的音效。

2. 詢問小朋友對不同聲音的喜好，也可挑戰幼兒用不同的
聲音替代原始的創作。

3. 請小朋友自己用不一樣的動物代替故事中的角色。

例二【製造噪音的人】

一 •• 教學目標：參與者自發性地為故事書創造一些簡單的聲
音。

二 •• 教學準備：《製造噪音的人》（The noise makers）。

三 •• 引起動機

討論下列問題：

1. 「你們在家裡有沒有被媽媽說你很吵？」

2. 「你記不記得那時候做什麼事，被大人說很
吵？」

四 •• 控制器介紹

「現在，老師要介紹一個特殊的手勢給大家，老師的
雙手開得愈大，聲音就愈大；手勢開得愈小，聲音就

愈小，然後就沒有聲音了。我們現在來從 1 數到 10，試試看聲音的大小。」

五 •• 講述故事：製造噪音的人

阿山和小美喜歡製造一堆噪音，很多的噪音。有一天，阿山在家扮成一架飛機，他開始大聲吼叫。「你可不可以變成一架安靜的飛機呀？」媽媽問。「不！」阿山回答。然後他又繼續吼叫（音效）。

有一天，小美在家扮成一隻大怪獸。她一邊張開手臂，一邊大叫（音效）。「妳可不可以變成一隻安靜的怪獸啊？」她的媽媽問。「不！」小美回答。然後她又繼續吼叫。

小美在阿山家裡裝成一個小丑躲在驚奇盒裡。小美大叫（音效）。阿山大叫（音效）。他們一起大叫（音效）。「你們可不可以當個安靜的小丑啊？」小美媽媽說。「不！」阿山和小美回答。

阿山去小美家，阿山裝成一隻牛，大聲地叫（音效）。而小美就裝成一隻公雞，大聲地喊（音效）。「你們可不可以裝成安靜的動物啊？」阿山媽媽問。阿山學著小貓叫（音效）。小美學著小雞叫（音效）。

有一天，阿山、小美和媽媽們到圖書館去。小美讀了一本與大巨人有關的書。她大叫（音效）。阿山就回答（音效）。「噓！」小美媽媽提醒他們。

阿山讀到一本與「鼓」有關的書。阿山模仿小鼓的聲音（音效），小美也跟著模仿大鼓的聲音（音效）。「噓！」阿山媽媽又提醒他們，結果兩個人叫得更大

聲（音效）。

圖書館阿姨說：「我們這裡需要安靜地讀書。」「妳看吧！」小美媽媽說。「你看吧！」阿山媽媽說。小美又開始：「⋯⋯！」（音效）阿山又開始：「⋯⋯！」（音效）最後，他們離開了圖書館，他們找了一家餐廳吃飯。阿山和小美點了起士三明治，他們媽媽點了法國土司。小美拿起杯子和阿山乾杯（音效）。「敬阿山。」「敬小美。」接著，又拿起了湯匙敲來敲去（音效），然後，又拿了酸黃瓜打來打去。「敬小美。」阿山說。「敬阿山。」小美說。最後，他們又拿了三明治碰來碰去。「停！」小美媽媽說。「夠了！」阿山媽媽說。阿山又開始：「⋯⋯。」（音效）小美又開始：「⋯⋯。」（音效）結果，另一桌的小姐尖叫：「我的助聽器！」老闆拿了帳單來結帳，並說：「你們吵到我們的客人了。」「看吧！」小美媽媽說。「看吧！」阿山媽媽說。結果，他們又離開了餐廳。

媽媽帶他們去逛百貨公司。小美媽媽在試穿鞋子，阿山也在試穿鞋子。阿山說：「你看！」小美說：「你看！」阿山媽媽說：「把鞋子放回去！」小美媽媽說：「我們得走了！」阿山和小美跑到走道上。「慢慢走！」阿山媽媽說。「用你的『走路鞋』走路！」小美媽媽說。「大猩猩才不會穿鞋子走路呢！」小美回答。「飛機也不是用走的啊！」阿山回答。小美學猩猩叫聲（音效）。阿山學飛機的聲音（音效）。「出去！」他們的媽媽命令地說。

他們找到一個長椅坐下來。「對不起！」阿山媽媽說。「飛機好像不該出現在百貨公司，而怪物也不該出現在餐廳裡。」「巨人也不屬於圖書館啊！」小美媽媽也附和著。阿山問：「那他們應該去哪裡？」小美接著問：「那他們應該去哪裡？」他們的媽媽互相對望，想了一會兒。阿山媽媽說：「我們會帶你們去的。」「就離這兒不遠。」小美媽媽說。他們走了一會兒，直到他們看到一個大門，他們進去了。

阿山變成了吊在欄杆上的大猩猩，小美變成怪物站在溜滑梯上。他們一會兒變成鞦韆上的猴子、一會兒又變成山洞中的小雞。他們又叫又跳，高興地徜徉在遊戲場中。而他們覺得：「真是太棒了。」

六、分享與討論

1. 討論並練習故事中的重要聲音。

2. 重述故事，並邀請幼兒為故事配上特殊的音效。

第五節 ▍口述默劇

　　「口述默劇」（narrative pantomime）乃是教師用旁白口語的方式把戲劇的情境帶出，並引導兒童透過默劇動作來呈現劇情的原貌。它常以現成的文學題材為內容，對初學帶領戲劇活動的教師或參與者而言，都是一項快速入門的捷徑。對教師而言，文學題材本身就有一些「內設」的組織及故事大綱，只要教師慎選適合的故事，再稍加改編，都能成為有趣的默劇活動。當教師漸漸熟悉文學性的題材時，就能了解什麼樣的主題適合幼兒、什麼樣的架構適合帶領，也能逐漸開始自創「口述默劇故事」。

對幼兒而言，「口述默劇」活動為他們提供了絕佳的「文學」經驗，一方面能透過扮演自己所喜歡的故事角色去體會好的文學作品，另方面也能從中學習基本的戲劇概念，例如具「衝突性」的戲劇張力及「開始、高潮和結束」等劇情結構。讓幼兒親身參與創作的過程，他們對劇情和故事能有深一層的體認。由於在這類的活動中，幼兒只要跟著教師口述的內容做動作，他們很容易自由發揮且能輕易地把故事完成，這對孩子自信心及安全感的建立，有正面的影響。一旦自信心建立，他們會更願意嘗試新的題材。此外，在呈現戲劇動作時，幼兒必須注意認真聽教師的口述內容，所以對其「注意力」的訓練也有相當的好處，它可算是銜接戲劇入門及進階課程的橋樑。而在入門的階段，根據 Heinig（1988）的建議，使用「單角口述默劇」是最簡單的方式。

壹 課程設計

綜合整理文獻資料及研究經驗，發現口述默劇活動設計最重要的關鍵是故事選擇及改編的技巧（林玫君，1999c；Heinig, 1988）。

一 ·· 選擇單角故事通則

1. 選擇以單一角色為主的故事做為開始的默劇活動，故事中最好具有連續性的動作，一般反覆性高、動作簡單且挑戰性少的故事，適合年紀小的幼兒。如：【兔子先生去散步】（走路的動作）、【好餓的毛毛蟲】（吃的動作）。

2. 故事架構考慮具備起、承、轉、合的原則，也可加上較靜態的結尾。

3. 考慮故事的定點與空間中的動點：在幼兒未能明確地掌握自己身體動作及空間中的移動時，可先以「定點」的故事為主，如：

【給姑媽笑一個】；在幼兒能力及客觀的空間許可下，不妨嘗試需要在空間中移動的故事，如：【阿羅有枝彩色筆】。

4. 有些故事中雖然有兩類角色出現，若加以適當地刪改，仍可以當成單角故事口述故事使用。例如：【小精靈與老鞋匠】中的精靈或鞋匠角色。

二 •• 基本改編原則

1. 刪除多餘的描述性文字，將重要劇情改成「動作」性的內容（請參考【皮皮的影子】實例，請見 p. 215）。

例如：【三隻小熊】

（I）很久很久以前，有一個叫高小妹的女孩，她和爸爸媽媽住在森林附近。夏天到了，每年這個時候野草莓都熟了。高小妹想到那又紅又大的草莓，口水都流出來了。她決定去森林裡採一大籃的草莓回家好好大吃一頓。

（II）高小妹出發了，可是在森林裡她一個草莓也沒找到。高小妹在森林裡找了又找，找了又找，不知不覺愈走愈遠，迷失在森林裡了。

在上述例子中，第一段（I）就屬於描述性的文字內容，當教師描述此段時，扮演高小妹的幼兒只能站在那裡，並沒有可以發揮的動作。而例子中的第二段（II），在敘述上也缺乏動作的部分（如找了又找……），但比前段內容容易改編。可把它改為：「高小妹發現不遠處有草莓，於是向前跑了幾步，又彎下腰來，伸出小手輕輕把草莓採下來，接著發現另一棵大樹後面也有草莓，她又站起來走到大樹後面蹲下來摘草莓……不知不覺她已經走到森林深處，不知道自己在哪裡了！」

2. 刪掉多餘的對白或雙角中的對話，但對白短且反覆出現時，則可考慮保留。例如：【三隻小豬】中，野狼：「我吹，我吹，我吹吹吹。吹你個倒，吹你個倒，吹倒你的房子，我把你吃掉了！」這類重複性強的對白，小朋友很容易就朗朗上口，不需要刪除，但若是對白內容多時，為避免幼兒分心，仍可刪除。

3. 改編後，留意句與句之間流暢度與銜接性，動作與動作間勿停留太久。例如：【皮皮的影子】中，由貓轉成狗或電線桿的動作，若改編得當，則動作的銜接會較流暢。

4. 可適度加入一些具有「控制性」的改編動作，以做為教室管理的基礎。例如：主角變成冰凍人或石頭；慢慢溶化、睡著；會聽話的木偶；中魔咒後的野獸等。

貳 研究省思

在實際的臨床研究中，輪到單角口述默劇活動時，已接近研究的尾聲，總共只有兩次活動，研究結果發現（林玫君，1999a）：

1. 【阿羅有枝彩色筆】：是一個非常適合用來進行單角默劇之故事。為了突破完全依照故事原文改編的模式，在第一度的呈現後，教師就利用開放式的討論，引導幼兒加入自己的創意，成為第二度改編教案。幼兒在第一度依照原著改編之故事呈現時，表現出濃厚的興趣，對劇情完全投入並很確實地做出口述的內容。但二度改編後，太過開放的結構使部分小朋友迷失其中，無所遵循而產生常規上的問題。受限於研究時間，幼兒只試過兩次這類的活動，筆者懷疑，若是幼兒能習慣於加入較多自己的創意，且有多一些機會進行如二度改編之活動，不知道是不是就能發揮得較好[5]。

2. 雖然有常規問題，但整體而論，幼兒在時間較長且內容也較複雜的口述默劇活動中的表現並不亞於前幾項入門活動。正如前面幾項反省之發現，幼兒需要「故事」和「戲劇」的情境來練習肢體聲音的動作，口述默劇就是以「故事」為活動的藍本，是否因此而吸引幼兒的投入，有待未來研究做更深入的調查。

3. 【討厭黑夜的席奶奶】：這也是一個有趣的單角故事。但進行之結果未如預料中之理想。探究其因，乃是故事本身前後之劇情邏輯較弱，幼兒很難進行討論，最後的呈現顯得片段零亂[6]。

4. 已接近研究之尾聲，而本學期只完成戲劇之相關活動，必須再利用另一學期之時間，把進階活動中，故事戲劇之教學與流程相關問題做更深入的討論。最後，將在教學實例一中以【皮皮的影子】介紹如何改編口述故事；另外，在教學實例二中，以【討厭黑夜的席奶奶】來呈現一個完整的口述默劇教案。

參 教學實例

例一 故事改編：【皮皮的影子】

原文	第一次口述改編內容
皮皮睡著了，可是皮皮的影子不肯睡，他要自個兒出去玩，唉呀！皮皮的影子一不小心，撞上了貓咪！皮皮的影子想，當貓咪的影子一定很好玩。 貓咪一頭就鑽進垃圾堆裡找東西吃，皮皮的影子受不了那個臭味，一溜煙又跑走了。	→ 皮皮睡著了，可是皮皮的影子在床上翻來翻去就是睡不著。於是他從床上偷偷爬起來，學小偷一樣踮起腳尖，一步一步小心地往窗口走。哎呀！撞上了貓咪跌了一跤，痛得揉著受傷的膝蓋，慢慢地從地上爬起，看見貓咪跳出窗子鑽進垃圾堆裡，他也一拐一拐地跟著跳出去，學貓咪鑽進垃圾堆。東抓一下，西聞一下，覺得好臭好臭，就摀著鼻子跑走了。

原文	第一次口述改編內容
皮皮的影子看見了一隻大狗，他想，當狗的影子也不錯吧。但是，他一靠近，大狗就對他汪汪叫，嚇得皮皮的影子趕快跑。	→ 【此段刪除】
皮皮的影子看見了車。他想，當車的影子也不錯吧。於是，他跟著車子跑過了大街小巷，愈跑愈沒力氣。最後，他終於累得跑不動了。 這時候，他看見路旁的電線桿，他想，當電線桿的影子也不錯吧。於是，他舒舒服服地站著，當電線桿的影子，站著站著，他的腿變得好痠喔，他又不想當電線桿的影子。	→ 皮皮的影子跑著跑著看見了車子，就跟著車子跑，愈跑愈快，愈跑愈快。突然衝出一隻小狗，緊急剎車，吱……，喘了一口氣，還好沒撞到。最後，他累得跑不動就站在電線桿下休息，用手搧著風。他想當電線桿也不錯，站著站著他的腿好痠。
皮皮的影子一抬頭，看見了大白雲。他想，當雲的影子也不錯吧，於是，他又跟著白雲走了。他跟著白雲，越過了田野，爬過了小山，心裡正開心，白雲卻變成了黑雲，霹靂啪啦下了一陣大雨，把他全身都淋濕了。他打了一個噴嚏，心裡想，還是當皮皮的影子最舒服。皮皮一覺醒來，發現自己床單上，一塊濕答答的影子，他以為自己又尿床了……。	→ 皮皮的影子一抬頭，看見了大白雲，於是他變成一隻大鳥，跟著白雲飛上天空，飛呀飛呀，愈飛愈高，愈飛愈高，他越過了田野、小山……。突然，轟隆一聲雷響，接著雨打在身上，打得他好疼，他趕快飛到樹下躲雨，全身都濕透了。哈啾！打了一個大噴嚏。 趁著雨變小時，皮皮的影子順手摘了一片大葉子來遮雨，快步跑回家。他輕輕爬過窗台，躡手躡腳地溜上床，蓋上被子呼呼大睡。皮皮一覺醒來，發現自己床單上濕答答的，他以為自己又尿床了……。

一 ·· 引起動機：講故事。

二 ·· 引導發展

1. 故事中的席奶奶叫什麼名字？

2. 她長什麼樣子？（很兇、駝背、胖、瘦）她走路是什麼
   樣子？（很快、很慢、跛腳）她是怎麼講話？（很高、
   很低、很大聲、很小聲）

3. 她用什麼方法趕走黑夜？（掃帚）還有呢？（大麻布
   袋）還有呢？（煮湯）

4. 結果呢？（黑夜還是在那裡，她氣得直跺腳）

5. 如果是你，你會用什麼方法？

三 ·· 呈現口述故事

何鎮附近的山區裡，住著一位老太太，人家叫她席奶
奶。她最討厭的就是黑夜！

席奶奶走到一棵大樹下，揀了一枝樹枝、兩枝樹枝、
三枝樹枝……九枝樹枝、十枝樹枝，拿了一條繩子把
樹枝紮成一把掃帚，前掃掃，後扒扒，右撥撥，左撢
撢，上揮揮，下揮揮，黑夜還是在那裡，她生氣地直
跺腳。

席奶奶拿出縫針來，剪了一塊大麻布，縫針往上縫，
下縫，上縫，下縫，……縫了一個大布袋，她抓了一
把黑夜裝進麻布袋，又抓了一把黑夜裝進麻布袋，壓
一壓，再抓一把黑夜裝進麻布袋，用力地塞，用力地
壓，黑夜還是在那裡，她氣得直跺腳。

席奶奶把最大的一口鍋搬出來，她又推又拉，用力一

抬，放在火堆上，她捉了一把黑夜丟進去攪一攪，舀
起來看一看，搖搖頭再放回去，攪一攪，再舀起來嚐
一口，搖搖頭，黑夜還是在那裡，她氣得直跺腳。

席奶奶拿了一把剪刀，剪了一個好大好大的正方形，
又剪了一個正方形，又剪了……剪得手好痠，抬不起
來。黑夜還是在那裡，席奶奶氣得直跺腳。

席奶奶給黑夜唱催眠曲：「搖呀搖，搖呀搖，搖到外
婆橋……」黑夜還是在那裡，她氣得直跺腳。

她拿了一碟牛奶去澆黑夜。她對黑夜揮拳頭。她用腳
踩黑夜，用手打黑夜，挖一個坑把黑夜埋起來，可是
黑夜還是在那裡，她氣得……向黑夜吐口水。

這時候，席奶奶好累了，肩膀很痠，手臂也好痠，腳
也痠，腰也好痠，慢慢地她走回床邊，慢慢地慢慢地
上了床，蓋上棉被，睡著了。

總結

　　本章針對兒童戲劇教育入門課程做探討。自第一節起依據筆者所實
施之入門課程——肢體與聲音之表達，分別整理「個別課程設計」與
「研究省思成果」中可運用的技巧及研究發現，同時以實例說明教學和
省思過程，以呈現本研究之整體面貌。結果發現，在「韻律活動」的部
分，幾個活動都適合做為幼兒園開始的活動；但是當類似的活動重複出
現時，幼兒容易失去新鮮感，建議在活動中加入故事情節，或模仿活動

交叉進行。在「模仿活動」的部分，發現結合幼兒的興趣、課程中的經驗和感官活動，能增加活動效果。「聲音故事」為口語與聲音的表達練習的一部分，對幼兒園的幼兒很適合，當幼兒對此類活動熟悉後，可鼓勵創意的發揮或將之運用到一般故事戲劇自製音效的部分。由於時間之限制，單角口述默劇只運用兩本故事，雖然其討論與呈現時間長，內容較複雜，但幼兒對其興趣並未因此而稍減。比起前述之簡單韻律活動或模仿活動，幼兒參與討論與呈現之表現不亞於前者。筆者懷疑，或許口述默劇所使用的故事本身，已為戲劇活動提供了一個基本的戲劇情境，而這個有趣的戲劇情境，足以吸引幼兒專注地投入戲劇的活動。

■ 1

Way（1972）在他的書 *Development through Drama* 中，利用一些簡單的節奏創造出一系列肢體韻律動作之活動，詳細內容請參考書中之內容。

■ 2

這些活動分散在 Salisbury 的書中（林玫君編譯，1994），經過筆者重新整理，將【小木偶】、【機器人】、【禮物】等歸在「物品」模仿的項目下。

■ 3

改編自 Salisbury（林玫君編譯，1994）書中之範例。

■ 4

此教案改編自筆者 1999 學年度戲劇教學時，與學生上課之集體創作。

■ 5

改編自 Heinig（1988）書中之範例。

■ 6

請參考第八章〈故事戲劇〉中「故事選擇」的討論內容。

CHAPTER 8

故事戲劇

「故事戲劇」源於美國創造性戲劇之母 Winifred Ward 在 1947 年及 1952 年分別出版的兒童戲劇專書——《兒童戲劇創作》(*Playmaking with Children*) 及《故事戲劇化》(*Stories to Dramatize*) 中。由於書中的戲劇活動多來自故事或詩等兒童文學作品，教案組織也多以故事架構為主，因此稱之為「故事戲劇」。

而本次研究探討的主題為故事戲劇之教學歷程與反思。到底在課程進行中，從故事的「導入」、「發展」、「分享」到「回顧與再創」等各教學階段，其所發生的問題為何？解決的方法為何？如何處理才能符合教師與幼兒之實際需要？以下將依序於第一節中介紹故事戲劇的發展流程，接著分別於第二節中說明故事戲劇之選擇與導入，第三節討論其情節與角色之發展過程，第四節分享其計畫與呈現，最後一節，則是分析故事之回顧與再度創作。

第一節 ▍故事戲劇流程

隨著不同戲劇專家之帶領，故事戲劇的名稱與流程也有所不同。Kase-Polisini（1988）在她的創造性戲劇集中，稱「故事戲劇」為「戲劇創作」（drama-making），並指出戲劇創作的流程為暖身→介紹故事→計畫→呈現→檢討→再計畫→再呈現→檢討→再計畫→再呈現→檢討。而另一位戲劇家 Heinig（1987）就把故事戲劇依流程的不同分為兩類，一是圓圈故事，另一是段接故事。在程序上，她也列出以下幾項要點：分享一個故事或文學作品；計畫人物、場景及事件；演出分享；檢討和再度演出。綜論之，故事戲劇之流程大致包含表 8-1 中的五個階段，後面將分別敘述這五個階段的操作方式。

表 8-1　故事戲劇之進行歷程

故事戲劇	壹、導入	・引起動機。 ・暖身活動。 ・介紹故事。
	貳、發展	・默劇動作——個別角色有何動作？角色與角色之間有何互動？ ・口語練習——個別角色有何口語練習機會？各角色之間有何對話內容？
	參、分享 （計畫 & 呈現）	・角色分配——角色之擔任及人數配置。 ・地點位置——各個角色開始時的定點、出場、退場的位置。 ・進行流程——故事之開始、中間、結束等過程（包括燈光、音樂的控制）。 ・進行方式——單角口述默劇、雙角互動、多角互動。 ・教師角色——旁白口述指導、角色扮演、觀眾。
	肆、回顧	・反省——針對個人經驗做分享。 ・檢討——針對課程目標或成效做引導發展。
	伍、再創	・二度計畫——針對不同角色或故事片段做二度引導發展。 ・二度呈現——再一次呈現二度計畫之結果。

壹 故事之導入——引起動機、暖身活動、介紹故事

在帶領故事戲劇之初，如何利用不同的開始活動來導入正式的戲劇活動是教師面臨的第一個問題。若引導得當，它能引發幼兒興趣、集中注意力和增進團體參與力。有的專家建議使用書本、道具等引起動機的技巧（Heinig, 1988）；有的專家建議可以帶些暖身活動（Kase-Polisini, 1988）；有的專家則認為直接「說故事」也是導入故事的好方法（McGuire, 1984）。以下，筆者將分項說明。

一 ·· 引起動機

在活動開始時，利用發問討論、音樂或一些道具（例如：一張圖畫、一顆種子），來引入將要進行戲劇活動之主題。教師可利用一般教案中「引起動機」的各類技巧於戲劇導入之部分。

二 ·· 暖身活動

有時領導者會以簡短的遊戲、熟悉的短歌或帶動唱等活動，來集中參與者的注意力，培養團體互動的默契，例如：猜領袖、老師說、鏡子等遊戲（Spolin, 1963）。另外，也可以運用一些簡短的戲劇活動來加強肢體或聲音的表達，以為接下來的戲劇活動做暖身，例如「聽節拍踏步走」或「想像中的球」等韻律動作，或各種動物的「動作」或「聲音」的模仿動作（Salisbury, 1987）。有時孩子精力相當充沛，一個簡短的暖身活動可以幫助他們轉換精力，進入戲劇的情境中。通常暖身活動多是肢體的活動，除了能幫助孩子抒解過盛的精力外，它還能助其增進想像力與團體默契，並集中精神，以為稍後的活動做準備。

三 ‧‧ 介紹故事

　　教師除了運用「引起動機」或「暖身活動」之技巧外，「直接介紹故事」也是一種方法。教師可以利用講故事、朗讀詩或手指謠等方式，把主題呈現出來。Heinig（1987）也建議，通常把故事或詩介紹給孩子時，最好的方式是將它「講」出來，而不是「讀」出來，可使故事更加生動活潑。在說故事之前，可要求孩子特別注意某些部分，例如：「聽聽看這個故事中有多少種動物？」

貳 故事之發展——引導發展

　　在講完故事後，接著可引導幼兒發展故事發生的情節或角色之特性，老師可以利用發問的技巧，鼓勵幼兒分享個人之想法，同時也可做部分口語或肢體的練習。這是影響整個故事發展的關鍵階段。在經過開放性的討論練習後，幼兒較能以自己的方式來表達及創作，且更能配合老師及團體的默契。待真正演出呈現時，他們會比較清楚地知道自己想要扮演哪個部分或該如何進行。討論練習時，可從內容與組織兩方面著手。

一 ‧‧ 引發開放性之討論

　　在內容方面，根據 Rosenberg（1987）及林玫君（1999b）之建議，教師可以從下列方向以開放式的問題引發孩子思考：

1. 人物：可鼓勵參與者發揮創意，針對人物之年齡、家庭、長相、動作、做事情的方式、心情……加以練習變化，例如：【五隻猴子】中要小朋友嘗試練習猴子的叫聲、姿態、盪鞦韆動作及面臨鱷魚來襲的態度與應變之道。

2. 時：動作的發生，會隨時間的改變而有不同的表現方式。例如：

盪鞦韆的方式會因季節、時刻（清晨、正午）、累的時候、剛吃飽飯的時刻而有所不同。

3. 地：也可利用故事中不同的場景變化來討論。例如：「猴子可以在哪些地方盪鞦韆？」不同的地方，盪起來的方式也有所不同。

4. 事：以發問的方式挑戰參與者，用自己的創意解決情節中的危機與問題。例如：「五隻猴子遇到鱷魚時，該怎麼辦？是不是只能束手就擒？有沒有其他的方式可以使他免於被吃的命運？」

5. 物：在過程中，也可討論如何以簡單的道具或音樂來增強戲劇的效果。

二 ·· 選擇組織恰當之活動

教師可依故事題材之特性，考慮使用各種不同型態之戲劇活動。若是故事的行動較多，可考慮使用「默劇活動」，如「用動作創造一個想像的空間」、「靜態畫面」、「機械動作」、「鏡子活動」、「單人默劇動作」等。當故事中的對話較多時，可利用不同的「口語活動」，如「說服」、「辯論」、「專家」、「訪問」等方式進行練習。通常第一次會先以動作練習或簡單的口語練習為主。到了第二次戲劇活動，則進入較複雜深入的探討，如人物個性或雙人對白等部分。

在分組方面，練習時可先讓所有的孩子同時演出一個角色；或讓一半的學生輪流演出；也可在稍後，分配不同的角色做練習。

參 故事之分享——計畫與呈現

這是把戲劇的內容發揮得最淋漓盡致的部分。在教師與幼兒對故事之片段內容有了充分的引導發展後，就可以準備將完整的故事呈現。在一般的專業書籍中（Cottrell, 1987; McCaslin, 1987a, 1987b; Salisbury,

1987），由於多數作者經驗豐富，將呈現前的計畫融入一般性的討論，並未特別將之提出做詳細的剖析。但依據筆者之研究發現（林玫君，1999b），「計畫」是呈現戲劇前相當重要且常被忽略的一個步驟，故在此特地針對呈現時「計畫」的部分做討論。

一 •• 計畫

　　一般在正式呈現前，必須先做「計畫」，這是整個故事具體呈現前的討論部分。在筆者的研究中發現，可針對呈現之「流程」、「角色分配」及「位置分配」等問題來討論。這是整個戲劇活動中最「費時」的部分，它包含「角色分配」，依劇情及幼兒需要來決定每種角色的人數；「地點位置」，各個角色開始的定點、出場和退場的相關位置；「流程」，是指戲劇如何開始、過程及結束的部分。通常在活動的前幾次，故事的主角由老師擔任，其他角色的定位也多由老師決定。待幼兒熟悉後，可讓幼兒分配角色且決定輪流的關係。教師也可引導幼兒去決定自己的「位置」，或如何開始及結束等活動進行的「順序」。除了計畫「流程」、「角色」、「位置」外，呈現前「人員分組」的問題也需要考慮。一般包含單角整體、雙角配對、小組輪流及個人方式。

二 •• 呈現

　　根據筆者的整理（林玫君，1997b），呈現時可以用下列方式進行：

1. 單角口述默劇：由教師旁白故事，全體幼兒擔任同一種角色，通常單角故事適合此類的呈現。

2. 雙角互動：教師扮演其中一種角色與全部幼兒扮演另一種角色互動，或者教師旁白故事，把幼兒分為兩大組互動。通常雙角故事適合此類的呈現。

3. 多角互動：教師扮演其中一種角色與多組幼兒互動；教師旁白，

多組不同的幼兒扮演各種角色自行互動；教師旁白，每位幼兒的角色都不同，依劇情的發展互動。通常多角故事適合此類的呈現。

三 ·· 教師角色

教師的角色也很重要。Heinig（1987）在其書中就建議，教師可考慮下列三種角色：

1. 旁白口述指導：教師可在一旁邊說故事，邊給予建議性的動作。
2. 角色扮演：利用教師入戲技巧來幫助孩子將整個故事演出來。教師可能選擇扮演巫婆、大頭目，或者巨人、國王……，這類已賦有權威性的角色來提出要求、建議或問題，藉以掌握整個戲劇之進行，且刺激孩子們演出時的動作與反應。
3. 成為觀眾：教師只站在一旁，單單做個好觀眾，欣賞孩子的演出。

在計畫之後，孩子已為演出做了充分的準備。待大家安靜下各就各位後，聽教師的指示就可以開始進行演出活動。

肆 故事之回顧──反省與檢討

這項工作在整個創造戲劇的過程中是很重要的一環。戲劇「引導人們對其行為、道德及人類處境做反省」（Bruner, 1986）。在演出呈現後，孩子會很想分享他們的經驗與心得，且教師也可以藉此機會協助幼兒對自己的行為、創作內容做回顧與檢討的工作。

Edmiston（1993）就曾針對自己的教學做研究，發現戲劇反省的內容與參與者的內控權有密切關係。在其結論中，他發現當參與者擁有較多的主導權時，他們才有辦法對自己創造出的內容做反省。反之，若教

師的指導性太高，參與者會因缺乏興趣與個人的體驗，而失去反省的機會。同時，他也發現若兒童以「觀眾」的身分做反省，他們較能以第三者的眼光來分析事理。若以「角色」的身分做反省，他們較能從個人的感覺及主觀的想法來表達自我的感受。筆者的研究也有類似的發現。教師可以第三人稱的方式，要幼兒針對課程之目標成效做檢討。如：該課目標是：「清楚地表現默劇動作」；其課後所討論的問題就可能如下：「你怎麼知道小朋友們在冰湖上玩耍？你看到什麼？」或「你剛剛怎麼知道小熊肚子好像很餓的樣子？」若是想請小朋友為增進演出的效果提出問題，就可問：「下次若再演一次，我們該如何改進讓跳舞的部分更精采？」上述的問題能引發幼兒對戲劇課程本身做客觀的討論。若教師想引發更多個人經驗之分享，就可以問小朋友：「最喜歡的部分是哪裡？為什麼？」也可用第一人稱的方式問問題，如教師以母親的身分詢問冒險歸來的小孩：「小寶貝，你們剛才去哪裡了？有沒有遇到什麼事？媽媽好擔心哦！」如此，幼兒會自然地把先前的戲劇經驗分享出來。

伍 故事之再創——二度計畫與呈現

對於喜歡的事情，小朋友通常都願意一做再做，對戲劇也不例外。教師可以引導小朋友重複以上計畫演出檢討之過程，把重點放在不同的角色或故事中其他片段，也可再重複加強第一次演出的部分。只要教師及學生們喜歡，這些過程可以不斷地計畫與呈現。

第二節 ▍ 故事之導入——選擇與介紹

在故事戲劇中之前導部分,教師如何選擇適當的故事、如何利用不同的技巧來引入主題,是研究之重點。根據二度文獻資料(Heinig, 1987; McCaslin, 1987a, 1987b; Salisbury, 1987),多數的學者認為在故事戲劇活動之初,如何利用引起動機、暖身活動及講故事的方式是相當重要的。有部分的學者(Heinig, 1987)提及進行故事前應注意故事之選擇,但多是一般性的大原則,鮮少對詳細發生之問題做分析。本節將針對這個議題,引述研究結果,在第一部分先探討「故事選擇」中發生之問題;接著,再就「介紹故事」中的問題進行討論。

壹 故事選擇

帶領故事戲劇之首要任務就是對故事內容做分析,以為戲劇活動之題材做適當之選擇。Booth(1994)就曾提及,選擇故事時,應以有趣且包含不太複雜的情節、動作角色與對話之故事為主。這類的故事較能提供幼兒在自然的情境中,自由表達的機會。另外,故事架構最好具備基本戲劇架構——「起、承、轉、合」。「起」就是故事的問題或主題之始;「承」就是故事之發展,為解決或銜接問題而連續發生之事件;「轉」乃是故事之高潮,通常伴隨對立人物之出現或衝突事件之發生,讓參與者感到新鮮、刺激且充滿挑戰;「合」就是結束,在故事之尾有一段靜態或令人滿意的結果。除了結構外,研究中也發現選擇故事時,必須考慮下列問題(林玫君,1999b)。

一 ▪▪ 故事之角色與劇情

故事中角色與劇情之複雜度會影響帶領的成敗。研究顯示,多數故事包含下列三種型態:一是單角、二是雙角、三是多角。

（一）單角

從頭到尾只有一位主角，從事不同的事情。這類故事又包含兩種：一為定點單角：幼兒留在定點上就可以進行活動，例如：【我要變成貓咪】、【給姑媽笑一個】。二為動點單角：幼兒必須到空間中移動，例如：【阿羅有枝彩色筆】。

（二）雙角

兩類角色戲分相當且有互動，其中又有三種形式：一為兩種角色「同時」出現，例如：【逃家小兔】中的兔小孩和兔媽媽，每次小孩去哪裡，媽媽就跟著去哪裡。可用 AB－AB－AB 來表示（A 和 B 各為其中之一角）。二為兩種角色輪流出現，例如：【小精靈與老鞋匠】中，老鞋匠去睡覺，小精靈才出現，等白天老鞋匠出現，小精靈又溜走了，可用 A－B－A－B 來表示。三為故事中有兩大類角色，但通常由一個主角配多位同類的角色，例如：在【猴子與小販】中，小販一位主角配另一大群猴子，或【野獸國】中，阿奇自己配一大群野獸，可用 A→B 表示。

（三）多角

一群主角，主角之間有互動，依劇情的複雜度分別有三類：第一類是一位主角對多位配角，但劇情反覆出現，例如：【小青蛙求親】中，小青蛙對鵝、貓、狗、雞等角色，但情節以「小青蛙找老婆」為主題；在【三隻比利羊】中，大醜怪對大、中、小三隻羊，情節以「誰敢走過橋」為主題，可用 A→B1、B2、B3 表示。第二類是多位角色一樣重要，且在故事中輪流出現，沒有明顯的主配角之分，但主要的劇情反覆出現（A→B→C→D），例如：在【雨中的磨菇】中，幾位動物輪流想擠進磨菇下躲雨，但每次先得徵得之前動物的同意。最後一類是多位角色分別出現，發生的劇情與地點都不相同，情節較複雜，場景必須不時

地變更。例如：【國王的新衣】、【白雪公主】等。

　　對初學者而言，教師可從單角故事或者口述默劇開始進行活動，詳情請參考本書第七章第五節之研究結果。

二 ·· 故事之人名與版本

　　有些故事是一些幼兒曾聽過的故事，在述說這些故事時，要注意使用的人名與版本，當幼兒產生疑問時可加以澄清，儘量讓人名一致。例如：【野獸國】的故事中主角為小毛，而繪本中的主角名字叫阿奇，教師在講故事時，可特別告知幼兒阿奇和小毛是同一人，或告知為什麼老師的故事稱為「小毛」。若不想增加麻煩，可讓人名一致。有時幼兒會對教師故事內容與自己知道的版本做比較，當疑問發生時，可以詢問孩子知道的版本內容，並告知教師的版本和他的有些不同，可請他仔細地聽，之後再告訴大家不同的地方。教師也可告知幼兒，將要講述的故事有許多特別的地方，幼兒必須注意聆聽，之後才能演得更盡興。

三 ·· 故事之邏輯性

　　有些故事劇情的邏輯性較強，常依事件發生的順序，循序漸進。此類故事在討論練習時，也較容易依其邏輯發展劇情，例如：【野獸國】、【猴子與小販】。有些故事中發生之事件沒有前後的時間順序，因此較難在討論時依其內容順序討論，例如：【討厭黑夜的席奶奶】、【給姑媽笑一個】。此時，教師可利用白板或大壁報紙列出重要的事件來提醒自己與幼兒，而在實際進行戲劇活動時，不一定要依照原故事的情節順序，可依幼兒的建議做彈性的改編。

四 ·· 故事之主動或被動式

　　同樣的故事，用不同的方式述說，會影響後來實際戲劇進行的方

式。例如在【老鼠娶親】中，若講故事的方式是以「被動」的型態出現，所有的角色只需站在原地不動（太陽、烏雲、風、牆），等著老鼠爸爸上門即可。但若教師說故事時，用「主動」的方式呈現，當老鼠爸爸找到太陽時，烏雲需要主動走到太陽前遮住它，風需要主動移到烏雲旁吹走烏雲，牆需要主動出現擋風，老鼠也需要主動到牆邊鑽洞。如此，每一種角色都必須主動從自己的位置移至其他角色的位置，劇情才能夠順利進行。因此，一個故事敘說的方式與之後呈現的方式有密切的關係。根據研究的結果顯示，對於較缺乏經驗的幼兒可以先使用被動的方式呈現故事，而對於年紀較大的幼兒可直接使用主動的方式，讓各種角色有較多互動的機會。

五 ‧‧ 故事動作和口語之比例

故事中動作與口語之比例會影響帶領活動之選擇。每個故事都有口語對話和人物行動兩部分，若故事的內容多為連續之行動，適合用手勢或身體表達出來，教師可用默劇動作來引導幼兒參與。反之，若故事中包含較多的口語內容，適合聲音與對話的練習，教師就可採用較多需要運用口語的戲劇活動。同理，若是計畫在未來呈現時，用「口述默劇」等動做為主的戲劇活動，教師講故事時就應多著墨於「動作」的描述，如：【野獸國】、【猴子與小販】；若想進行即興創作等需要「口語對白」的戲劇活動，在講故事時，就可保留一些簡單且反覆性的對白，如【三隻小豬】、【老鼠娶親】、【小青蛙求親】等故事。

六 ‧‧ 故事之高潮與控制之平衡

有些故事平鋪直敘，缺乏引人入勝的情節，教師可視情況，編入一些對立的角色，例如：在【小青蛙求親】中，編入蛇的角色；【老鼠娶親】中編入貓的角色，如此可讓劇情的發展更緊張，且具衝突性。有時

候，故事某些內容又太過熱鬧，甚至會造成失控的後果，教師可彈性地編入一些「內控」的內容、人物或情節，以備不時之需。例如：【野獸國】故事中，教師在講故事時，就加上「野獸必須聽音樂跳舞」一段內控的情節，萬一野獸不能自控時，教師就可利用音樂控制。

七 ·· 故事中定點與動點的差異性

在幼兒未能明確掌握自己身體動作及空間中的移動時，可先以定點為主的故事開始，例如：【給姑媽笑一個】，幼兒不需移動，坐著就能呈現故事中姑媽的角色。隨後在幼兒自控能力及客觀的空間許可下，不妨嘗試需要在空間中移動的故事，例如：【阿羅有技彩色筆】，幼兒可離開座位，模仿阿羅，想像自己在教室的空間中嘗試各種冒險事件。

八 ·· 與幼兒舊經驗的關係

有些故事的主題不是幼兒的舊經驗，可利用學校中其他的活動增加相關經驗。若故事的內容無法配合時令、文化或幼兒之個別需要，可以考慮放棄。例如：【雪人】中玩雪的經驗對大多數亞熱帶的幼兒而言較陌生；【阿利的紅斗篷】，對盛產羊毛的國家之幼兒很適合；【聖誕老爸】雖不屬於我國國情，但可配合聖誕時令試試看；【蜘蛛先生要搬家】，可先引導幼兒觀察蜘蛛及各類昆蟲的移動情形，再進行戲劇活動；【小丑普蘭】之故事前，可帶領幼兒欣賞馬戲團的影片。

九 ·· 故事中情節與人物之真實性或虛構性

選擇故事時，其情節與人物之真實性或虛構性有時也會影響帶領的效果，研究中將之歸納為下面四種類型：

第一類為「故事情節與人物」均為真實的描述，幼兒比較容易表達，但有時會缺乏新鮮感，教師帶領時必須突破刻板的現實印象。如

【爸爸的一天】故事中，無論「爸爸」的角色或「上班」之情節都是平日真實生活之一部分。第二類為「現實情節」加「想像人物」，如【比利得到三顆星】。第三類為「虛構情節」加「現實人物」，如【野獸國】。這兩類故事是現實與虛構之巧妙搭配，能吸引幼兒的興趣。第四類為「虛構的劇情」加「虛構人物」，如【討厭黑夜的席奶奶】，它通常很吸引幼兒，但有時也會因為太過抽象而影響呈現時的表現。上述四種類型可以表 8-2 列出。

表 8-2　情節與人物之真實虛構性對照表

	現實生活劇情	虛構劇情
真實人物	(1)現實生活劇情＋真實人物 例：【忙碌的週末】	(3)虛構劇情＋真實人物 例：【阿羅有枝彩色筆】
虛構人物	(2)現實生活劇情＋虛構人物 例：【皮皮的影子】、【聖誕老爸】	(4)虛構劇情＋虛構人物 例：【討厭黑夜的席奶奶】

貳　故事介紹

　　研究中發現，進行故事戲劇之初，首要考慮就是幼兒原始的興趣或與課程內容相關的戲劇主題。此外，「如何將故事介紹給幼兒？」是教師在開始導入故事時，應特別考慮的部分。說故事雖然不屬於戲劇活動的範圍，但因領導者常運用「故事」或「繪本」之內容做為戲劇之藍本，因此，如何把故事講給幼兒聽，也是一項重要的帶領技巧。一般教科書多直接介紹故事該如何述說之技巧，但對其實際被運用於故事戲劇之情況，多不甚清楚。因此，將利用行動研究結果來呈現「介紹故事」及「說故事」時可能發生之問題。

一 ·· 幼兒對故事之熟悉度

（一）介紹新故事

對於某些新的故事，避免在第一次講完故事後，馬上就要幼兒呈現演出完整的故事內容，必須待幼兒對故事的劇情熟悉後，再做呈現。教師在正式進行戲劇前，可透過故事書或劇場之分享來提高幼兒對故事的熟悉度。

（二）介紹熟悉故事

對於幼兒們已非常熟悉的故事如《三隻小豬》、《小紅帽》等童話故事，可以不用再重新複述故事而直接進行討論練習的部分，不致使小朋友失去興趣。

二 ·· 故事之介紹方式

（一）讀故事書

在戲劇活動前至少先讀過一至二次，把重點放在對故事中情節與主題的探討，也可針對圖畫書中的插畫及與幼兒相關舊經驗等做討論。幼兒若對故事內容熟悉時，較能進入故事的情境，直接參與討論、計畫與呈現的部分。

（二）用演戲方式呈現

除了一般敘述故事之方式外，也可以用劇場的方式呈現。例如：在【小精靈與老鞋匠】中，由主教教師、帶班教師及實習教師一起合作演出，分別扮演鞋匠夫婦及小精靈的角色，透過具體的角色互動，幼兒更能體會故事的菁華。

（三）用其他方式呈現

　　教師若以第一人稱（劇中人物）之方式講故事，可加強故事的臨場感，且較順暢。例如：【討厭黑夜的席奶奶】，老師全身裝扮成黑色，以老太太身分出現講故事，很吸引小朋友。

三‧‧ 說故事技巧

（一）掌握一般說故事技巧

　　要儘量掌握聲音、語調、動作等說故事的技巧，賦予故事新的生命力且製造適當的氣氛，以幫助小朋友及早進入戲劇的情境。

（二）注意人稱

　　可以第一人稱（劇中人物）之口吻說故事，但講完故事後的討論，必須繼續以角色的身分和小朋友討論和練習，銜接上會比較順暢。例如：【討厭黑夜的席奶奶】，老師全身裝扮成黑色，以老太太身分出現，很吸引小朋友。說完故事後，老師繼續以席奶奶的身分和小朋友討論故事的情節，甚至告知「席爺爺」的狀況，小朋友熱烈地參與討論。

（三）保持內容之彈性

　　故事進行中可以考慮接受小朋友的建議，改變預定的故事內容，但對初學者而言，可以暫時不理會其他的建議，待熟悉後再考慮。例如：【討厭黑夜的席奶奶】教學中，第一次講故事時，就有小朋友建議「叫大巨人來幫忙」、「叫大鳥飛上去幫忙」……，因為那是第一次講故事，教師並未馬上採用幼兒的建議，待幼兒嘗試過一度的戲劇活動後，第二次才採用。

（四）處理熟悉故事

　　對於某些幼兒熟悉的經典童話故事如《三隻小豬》、《小紅帽》，可

以不需要像一般的方式，從頭到尾完整將故事重述一次。而對於某些新的故事，在幼兒尚不熟悉時，避免在第一次講完故事後，馬上就要把完整的故事呈現出來。教師可將故事多讀幾遍或用不同的方式呈現，如偶劇、演戲等，等幼兒對故事的劇情及事件發生的順序清楚後，再做戲劇的呈現。

（五）配合活動重點

教師若希望讓幼兒對整個故事的流程有大約的了解，可把故事講完後，很快地從頭到尾帶過一次。但若計畫在呈現時，只要針對一些故事的片段或劇中人物做分享，可選擇性地敘述故事的重點，就進入綜合呈現的部分。教師此時要避免花太多的時間討論故事的細節，以免延誤後面的主要活動。

第三節 ▌ 故事之發展——引導發展

這是關係整個故事的「創作」部分。透過發問技巧，教師可鼓勵幼兒分享對故事之想法，並針對發展故事中之情節與角色做默劇或口語之引導發展。透過自己的聲音與肢體的練習，幼兒得以將自己的想法融入原來的故事中。研究中發現有些戲劇技巧可幫助教師發展幼兒對故事的想像與表達；但在發展過程中，仍有許多問題發生。以下就針對研究結果做討論。

 **討論活動**

一 ‥ 多元創意

（一）引導討論

　　教師儘量用多元的方式與開放發問的技巧引導討論，討論時可針對人、時、地、事、物等內容發問。

（二）鼓勵創意

　　討論練習時，應該鼓勵創意，有時可依幼兒的想像或建議，重新架構故事的內容。例如：【討厭黑夜的席奶奶】中，小朋友建議用剪雪花片→堆雪人→雪人嚇席奶奶→做鬼臉。【老鼠娶親】中，小朋友建議風把老鼠吹回老鼠村，隨後回頭時自己卻撞到老鼠村的牆壁。【野獸國】中，幼兒變成家具時，許多人要求變成「電腦」、「衣櫥」等非阿奇故事繪本中的東西。小朋友很容易互相模仿，若這種情況發生時，老師可以說：「我喜歡跟某某小朋友不一樣的動作（想法）。」

二 ‥ 社會互動

（一）運用劇中人物

　　有時教師也可直接變成劇中人物，以第一人稱方式與幼兒進行即席的口語對白或肢體動作之互動。研究中發現第一人稱的方式能引發許多的參與和互動。例如：【討厭黑夜的席奶奶】故事中，教師以席爺爺的身分討論故事之外其他打敗黑夜的方法。【小青蛙求親】故事中，以小青蛙的身分與幼兒討論劇情與口白。

（二）運用肢體動作

　　老師可以默劇動作和幼兒互動，例如：小朋友變成【野獸國】中的

家具，老師則可去玩一玩電腦、睡一睡軟床、坐一坐沙發。在多角的故事中，教師與幼兒可以雙角的方式進行活動，幼兒全體變為一類的角色與教師扮演另一類之角色互動。

三 ·· 具體之討論內容

（一）利用白板或實物道具

討論時，教師一邊把流程寫在白板上，一邊跟小朋友複習、練習。也可展示一些實物，讓幼兒觀看及觸摸，以增加具體之真實感。例如：【小精靈與老鞋匠】之中製鞋工具、真拖鞋、鞋皮、針線、鞋拔等。

（二）回想舊經驗

若是第二次進行同樣的主題時，可提及上次的優缺點讓小朋友回憶舊經驗，以助其快速地進入戲劇情節，例如：【三隻小豬】中，教師說：「上次有個小朋友當豬大哥，大野狼追他的時候，他跑到豬二哥家，沒敲門就直接進去了！這次若再做的時候，要小心門的位置。」

四 ·· 時間之掌握

（一）避免時間拖延

幼兒對討論的「耐力」有限，教師往往無法依照原定的計畫做詳盡且合乎邏輯的討論，故每次只要針對當日要呈現的內容即可。通常時間拖得太長，會影響之後「呈現」時的專注度。

（二）彈性地運用時間

第一次介紹新的故事時，為避免時間太過冗長，可以在平常的課程中先介紹故事內容，待戲劇課時，直接進入發展故事和計畫、呈現的部分。另外，對於幼兒較熟悉的故事，如：【三隻小豬】、【小精靈與老鞋

匠】等，不需重述故事，可直接利用討論練習的方式，邊發展邊複習故事的情節，如此方可縮短長時間靜坐討論，讓幼兒快一點進入行動（呈現）的部分。

（三）刪改重複內容

故事中重複或類似的部分，可視情況刪減討論的內容。例如：【小精靈與老鞋匠】都有做鞋子的部分，可視狀況省略老鞋匠或小精靈做鞋子部分之練習，直接跳入計畫與呈現中。

貳 練習活動

一 ·· 動作練習

（一）示範動作

幼兒初接觸戲劇時，教師可用示範的方式，讓幼兒具體了解一些專業用語或抽象概念。例如：示範默劇動作或「慢慢變成」某種東西的默劇動作。另外，教師也可鼓勵自願的小朋友個別示範其想法，例如：【小精靈與老鞋匠】中，讓幼兒穿著自己做出的鞋子走路。

（二）手部動作代替身體動作

開始練習時，為使幼兒可以在定點活動，可用手來代替身體做動作，例如：【小精靈與老鞋匠】中，要小朋友用手指當小精靈的腳練習走路的動作；【五隻猴子】中，用手指當猴子練習盪鞦韆的花樣，待熟悉後，再請小朋友用身體試試看。

（三）讓想法具體可見

在練習之初，小朋友一直急於說出他想要做的東西，教師可使用一些口語的技巧去提醒幼兒運用默劇動作來表達。例如：「你要變成你們

家的一樣東西，什麼東西都可以，但是不能告訴別人喔，不要說：『我是衣櫃！我是衣櫃！電腦！電腦！』這樣別人就知道了，用你的身體做出來，要讓我來猜猜是什麼？」有時，也可要幼兒眼睛閉起來想好將要做的事，教師數 10 後，再開始用動作做出。

在練習後，教師可詢問小朋友變成的是什麼？並問變成的東西在哪裡？可請小朋友假裝把成品舉起並分享之。例如：【小精靈與老鞋匠】中，教師：「把你的鞋樣舉起來給我看看，有人已經剪兩隻了，有的人只有剪一隻。」等一會兒後，教師說：「好，有些人已經好了，我數 5、4、3、2、1，你們就都做好了，鞋子再拿起來給我看看。」

（四）運用默劇技巧

在練習中，教師可用口述旁白之默劇技巧，一面要幼兒練習一面用口語描述其動作與姿勢，例如：【小青蛙求親】中貓頭鷹躲在樹洞裡的動作、烏龜縮起頭的姿勢。除了默劇技巧外，教師可參考一些默劇遊戲或活動，如：「鏡子遊戲」、「機械式活動」、「旁白口述默劇」、「靜止畫面」、「停格」或「快動作」之默劇等。

二 ‧‧ 口語練習

（一）注意幼兒發展限制

有些幼兒受到發展的限制，口語表達能力有限。因此，在戲劇活動之初，多半時候以默劇動作開始練習，待幼兒進入狀況後，就可以聲音故事或簡單的口語活動進行練習。

（二）教師入戲

教師可以第一人稱的方法與幼兒練習即興對白，可截取故事之片段內容，包含兩個以上的角色，教師以劇中人物之口吻即興地引發幼兒自

發性地答話，例如：教師當鱷魚，全部幼兒當小猴子，教師以鱷魚的口吻對幼兒說：「小猴子，你這次別想溜，除非你有什麼說服我的好理由。」幼兒必須以小猴子的角度考慮問題，並得想辦法用「口語」的方式說服鱷魚不要吃他。

（三）善用各種口語活動

除了入戲外，可以利用「訪談」、「辯論」、「專家」、「訪問」等技巧來引發幼兒為故事人物即席創造對白。

三 ‥ 教室管理技巧

（一）練習分組

分組練習時，避免讓同質性高的小朋友在一起，例如：都具有領導慾望且較強勢的孩子集中在一組，或沒有意見且遵從度高的孩子集中在一組。分組方式可利用全體單角、雙角或小組的方式進行練習。

（二）說明走位

教師必須利用幼兒「坐」在定位時，給予明確口頭建議，以避免散開後，幼兒因無法專注聽教師的口令而亂成一團。

運用控制器——利用鈴鼓或其他控制器時，要先說明開始與結束的訊號，教師也可事先要小朋友練習與控制器的配合動作。

轉換訊號——也可利用其他的訊號，如「數 5 或數 10」、「音樂開始，結束」、「燈光亮暗」等。但這些訊號都必須在幼兒動作開始前就先說明清楚。例如：【野獸國】中，「老師開始數 1 時，你就開始向上長，到 10 的時候停下來，準備好了嗎？好，1、2、3、……9、10，停」。【小精靈與老鞋匠】中，「天快亮了，小精靈要清理一下，數到 5 就要離開。」

第四節 ▋ 故事之分享——計畫與呈現

　　故事之分享是故事戲劇流程中之高潮。研究中發現，多數教科書作者將重點放在分享演出的方式，卻忽略其中最棘手的部分——呈現前之「計畫工作」。本節將運用研究之結果（林玫君，1999b），將正式戲劇呈現前所發生之相關問題與因應之道做討論。另外，在戲劇呈現時發生之狀況與教學省思之改進意見也在本節一併討論。

壹 計畫部分

　　在呈現前的計畫階段，教師必須與幼兒共同為即將演出的劇碼做討論。分析筆者 30 次的教案後，發現主要包含三個部分：「流程」、「角色」及「位置」，茲就個別反省經驗，一一詳述。

一 ·· 流程

（一）討論流程順序

　　幼兒必須對故事發生之順序做討論，才能掌握整個戲劇呈現之大方向。通常教師可以在討論前或討論中將角色出現的順序寫出或畫出在白板或壁報紙上。依據筆者經驗，有些故事依時間先後順序排列，較易進行討論，例如：【野獸國】、【老鼠娶親】、【小青蛙求親】；而有些故事之情節並無先後順序，在進行流程討論時，幼兒會依個人之喜好而任意提出建議。演出時，有時會因為缺乏「共識」而顯得混亂不清。此時教師應彈性採用少數幼兒之建議，並告知下次再演出時，可依另外幾位未被採用的幼兒之建議。

（二）安排轉換與提示

討論流程時，可事先安排一些「轉接」的動作，使得幼兒在呈現時默契更好，能隨著場景轉接的「提示」（cue），進行整體的呈現演出。例如：【野獸國】中，教師巧妙地編入阿奇進房間後和他的家具玩一玩再去睡覺。「阿奇睡覺」就成了房間轉換成植物之場景的「提示」。另外，阿奇大叫「我不要」，且把自己的頭蒙住後，蒙住頭就成了「房間植物」轉換成「海浪」的「提示」。

（三）省略部分流程

通常同一個活動進行到第二次或第三次時，幼兒對流程已經很熟悉，教師可跳過流程的部分，直接進行分配角色及位置的計畫。

二 •• 角色分配

研究中顯示，角色分配常是所有故事戲劇中，花費最長時間的部分，它甚至會影響呈現時的效果。在角色分配時發生的問題與因應之道如下：

（一）運用一般原則

第一次呈現時，可先選擇能力比較好或自願的孩子出來參與活動，這也能鼓勵那些比較害羞或動作慢的孩子從觀察他人參與呈現的過程中，得到正面的增強。開始時，可讓二、三人同時扮演一個角色，透過同儕的互動，能提供其安全感且幫助其自由地即席表演。尤其是在第一次呈現時，教師也可參與扮演，以便在需要時提供即時協助。

剛開始時，分配角色時間很長，需要與孩子慢慢地建立默契，並使用技巧讓分配角色有組織且不混亂。可使用白板寫下需要的角色、人數及定案的人選，且寫下後盡量不要再改變。注意幼兒的視線，教師必須調整白板至幼兒可見之範圍。

（二）運用道具

少量的道具，如頭套、名牌、簡單的服裝或道具等，可以代表某些角色的特徵，幫助幼童記住自己所扮演的角色。這些東西在第一次呈現後，視需要再慢慢地加上去。根據研究，使用頭套或其他道具時，需考慮數量及使用方法的相關問題。下列是筆者教學時遇到的問題：頭套的數量不足；鬆緊帶或母子帶的頭套太小，不合幼兒頭圍的大小；頭套前圖像太大，擋住了幼兒的視線。

臨時的道具——除了事先預備的道具，課堂中隨時應準備一些多餘的頭套、碎布、裝飾物等各種象徵性的材料，讓幼兒可以機動性地拿在手上或穿在身上，例如：「風」的角色可利用教室中現成的絲巾來代表、「太陽」的角色可利用垃圾袋貼上金色膠帶來代表。

使用相關的頭套或道具可以幫助幼兒對角色之認同感，也可避免角色被替換的頻率。但其缺點有二，一是這些額外的道具會影響幼兒對角色的好惡，二是因為裝戴道具的問題常延誤了課程的時間，甚至最後干擾了整個教學的流程。

（三）考慮幼兒對角色之好惡

幼兒對角色之好惡很明顯，常常容易受到同儕之影響，也容易因為班級不同而改變。某位角色不受幼兒歡迎，沒有人想演；而一些很受歡迎的角色，又有一群人搶著演。在研究中發現，較受歡迎的角色都是主角，如：小青蛙、青蛙小姐、老鼠、老鼠小姐、小精靈、豬小弟等。較不受歡迎的角色多半是配角或反角，如：烏龜、風、牆壁、豬大哥、老鞋匠、大野狼等。有些女生則不喜歡當野獸。在諸多喜好之中，教師必須保持相當大的彈性。

（四）彈性分配角色

對於上述受歡迎的角色，在活動剛開始時，可先跳過，待擔任其他

角色時，再回頭選定主角。也可以分配多一些人擔任主角，以滿足幼兒的需要，且可藉此讓幼兒熟悉故事流程。待進行一段時間後，教師可慢慢與幼兒建立規則且限定每位角色之扮演人數。

　　而對於一些次要或不受歡迎的角色，可增加一些特殊的道具或造型來吸引幼兒，例如在【老鼠娶親】中，風和牆的角色很不受歡迎，教師在第二次扮演時為兩位角色加上絲巾和垃圾袋做的衣服，就有比較多的小朋友願意擔任這兩個角色。若是幼兒實在無意願，也可由教師暫時替代。

　　有些小朋友平時在班級中較強勢，居領導地位，常要求當主角，且不願讓出，教師可在第一次演出時滿足其需要，第二次就要輪流，若沒有其他幼兒要扮演同一角色，則可讓該位幼兒繼續擔任。有時也可以引導這類幼兒擔任其他的角色或職務，也可請他擔任教師的助理。若該生繼續堅持不輪流，教師必須利用其他的機會，引導討論此問題。

　　教師也可改變自己的角色，分享可以扮演不同角色的新經驗與樂趣。例如：沒有人要當【野獸國】中的海浪、【老鼠嫁女兒】中的風、【三隻小豬】中的豬大哥，教師在扮演這些不受歡迎的角色時，特別加強肢體與臉部的表情，之後並分享扮演角色的樂趣，以加深幼兒對角色的印象。

　　角色不一定要依照原故事內容，必要時可適當增刪。有時甚至可把問題提給小朋友，讓其思考解決的方法。例如：【野獸國】中沒有船載主角去野獸國怎麼辦（小朋友四人決定創造船的角色，用布代表）或者要小朋友自己想辦法解決數位小朋友都想演同一個角色的問題（小朋友自行到一邊猜拳或討論解決之方法）。

　　另外，避免主角人數過多，使戲劇進行中總是有一大群主角跑來跑去的情形。例如：【三隻小豬】最後，有一大群幼兒躲在豬小弟家，造成不少混亂。

（五）處理常規問題

在準備計畫演出前，幼兒常會為「誰要扮演什麼角色」而爭執不已，除了上述之方法外，筆者也曾嘗試利用常規的技巧解決紛爭（林玫君，1999b）：

1. 鼓勵正面行為：教師可以用增強的方式來鼓勵正面的行為，當一群孩子爭搶著某些角色時，教師可不理會，且及時點出那些沒有搶著要當的孩子，並強調只讓安靜坐好的人先選擇角色。

2. 協調或討論：教師也可鼓勵幼兒嘗試不同的角色，透過協商，考慮輪流、合作等方式來選擇角色，否則就必須訂定公約，討論如何解決「分配角色」的問題。下列就是曾訂定的公約內容：「選定角色後，不能反悔」、「等下次玩時才能重換」、「輪過的角色要先讓其他有興趣的人演，不能一直演同一個角色」等方法。若無法擺平角色分配的問題，可再跟小朋友協調，鼓勵一些人改變決定。

3. 口頭提醒或暫停：有時幼兒情緒過於激昂時，在心理上未準備好要分配角色，教師可視情況口頭提醒訂定過的公約。若仍無法解決，只能考慮暫停且將活動延至下次再進行。

三 ·· 位置分配

（一）運用一般原則

可把主要場景安排在教室中央，其餘則安排於教室中的其他角落；若是一個故事中同時有幾個重要的場景，可依發生的時間將它們安排於圓圈中或教室四周的區域。也可以利用教室的家具當成某些特定的定點，例如：教師的椅子是國王的寶座，小朋友工作的地墊成為警衛站崗的位置。

開始時，儘量利用孩童自己的桌椅或位子當定點。例如：有時他們是動物的欄位、主角們的床、老闆的商店。在輪到某些小組呈現之前，請他們在自己的位置等待。

（二）確定角色的定位

角色的定位及出場退場的相關位置應在計畫時就確定清楚。若是對象是初次參與戲劇活動且年紀較小的人，教師可自行決定位置且在計畫時說明清楚；若對象是有活動經驗的人，教師可與之共同討論並決定出個別角色的位置，也可利用壁報紙或其他教室中的家具標示出來。

在計畫角色之位置時，教師可直接請小朋友在位置間走走看，讓其具體地了解場景與自己的關係。例如，【野獸國】中阿奇房間扮演家具角色的位置，教師再與幼兒討論個別家具該站在房間（圓圈內）的某些定點，同時要幼兒走至那些定點試試看。

若是角落太多，位置分配的時間相對延長，先到定點的孩子會因為「等待」時間太長而干擾活動進行。解決的方式是先讓全體幼兒坐著討論，並在白板上畫下個別的定位後，再要幼兒同時走到定位點，確定自己的位置。

小椅子、小地毯或圓圈的地線及角落的空間都可以當定位。需考慮並排除一些容易讓小朋友分心的教具（語文區中的枕頭、積木區的積木），也可另訂公約來約束。

（三）彈性使用其他空間

若是教室空間太小，可以利用其他的活動空間替代（如音樂或韻律教室、幼兒午休空間等）。需要事先利用地線或櫃架做妥善的區隔，以免幼兒在大空間中因過度興奮而追逐跑跳。

事先考慮幼兒對轉換空間後的適應性與好奇性，以避免不必要的教學困擾。例如：有的教室空間太大、有的教室具備多面的鏡子、有的教室有其他雜物等，這些都會造成分散幼兒注意力之不確定因素。

貳　呈現活動

　　這是故事戲劇中把故事完整地表演呈現出來的部分，通常也是戲劇中的高潮部分。教師可以依照計畫，利用旁白口述指導或角色扮演的方式來銜接故事的劇情，而幼兒則依照計畫中的角色、位置與流程等，用自己的肢體與口語呈現故事的菁華。在整體呈現時，無論是教師的角色或劇場技巧之運用，在 30 次的教學歷程中，有許多值得深思的問題，茲就研究結果，一一論述之。

一 ·· 教師角色

（一）確定教師身分

　　教師在進行前，應先向幼兒說明自己將在劇中扮演的角色，例如：說故事者、主角或配角。

（二）留意音調的掌控

　　教師口述故事時，音調要充滿戲劇性，使小朋友演出也能感受到劇中的氣氛。若為說故事者，音調要充滿戲劇性，使小朋友感受劇中氣氛。若身兼二角，有時為劇中人物，有時為說故事者，最好利用不同的音調說話，以區辨兩者之不同。

（三）轉換角色之問題

　　研究中發現，一位教師常須兼顧口述旁白及劇中人物等雙重角色，為避免幼兒混淆，可以音調變化、道具搭配或燈光來暗示幼兒教師身分的轉換。Kelner（1993）也曾在其書中說明教師如何進行「身分轉換」。她提到幼兒常容易將「想像」與「現實」混在一起，因此當教師要轉換角色時，可以手拿著角色之衣物或道具（如一頂消防員帽子），特別告訴幼兒：「當老師把帽子戴上時，就變成了故事中的消防員，拿下帽子

後，又變回老師自己。」接著問小朋友：「是否準備好要與主角見面？」之後，教師就可搖身一變，成為故事中之人物。若是孩子年紀稍大，只需要事先告知將要變成的人物，但不需把教師使用的道具或衣物介紹給他們。

（四）二度或三度呈現

到二度或三度呈現時，教師可退出讓幼兒自己演。呈現結束時，請大家拍手，各個角色跟大家鞠躬，練習劇場的禮儀。

二 •• 劇場媒介之運用

（一）解釋戲劇概念

利用機會以幼兒可以了解的方式來解釋戲劇之專有名詞。例如：「旁白」的意思就是有人在演戲時，在旁邊說故事的人（舉一個小朋友都看過的例子）；「幕起」表示好戲開鑼，大家必須各就定位，準備上場。

（二）運用音樂

適當的音樂背景可用來增加氣氛及想像空間，也可以用來當成開始或結束的訊號，甚至可供為角色或情節轉換的提示工具。但在運用時必須考慮音樂的恰當性，研究中就發現，有時若配樂的部分蓋過教師口述內容，或音樂的條件或曲式與故事不搭，會影響故事及幼兒創意的發展。另外，計畫時，應把將要使用的音樂器材放在教師隨手可及之處，以利使用上之方便。

（三）運用燈光

燈光和音樂一樣，若使用得體，都是增加戲劇氣氛及想像空間的最佳媒介。它也可以用來做為開始、結束或轉換銜接的工具。在研究中發

現，燈光的運用須考慮教室客觀的環境（如教室太亮，燈光效果不好）、參與者對燈光使用的了解與配合默契、教師位置與燈源的距離、切換燈光之頻率等相關問題。另外，一般在教室中，除了運用教室原來日光燈的效果（白天需配合窗簾），也可考慮手電筒、檯燈或聖誕燈等來加以變化。

（四）培養劇場禮儀

為了讓參與者區辨準備的練習、討論計畫與正式的分享呈現不同，教師可以介紹一些劇場禮儀給幼兒。例如：開始時，全班一起說：「好戲開鑼」或連續打暗燈光三次，表示大家必須安靜下來，以等候將開始的演出活動。在過程中，可提醒扮演的幼兒需輪流等待，安靜地坐在定位上。在結束時，也可提醒小演員們鞠躬謝幕。這類劇場傳統禮儀之概念可以在一般教室的討論或參與兒童劇場的欣賞中培養。下例就是研究中，教師與幼兒討論劇場禮儀之實況：

「在演兒童劇場的時候，主角還沒出場，他在幹什麼？如果他在後面玩，輪到他的時候，他就不知道要出來了，你們喜歡看這種兒童劇場嗎？」「當我們要演戲時，還沒有輪到你時，你要做什麼？」經過討論後，最後的結論是：「還沒有輪到你時，你就坐在綠色線線的外面，等輪到你時，你就走進來圈圈裡面。」

三 •• 活動之結束

（一）運用靜態活動

活動的結尾，可利用「秘密分享」、「劇中人物」、「引導想像」、「放鬆活動」及其他靜態活動，讓幼兒轉換心情，回到原點。例如：【野獸國】的結尾，教師利用引導想像的方式，讓野獸們躺在沙灘上，閉起眼睛，全身放鬆，從腳到頭，慢慢感覺自己被海浪淹沒。

（二）回收道具的方式

有時活動一結束就紛亂不堪，頭套、道具滿地都是，教師最好先想好收拾的原則，以減短結束時間。例如：請小朋友摺好放著，教師到小朋友面前去收；也可以在活動結束後，幼兒要離開教室時，由教師點名的方式，一一出去並交回頭套。

（三）延伸活動

也可加入相關的延伸活動，如：工作、語文、數學等活動，以加深幼兒對故事的喜愛與了解。

四 ·· 戲劇呈現之行為問題

在呈現戲劇時，幼兒常會因為某些戲劇情境變得情緒激昂而失去控制，甚至干擾戲劇之進行，以下就是筆者曾遇到的問題：

（一）無法輪流等待

未輪到演出的幼兒，有的呆坐一旁，無所事事，例如：【三隻小豬】中的豬媽媽；有的自己玩自己的遊戲（例如：進入語文區看書或玩靠墊）；有的吵吵打打自成一組，不理會正在進行的戲劇部分。

（二）無法專注

有時，小朋友會拿道具開玩笑或態度不認真；有時也會興奮地忽略已討論過的細節，例如：【三隻小豬】中，小豬們跑到別人家中，忘記敲門、開門、關門。

（三）無法自控

尤其在一些空間中的移動或肢體的動作，小朋友容易互相碰撞，甚至拳打腳踢，造成肢體衝突。

五 •• 嘗試解決問題之方案

上述之問題常會影響戲劇活動正常之運作，研究中教師曾嘗試以下列方法解決問題：

（一）口頭提醒與警告

教師可先請小朋友暫時回到座位定點上。以詢問口氣問：「想演的人舉手？」「不想演的舉手？」若大部分的人都想演，就提醒小朋友，再給一次機會。若再無法自我控制，當日的戲劇活動就要暫停。

（二）劇中人物的內控

【野獸國】中，教師飾演「阿奇」與家具及野獸互動，若幼兒太吵時，教師就以阿奇的身分與口氣命令扮演家具及野獸的幼兒聽話。另外，在活動中，幼兒常發生碰撞的情況，教師可以媽媽或其他具控制力的角色發揮權威，設法讓幼兒冷靜下來。

（三）停止活動

活動太過混亂時，教師可以隨時「停止活動」，或「更換」活動，以防止場面完全「失控」。例如：【討厭黑夜的席奶奶】中，幼兒興奮地到處亂跑，活動雖未結束，教師馬上把扮演席奶奶的幼兒們喚回，並聲稱席奶奶與黑夜鬥得太累了，要先回床上睡一覺休息。

（四）教師自我反省

若是某些問題一而再地發生時，教師也必須自我反省，是不是所設計的戲劇活動已無法吸引幼兒？什麼是大家的新興趣？是不是平時的常規就有問題，要如何治本？或是因為缺乏舊經驗，待一段時間默契培養後，就會有所改善？

第五節 故事之回顧與再創——反省檢討與二度呈現

本節將探討流程中最後的兩大主題——故事戲劇呈現後之反省檢討及重新創作的歷程。「反省」在整個流程中佔著相當重要的地位。因為只有透過反省，兒童的思考才能擴展（Verriour, 1984）。「再度計畫與創作」也是整個故事戲劇的重頭戲，因為創造性戲劇之最終目的，就是希望透過各式的活動，來鼓勵參與者跳出原始故事的框架，創造屬於自己的想法和表現。

 反省檢討

研究發現，反省檢討的部分雖然重要，但卻常容易被忽略（林玫君，1999b）。受限於幼兒短暫的專注力，幼兒在戲劇進行中，往往到了呈現之後，就已無法專注精神，繼續與老師進行最後的反省工作。雖然如此，研究中發現，教師仍可把握下列要點進行討論：

一、一般原則

（一）回顧細節

教師可鼓勵幼兒回顧一些片段情節並給予口頭或實物的回饋。教師可引導兒童回想表現特殊的情節、詢問幼兒對劇中印象最深刻的部分，並要其詳細描述劇中內容。例如：引導兒童回想呈現片段並敘述野獸的臉部表情。

（二）鼓勵幼兒的正面行為

對於幼兒正面的行為，教師可以馬上給予鼓勵與回饋。可以要幼兒為自己拍拍手或用大拇指在幼兒頭上蓋一下，並描述幼兒當日之特殊貢獻以鼓勵幼兒繼續進行活動之興趣。

（三）鼓勵反省

教師可以引導兒童針對自我或者同儕特殊的表現，做反省與評量的工作，例如：「你覺得自己演得怎麼樣？哪裡好？你覺得當野獸的人演得怎麼樣？為什麼？」教師也可與幼兒討論「如何當一個好觀眾」，了解孩子們的認知，幫忙他釐清一個好的觀眾應該做的事，並確實地寫下來遵守。這段討論通常在全劇結束後才做，此時的幼兒心浮氣躁，有時很難繼續靜下心來討論。有時教師可運用訪談的方式，假裝發給說話的幼兒一個麥克風，評論其對自己及友伴演出的看法，也可針對如何當好觀眾的議題做討論。

（四）鼓勵創作

可引導幼兒重新改變故事，進行二度計畫與創作，也可利用延伸活動來刺激新的想法與創意。例如：教師提供一張黑色的大壁報紙鼓勵幼兒腦力激盪，幫席奶奶創造一些趕走黑夜的新方法，待下次戲劇活動時就能把新的方法呈現或表演出來。

（五）隨時反省

幼兒專注力有限，有時無法等到最後再進行反省工作。教師可在發展故事、計畫或呈現時就隨時把握機會進行反省工作。有時在戲劇中，透過問題解決、小組討論、戲劇模擬情境、靜態畫面之呈現等，都可幫助幼兒站在主觀或客觀的角度反省人際關係。

二 ·· 幼兒表現

綜合兩次的行動研究之反省紀錄，發現到幼兒在戲劇活動中的表現如下：

（一）漸入佳境

通常幼兒在第一次呈現時，表現得較生硬，常常無法兼顧口語與動作同時的表達。有時，只站在原位做口語的回應而忘了角色的動作表現，有時做出動作，但口語的部分又遺漏。整體而言，要到第三次或第四次的呈現後，幼兒在這兩方面的協調性才會漸入佳境。

（二）了解戲劇形式

活動進行至第三或第四次後，教師會放手鼓勵幼兒自行分配角色、地點、流程等部分，有時甚至連教師的主角角色都會讓給幼兒。研究中也發現，當幼兒對戲劇的故事內容及戲劇表現的架構形式愈熟悉時，他們愈能獨立地完成一次成功的戲劇活動。而這個對「戲劇架構形式」的了解，比幼兒自發性的扮演遊戲更複雜且精細，其能力的養成就是在一次又一次的創作活動經驗中慢慢體會而來，這是無法單用討論或教導的方式獲得的。

（三）反覆玩賞有趣的想法

幼兒會被故事中一些特別的人物、情節或過程中某位幼兒的特殊想法所吸引，而「反覆地」把那個部分「玩」出來。例如：初到野獸國的阿奇，無法與野獸溝通，野獸對阿奇的任何命令都反覆地使用：「什麼是 xxx」來回應。之後，幼兒常在玩耍時用相同的語氣，套入不同內容，進行遊戲。變成家具後的幼兒，發明了一種「捏鼻子」遊戲，只要阿奇捏一下家具的鼻子，家具就會自動變成開花的植物，幼兒一玩再玩，樂此不疲。到了學習區中，幼兒仍然繼續進行捏鼻子的遊戲。

（四）熱愛語文遊戲

除了自發性的動作外，四歲的幼兒對自創的文字遊戲也很感興趣，一些如繞口令的對白、誇大的對話都很吸引幼兒。例如在【三隻小豬】

中，幼兒會與大野狼唱和抓小豬之對白；在【討厭黑夜的席奶奶】中，幼兒不斷地反覆「氣死我了！氣死我了！」

貳 二度計畫與呈現

　　教師可用開放性的問題，引導幼兒重創故事的內容。通常在發展故事中之討論練習時，教師就可引導幼兒進行創作之工作。經過多次的戲劇教學反省發現，教師問問題之開放度有不同的層次，由開始時忠於原著之發問與討論，到第三度之問題與創作，變化多端，全賴教師發問的技巧而定。接著，筆者將描述三種不同層次之討論，最後以改編自圖畫本【阿羅有枝彩色筆】來說明其間之不同。

一 ·· 一度討論練習與一度呈現

　　依故事的原來內容，對人物動作或劇情的發展做「忠實」的引導發展。例如：【阿羅有枝彩色筆】中，教師可針對「走在野地上的小路」與幼兒討論走小路的經驗，分享走小路可能經歷的事物或身體各部分對於走小路時之反應，最後應用引導想像的技巧，要幼兒用默劇動作實際把討論的內容做一次。另外，可以針對阿羅故事中的其他情節，如坐船求生、爬山、高空掉落、野餐等重要部分做詳細並深入的練習。依據一度討論練習的內容，教師以口述的方式，引導幼兒進行一度之呈現。

二 ·· 二度討論練習與二度呈現

　　利用發問的技巧，引導幼兒發揮「想像」，在主要的情節上加入幼兒「自己的想法」，進行開放式的引導發展。例如：【阿羅有枝彩色筆】中，教師可問：「除了蘋果樹外，如果你是阿羅還會畫什麼樹？」「除了坐船外，如果你是聰明的阿羅，掉到水中還會怎麼救自己？」「除了

爬山外還可做什麼事，可以讓自己變得很高，以找到自己家的窗戶？」
依據幼兒的建議與回答，老師可以將它編入二度口述的內容，再以口述
默劇方式來引導幼兒進行二度呈現。

三 ‧‧ 三度討論練習與三度呈現

　　一度與二度的問話與改編內容，是以原來故事之主要情節，依序地
發展延伸。在三度討論時，教師問問題的方式可以更加開放。此時教師
可以跳脫原來故事情節之限制，以「主題」的方式與幼兒討論劇中的人
物、情節、地點、衝突與高潮、結束等戲劇要素，創作出一個全新的故
事。例如：【阿羅有枝彩色筆】中，其主題為「冒險」，在三度討論中，
教師就可以問：「如果你是阿羅，還會想去哪些地方冒險？」「必須準
備哪些裝備？」「會遇到什麼危險的人物或事情？」「怎麼解決發生的
問題？」「怎麼平安地回來？」依據幼兒在討論練習之想法，教師可在
三度呈現中加入幼兒的創意，利用開放性的敘述方式來引導幼兒體驗自
創的冒險故事。

　　雖然筆者從研究中，歸納出三種重創故事之方法，但在實際戲劇的
討論與呈現之過程中，不一定如一度、二度或三度的層次，需要加以區
分。只要教師了解問題的開放度有多大，幼兒可能面臨的挑戰就有多
高，隨著教學之經驗與默契之累積，教師自然就能掌控得很好，幼兒也
能適切自在地發展自我故事的詮釋與表現。原則上，每次選擇五個左右
的問題進行故事發展之工作，之後，再依據幼兒的回答來修改呈現的口
述內容或角色之對白與行動。

四 ‧‧ 範例

例一 【阿羅有枝彩色筆】（一度呈現）

一 ‧‧ **引起動機**：無。

二 ‧‧ **呈現主題**：用大書唸故事或播放光碟。

三 ‧‧ **引導發展**

1. 故事中的小朋友叫什麼名字？

2. 他有一件特別的寶貝，那是什麼？它有什麼特別？

3. 阿羅在家很無聊，睡不著覺，就用彩色筆畫了什麼？
   （一條路與月亮。）好，假如你是阿羅，老師拍鈴鼓
   後，在你面前畫一個月亮和一條路。

4. 阿羅後來向右走上一條野地小路，小路上會長些什麼東
   西？有沒有走過小路？該怎麼穿越？（做做看）

5. 後來發生了什麼事？若是遇到可怕的事，怎麼開溜？

6. 結果呢？（栽到大海中，又爬上一條小船，找一個定點
   當船。）有沒有坐船的經驗？在船上做什麼事？（想三
   件事，老師數 1、2、3 時就做出來。）

7. 在海上遇到小浪或大浪時會怎麼反應？（做做看）結果
   還是掉到水中，阿羅是怎麼救自己的？

8. 在沙灘上，阿羅肚子好餓，他做了什麼事？如果你是阿
   羅，你會從哪一塊派開始吃？怎麼吃？（鈴鼓後，做給
   老師看。）

9. 阿羅吃完後又繼續向前走，遇到什麼？（一座山。）山
   會在哪個方向？你有沒有爬過山？如果爬到高山上時，
   會是什麼感覺？

10.爬到山頂上他有沒有看到他家啊？結果發生什麼事？
（向下落。）怎麼做出向下落的樣子？（老師用鈴鼓，
倒數 5、4、3、2、1，要學生練習「落下」。）

11.阿羅想了什麼方法救自己？

12.阿羅最後有沒有找到家呢？如果你是阿羅，會怎麼找
到自己的房間？

四 •• 計畫與呈現

1.計畫：

口述前的說明：決定「定點」（位置）、開始與結束（利
用燈光和音樂或鈴鼓）。

「等一下要呈現時，阿羅的床應該在哪裡？老師把
燈關上，音樂打開就可以開始了，等音樂結束，老
師說阿羅回到床上時，小朋友要去哪裡？」

2.呈現：

阿羅躺在床上，翻來翻去睡不著。於是他決定起
床，穿上外套，套上鞋子，出去走一走。他打開窗
戶，發覺沒有月亮，於是伸手探到外套的口袋，拿
出彩色筆，爬上窗台，畫了一個月亮，跳下窗台，
畫了一條路，出發散步去了。

他向前走了五步，覺得沒意思，於是向右轉，走上
野地的小路，路上雜草好高，他必須把腳高舉才跨
得過去。小心！雜草中好像有什麼動物，快點走過
去。路愈來愈窄了，必須側著身體才能走過去。

終於，他停下來了，原來前面有顆蘋果樹，他肚子
正餓，阿羅踮起腳摘了一顆蘋果，用衣服擦乾淨，

正準備大吃一口，忽然之間──阿羅的正前方來了一隻可怕的龍，阿羅雙腳發軟，瞪大了眼睛，但他又不敢快跑，怕怪龍追它，慢慢地，他一步一步地向後退……向後退……

拿著彩色筆的手，也抖個不停。突然，他發現事情糟了！阿羅一頭栽進了大海裡。他快手快腳地爬上一條乾淨的小船，他立刻開船。坐上船後，他開始做一件自己喜歡的事，有的阿羅在……有的在……（描述幼兒自己的動作）。

海上風浪飄盪，先是小浪、小浪搖呀搖呀，然後是大浪、大浪晃呀晃呀，整艘船忽上忽下，很不穩，還好一會兒陸地就出現了。阿羅下了船，肚子又覺得好餓，他擺出了一堆好吃的水果派，吃得好飽，阿羅繼續走向前（麋鹿和刺蝟的角色已刪掉）。

阿羅走到沙灘左邊的山腳下停下來，發覺這座山很高，幾乎看不到頂，他深吸一口氣準備爬山，阿羅一直向上爬，爬得好高好高，空氣愈來愈稀薄，呼吸好困難，頭有點痛，快爬不動了……終於，爬到了山頂。

他正要向山的那邊探望，卻發覺自己從高空一直往下掉（教師可倒數 5、4、3、2、1），他趕緊弄了個氣球，用手牢牢抓住。又在氣球下裝了個籃子，站在裡面向下看，「哇！好多的房子，就是沒有自己的家！」慢慢地，氣球降落，阿羅從裡面跳了出來。

阿羅拖著疲倦的身體，和月亮一起向前走。他很想回家大睡一覺，突然阿羅想起來了！他走到月亮下，踮起腳尖，用手上的彩色筆把天上的月亮框起來，再跳下窗台，走回床邊（這段中的警察與畫房子的部分都被刪掉了）。

他爬上床，蓋上了被子。彩色筆掉在地板上，阿羅也睡著了。

五 •• 檢討

1. 剛剛你們肚子很餓的時候，吃了什麼東西？

2. 剛剛阿羅掉到海裡時，用什麼方法救自己？還可以用什麼方法？

例二 【阿羅有枝彩色筆】（二度呈現）

一 •• 二度引導發展

1. 阿羅的彩色筆，很神奇、很特別，如果你有這麼一枝彩色筆，你會把它放在哪裡？（藏藏看）

2. 如果你很餓，又在野地，希望遇見一棵什麼樣的果樹？

3. 有沒有比阿羅故事中更可怕的東西？（比比看）

4. 若是你掉到大海裡，你會用什麼方法救自己，才不會淹死？（做做看）

5. 野餐時，除了吃水果派外，有沒有什麼更好吃的？怎麼吃？（做做看）

6. 阿羅遇到一座高山，還有什麼地方可以爬得很高，可以帶什麼裝備？（做做看）

7. 從高的地方上掉下來，有什麼方法可以救自己？

8. 如何找到回家的路呢？

二 •• 二度呈現

（底線的部分表示與一度時內容相異之處，這也是二
度討論練習後的新想法。）

阿羅躺在床上，翻來翻去睡不著。於是他決定起床，
穿上外套，套上鞋子，出去走一走。他到藏著彩色筆
的祕密地方小心地把它拿出來，爬上窗台，畫了一個
月亮，跳下窗台，畫了一條路，出發散步去了。

他向前走了五步，覺得沒意思，於是向右轉，走上野
地的小路，路上雜草好高，他必須把腳高舉才跨得過
去。

終於，他停下來了，原來前面有一棵他最愛的果樹，
他肚子正餓，阿羅踮起腳摘了一顆水果，用衣服擦乾
淨，正準備大吃一口，忽然之間——阿羅的正前方來
一隻可怕的東西，阿羅雙腳發軟，瞪大了眼睛，但他
又不敢快跑，怕怪物追它，慢慢地，他一步一步地向
後退……向後退……

拿著彩色筆的手，也抖個不停。突然，他發現事情糟
了！阿羅一頭栽進了大海裡。他快手快腳地畫了一個
東西救自己。

海上風浪飄盪，先是小浪、小浪搖呀搖呀，然後是大
浪、大浪晃呀晃呀，整艘船忽上忽下，很不穩，還好
一會兒陸地就出現了。阿羅下了船，肚子又覺得好
餓，他擺出了一堆自己最愛吃的東西。吃得好飽，阿

羅繼續走向前。

阿羅走到沙灘旁，停下來，<u>發覺一個東西很高，幾乎看不到頂</u>，他深吸一口氣準備上去，阿羅拿了一些<u>準備好的裝備</u>，穿上了以後，阿羅開始向上爬，爬得好高好高，空氣愈來愈稀薄，快爬不動了……終於，爬到了最高的地方。

他正要向另一邊探望，卻發覺自己從高空一直往下掉。<u>他趕緊弄了個東西，讓自己不要掉下去</u>。阿羅由上往下看：「哇！好多的房子，就是沒有自己的家！」慢慢地，降落了。

阿羅拖著疲倦的身體，和月亮一起向前走。他很想回家大睡一覺，突然阿羅想到回自己房間的好方法了（等幼兒分別把自己的方法做出來），回到房間，走到床邊，他爬上床，蓋上了被子。彩色筆掉在地板上，阿羅也睡著了。

三 •• 反省與檢討

例三【阿羅有枝彩色筆】（三度呈現）

一 •• 準備工作

1. 空間：桌子附近；中心空出，桌椅向四邊靠，雙人或小組活動時，需要更大的空間。

2. 書：《阿羅有枝彩色筆》（信誼出版，克拉格特強森著，林良譯）。

3. 幾張大開頁的圖書，例如：《一隻動物》、《奇怪的交通

工具》、《一群有趣的人》等等。

4. 音樂：輕鬆略帶冒險性的音樂。

5.（可有可無）玩具電話（最後討論用）。

二 •• 引導發展

「我們已經做了一次口述的默劇活動，也看過一些類
似的書，若是可以自己來創造一個阿羅的冒險故事，
那一定很好玩。現在假裝你們每個人的手邊都有一枝
阿羅的彩色筆。

1.「你會想去些什麼特別的地方呢？」（阿媽家、上
月球、美國……）

2.「阿羅的探險中，都為自己準備一些什麼工具或裝
備呢？」（太空衣、巴士、錢……）

3.「你到了這些地方後，想看什麼特別的東西或事情
呢？」

4.「阿羅的探險不是一帆風順的（提醒他所遇到的麻
煩）。你想，你的探險旅行中會遇到些什麼麻煩或
問題呢？」

5.「阿羅很聰明，每次都會用他的神奇筆為他解決一
些麻煩，且最後安全到家。如果是你發生了麻煩，
你會怎麼處理？或用什麼？來為自己解危？」

三 •• 計畫與呈現

1. 計畫：

「當我們開始時，我們等下會和阿羅一樣，躺在床
上，想要入睡。我們的桌子可以當床，然後，我們
想或許去哪裡探險玩玩，可能可以幫助我們入眠。

所以，探險後，帶回你的紀念品，回到家中的床上，擁被入睡。」

2. 呈現：

（放音樂）「你現在在床上，想睡卻睡不著，翻來翻去，把枕頭抱在懷裡，把身體翻過去趴在床上……想盡辦法，就是沒有辦法入睡。哦，有了！或許溜出去走一趟，探險一番，可能會有點用。所以，你就出發了！」

（老師可扮演阿羅的爸爸或媽媽）：「哦！阿羅不在床上，是不是又溜出去探險了？我來站在窗邊看看，嗯，一輛巴士剛從路口轉角過去，不知道阿羅是不是坐在上面？……希望他帶著需要的隨身物品。我猜他一定可以用紫色的彩筆畫些新的東西出來。嗯，希望他今晚玩得很快樂……。我還是有點擔心……有時候，他還是會遇到一些麻煩……不知道他現在是不是已經碰上麻煩了？今晚夜色看起來有點怪……哎，我不該擔心的，他總是會很聰明地即時畫個東西來解決他的問題。希望今晚他別在外耽擱太久，明天還要上學呢！嗯……我好像聽到一點聲音，可能阿羅已經準備在回家的路上了。」

（老師的口吻）：「好像大部分的人都結束了，最好快點回到位子上，有人正掛心於你呢，很好，每個人都回家了……把你的彩色筆收好，跳上床……晚安。」（音樂停）

四 •• 檢討與反省

活動後的討論：「假裝我是你的爸爸或媽媽（很擔心）……」

1. （輕輕地）：「阿羅，醒醒。」（走到一個小朋友旁）「哦！還好，我好擔心哦！你這次去哪了？」

2. 「你有沒有帶什麼紀念品回來啊？」（任何東西都是很好發揮的話題。例如：帶回動物，可以討論看看怎麼餵他們或養他們；或許阿羅的整個房間到處都是紀念品，東西太多了，想個方法清理……）

3. 「阿羅，我不知道要怎麼對你說，可是我還是得說。你是不是可以把你的彩色筆丟了？你知道，雖然你每次都能為自己解脫危難，可是……若有一天……你沒辦法時怎麼辦？」

4. 「哦！電話在這兒。」「哈囉！是，這是阿羅的家。警察？什麼？你發現阿羅丟在外頭的東西？你要和他講話？等一會兒。」（看看有沒有小朋友想說話。你可以故意站到小朋友身旁，與他一起回話。也有其他的電話可能，譬如說，有商店打電話來問問阿羅什麼時候把他訂的一打彩色筆送來？或是有人打電話找阿羅，說他是阿羅上次出去探險所遇到的朋友。）

5. 「阿羅，我從你的相簿中找到這些照片。有些好像是你出門探險的照片，但我不記得那次是哪次了？」「告訴我（拿一些奇怪的圖片……）這些人是哪兒來的？」（或可問：「你在哪兒遇到這些人的？或這些動物（怪物）的？」「這個好看的東西是什麼？」「你是怎麼逃脫的？」

五 ‧‧ 安靜活動（結束）

「哦！明天要上學，我都忘了！現在已經好晚了，你該去睡覺了！我會把燈關了！眼睛閉起來，晚安！」（老師口吻）「所以，阿羅就鑽進被窩，拉起棉被，當房門關上後，他也慢慢地睡著了！」（停一會兒，讓小朋友靜下來，放一些安靜的音樂。）

總結

　　雖然前述已列出層次分明、前後有序之故事戲劇進行的流程，但當活動真正進行時，常因幼兒的反應與突發的狀況，無法依原來計畫進行活動（林玫君，1999b）。有時在「引導發展」時，教師與幼兒就順便談到故事之開始、中間、結束之順序，而到了呈現前的計畫部分，就不需要再討論一次。有時，教師可能才進行到「引導發展」的部分，幼兒已無法集中注意力，這時教師應掌握時間，只做些片段的練習，就可結束戲劇活動。有時，在「故事發展」時，幼兒已針對自己練習過的角色發表個人感受，到了回顧時，教師可引導幼兒分享其他心得，不需再重述已討論的部分。有時到了二度或三度進行活動時，幼兒對流程已很熟悉，可不需經過計畫，就直接跳入呈現分享的部分。

　　雖然戲劇課程不一定非得依照流程的順序進行，但教師的腦中卻必須保有清晰的概念，知道哪些已做過，哪些仍需要再討論，如此才能隨時回應幼兒的需要，做彈性的調整與修改。對初學的教師而言，依著上述的程序，有計畫地進行活動，較有安全感，然而，隨著經驗之累積，教師亦可以嘗試跳出「程序」的窠臼，彈性地運作，讓揮灑的空間更大更自如。

CHAPTER 9

戲劇教育之研究與
未來建議

本章內容主要摘錄自《創造性戲劇理論與實務——教室中的行動研究》的第四、五、六章中第一節,為了讓大家對於在教室中如何進行「行動研究」有完整的了解,特地將各章中與行動研究規劃與分析有關的資料,整合到本章,建立一套進行戲劇教學的研究模式,提供有志從事「戲劇教育」課程與教學研究的學者及現場教師之參考。

這些研究成果來自於筆者 1997 及 1998 年在臺灣科技部的兩項研究計畫,針對「戲劇教育」在幼兒園的實踐問題,透過行動研究之螺旋反思的歷程,以系統分析法持續在幼兒園大、中班進行實作教學、問題發現及反思改進的步驟。兩次研究共統整了 60 次的「入門課程」及「進階課程」的行動教學案例,歸納出戲劇課程在「教室管理技巧」、「肢體與聲音表達」及「故事戲劇」等教學實作與省思的寶貴經驗,這些研究中的案例與教學發現,已經在前面第四、五、六章中呈獻給讀者。在簡體版中,特別重新將過去行動研究中的方法架構、對象現場、結果、

未來研究建議進行整合，以方便讀者閱讀參考。

第一節 ▌行動研究方法

 意義與架構

　　行動研究（action research）是一種務實的研究策略，以問題為導向、整合實務的「行動」與「研究」，以同時達到雙重目的。多數行動研究由實務工作者將其在特定學校或教室情境中所遭遇到的教育問題，進行探究與試驗，並研擬出解決問題的策略方法，進而加以評鑑、反省、回饋、修正，以提升教師的教學技巧與思維習慣、學校的實務，並強化教師的專業發展（蔡清田，2000）。透過行動研究中的實際教學與省思，可以檢驗特殊領域的教育理論及基本假設，或為教學現場問題進行反思並提出解決策略。這類研究的教育理念，認為教師可以從反省與探究中，建構自己的專業基礎，並從中獲得專業知識（陳惠邦，1998）。而當教師能夠去內觀自己的教學並有所省思，其內在的價值和信念就可能改變，一股向上成長的內在動力就可能產生，這是教師是否能夠投入行動研究的關鍵。不過，行動研究以實務問題的解決為主要導向，關注的焦點在於如何解決實務問題，結果只限定於一個特定的問題領域，並不適合類推到其他的研究情境中（蔡清田，2000），但是教師可以藉由行動研究對實際在教學上產生的問題進行診斷、評估與改進，這樣的歷程，對於解決教學問題、改善教育現況極具價值。

　　行動研究之架構，主要以螺旋多元方式進行（胡夢鯨、張世平，1988：125），請參見圖 9-1 的流程。

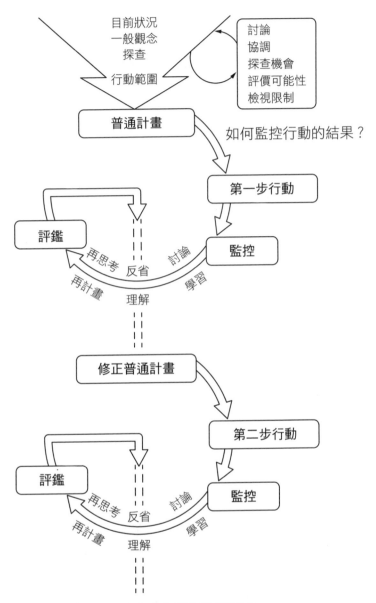

圖 9-1　行動研究螺旋狀過程圖

資料來源：胡夢鯨、張世平（1988：125）。

貳　實施步驟

依上述行動研究之架構，研究之實施步驟如下（李祖壽，1979；陳伯璋，1988；陳美如，1996；甄曉蘭，1995）：

一 •• 發現問題

在文獻探討的部分，筆者發現國外有許多戲劇教育相關之教科書是將幼兒園與國小低年級合併敘寫，但在實際執行時，卻又幾乎是在國小以上的教育機構中進行，因此，對於幼兒園教室中實施戲劇教學的狀況並不了解，筆者希望藉此行動研究來探討戲劇教育課程及教學策略實施於幼兒園之可行性，同時，於實際教學之際，發現其中的問題及歸納出解決之道。

二 •• 界定並分析問題

本研究之目的在於了解幼兒園中施行兒童戲劇教育入門及進階課程時，其課程內容、教師技巧、幼兒反應、空間、時間及其他相關問題及應用之道。

三 •• 草擬計畫

為了解戲劇教育入門活動在幼兒園中的應用情況，筆者與幼兒園教師採用譯自 Salisbury（林玫君編譯，1994）的戲劇課程，從書中選擇20 至 25 項代表「入門課程──肢體與聲音之表達與運用」的戲劇活動，以一星期實施兩次的方式進行戲劇教學。在進行教學時，筆者以「教師」的身分和一位幼兒園帶班教師共同帶領戲劇活動，同時由研究助理拍攝全程，以做為事後分析與反省之依據。

接著，筆者為了了解「進階課程──故事戲劇」於幼兒園實施的情

形，於入門活動進行完畢後，依照故事之導入、發展、分享、回顧與再創等五個步驟在同一個園所的兩個班級進行教學，並且全程記錄下來，以供事後相關研究之用。

四 •• 閱讀文獻

草擬計畫後，閱讀有關的戲劇教學資料，以便從其中了解各家進行之方法及所遭遇的問題。在每一次進行活動之後，筆者與教師一同反省並積極地查閱各式文獻，以解決課程中發生的問題。

五 •• 修正問題（建立新問題）

現有的問題不見得能在一次的教學中同時得到解決，而每次的教學中，又會有新的問題產生，因此筆者不斷面臨新的問題。

六 •• 修正計畫

針對新的或舊的問題再研擬新教案或修正教師教學技巧。

七 •• 實施新計畫

在教室中執行新的教案或應用新的教學技巧，每次的教學，都是重複：分析問題→草擬計畫→閱讀文獻→修正問題（建立新問題）→修正計畫→實施新計畫。

八 •• 提出結論報告

最後將所有的問題、解決的過程及結果，綜合整理，提出報告。

參 戲劇課程規劃

　　筆者依照前述實施步驟於第一學期規劃「肢體與聲音之表達與應用」之入門課程，以中班幼兒為對象，進行 30 堂戲劇課程，詳細課程規劃可參考表 9-1。接著，筆者參考幼兒園整學期的活動主題及個別班級狀況，於第二學期設計 15 堂「故事戲劇」之進階課程，在幼兒園兩個班級中實際操作，其課程內容請參見表 9-2。

表 9-1　「肢體與聲音之表達與應用」之入門戲劇課程規劃

週次	月份	上課主題	活動種類
1	10 月	拍球	韻律活動
2		回音反應	韻律活動
3		進行曲踏步	韻律活動
4		回音反應＋遊行 I	韻律活動
5		方向與節拍——猴子訓練營	韻律活動
6	11 月	遊行 II	韻律活動
7		跟拍子	韻律活動
8		冠軍群像——溜冰大賽	韻律活動
9		新鞋 I	韻律活動
10		新鞋 II	韻律活動
11		小小大廚師	模仿活動
12		大與小	模仿活動
13		小木偶	模仿活動
14	12 月	汽球	模仿活動
15		動物移動	模仿活動
16		形狀森林	模仿活動
17		機器人	模仿活動

表 9-1　「肢體與聲音之表達與應用」之入門戲劇課程規劃（續）

週次	月份	上課主題	活動種類
18	12 月	冰淇淋	感官活動
19		毛毛蟲變蝴蝶	模仿活動
20		小狗狗長大了 I	模仿活動
21		小狗狗長大了 II	模仿活動
22	1 月	小寵物——小兔子	模仿活動
23		走路	模仿活動
24		爆米花	感官活動
25		超越障礙	韻律活動
26		馬戲團探險 A	聲音故事
27		牛媽媽生牛寶寶	聲音故事
28		阿羅有枝彩色筆 I	單角故事戲劇
29		阿羅有枝彩色筆 II	單角故事戲劇
30		討厭黑夜的席奶奶	單角故事戲劇

表 9-2　「故事戲劇」之進階戲劇課程規劃

週次	月份	活動主題	A 班戲劇活動	B 班戲劇活動
1	2 月	預備週		
2		預備週		
3		打勾勾	討厭黑夜的席奶奶	討厭黑夜的席奶奶
4	3 月	打勾勾	老鼠娶親 I	
5		快樂的婚禮	老鼠娶親 II	老鼠娶親 I
6		快樂的婚禮	小青蛙求親	小青蛙求親
7		快樂的婚禮	妞妞公主要出嫁	妞妞公主要出嫁

表 9-2　「故事戲劇」之進階戲劇課程規劃（續）

週次	月份	活動主題	A 班戲劇活動	B 班戲劇活動
8	4 月	樹木之歌		
9		樹木之歌	猴子與小販	猴子與小販
10		樹木之歌	野獸國 I	野獸國 I
11		樹木之歌	野獸國 II、III	野獸國 II、III
12		藝術之旅	野獸國 IV	野獸國 IV
13	5 月	藝術之旅	三隻小豬 I（說故事）	三隻小豬 I（說故事）
14		藝術之旅	三隻小豬 II	三隻小豬 II
15		X 老師實驗室	三隻小豬 III	三隻小豬 III
16		X 老師實驗室	小精靈與老鞋匠 I	小精靈與老鞋匠 I
17	6 月	幼兒行為學習評量	小精靈與老鞋匠 II	小精靈與老鞋匠 II
18		幼兒行為學習評量		
19		幼兒行為學習評量		
20		幼兒行為學習評量		

肆　資料分析

　　筆者、教師及助理在每次戲劇教學活動後會利用午休時間馬上倒帶觀看當日教學過程，討論幼兒的反應與面臨的問題，並在教案的右半部留白處，寫下幼兒當日的反應與檢討事項（參見附錄一），最後，將該次活動之總檢討與反省記錄在教案最下方空白處，並於右方空白處提出下次活動之建議，以完成單次教案總檢討。

　　之後，筆者與教師再次閱讀書面紀錄，並利用系統分析法，以鉛筆進行編碼工作。「入門課程——肢體與聲音之表達與運用」之研究初期編碼分類以研究問題為主要依據，依次為課程（A）、教師角色（B）、

幼兒反應（C）、教室經營管理（D）等大項。經反覆持續分析實際教學資料後，筆者將部分資料重新定義分類，成為主題系統分析一覽表，其細項如下：韻律活動（A1）、模仿活動（A2）、感官活動（A3）、單角故事（A4）、教室氣氛（B1）、常規（B2）、組織（B3）、幼兒（C）、空間（D）、時間（E）、道具（F1）、音樂（F2）。

最後，從期初到期末，將所有單次教案中與「課程」有關之問題與解決方案內容放入表中課程（A）項目下，以供筆者與教師做全面縱貫性的反省，藉此發展出對實際戲劇教學問題之了解、解釋及行動。除了課程外，筆者以同樣方式，將資料依「教師」、「幼兒」、「空間」、「時間」、「道具」等幾個主題，列入系統分析一覽表（參見附錄二），以對這些問題進行深入探討。

而「進階課程——故事戲劇」研究亦以同樣的方式進行記錄與分析，只是除了單次教案的檢討外，筆者會與教師在每進行一個大單元故事後（通常三至四次戲劇教學），彙整全部教案總檢討的部分，嘗試利用主題系統分析的方式，為類似的項目分門別類，期能找出教學中的共同疑惑與已解決或待解決之問題（參見附錄三）。其中，編碼的方式又會隨著每次不同的內容而調整，最後定案的項目如下：準備活動（A）、故事的選擇與介紹（B）、討論練習（C）、呈現前的計畫（D）（流程 D1、角色分配 D2、場景位置 D3）、戲劇呈現（P）、活動結尾與反省檢討（E）、常規（F），除了上列外，可隨時在各項目前加上幼兒（S）或教師（T），以區辨分項中屬於幼兒或教師的部分。

然而，由於行動研究乃是在每次的教學中，重複下列步驟：分析問題→草擬計畫→閱讀文獻→修正問題→修正計畫→實施新計畫，因此除了在整個計畫開始時的文獻探討及計畫草擬外，每一次教學中發生的新問題都需再佐以相關文獻資料反省教學得失，以因應新生的問題。

第二節 ▍ 合作對象

　　上一節已說明此研究之架構、步驟、課程規劃及資料分析方式，本節將針對研究進行之幼兒園概況、筆者的參與及兩者關係的建立分別說明。

 壹　幼兒園的概況

　　由於戲劇教育教學是以幼兒為本位，不過分強調認知相關的課程內容，故為求研究能順利進行，需選擇一個較開放的幼兒園。因此，筆者選擇一所中小型的幼兒園做為研究場域。該園平日是由教師依據主題自行設計課程內容，並於其中彈性穿插奧福音樂、體能活動、學習區活動及宗教教育活動等，幼兒平時例行活動及作息時間概要請詳見表 9-3。

表 9-3　幼兒園作息表

	時間	活動概要
上午	07：30〜09：00	小朋友陸續來園，可自由選擇要在教室中的學習區、戶外遊戲場、圖書室或沙坑活動。
	09：00〜10：00	第一堂課，學習區活動或由帶班教師設計課程，彈性運用。
	10：00〜10：30	點心及戶外活動時間。
	10：30〜11：30	第二堂課，學習區活動或由帶班教師設計課程，彈性運用。
下午	11：30〜12：30	午餐及盥洗清潔，準備午休。
	12：30〜14：30	午休。
	14：30〜15：00	點心時間。
	15：00〜16：30	第三堂課，學習區活動或由帶班教師設計課程，彈性運用。
	16：30〜	所有的小朋友集中大廳觀賞影片，由值班老師照料，等待家長接回。

貳　研究者的參與

　　於研究進行之初，筆者以「主動積極參與者」身分進入研究現場，一週兩個半天，參與教室中活動。四週後，筆者以「完全參與者」身分出現，與教師協同，一起進行戲劇及其他相關教學工作。表 9-4 左邊列出幼兒園上學期之行事曆，右邊則描述筆者如何介入參與教學之過程。

表 9-4　幼兒園行事曆及戲劇教學參與對照表

月份	活動主題	預定行事	參與戲劇教學過程
9 月	稻草人與小麻雀（每個人都有自己的家）	・慶生會 ・分發親子聯絡簿	剛開始的時候，筆者與研究助理以教師的身分，先進入教室中與小朋友建立關係。在自由探索時，直接進入學習區與小朋友玩，增加與每位小朋友接觸的機會。當班教師上課時，則協同教學或在一旁觀察，並在課後與教師討論每位幼兒之特質。
10 月	娃娃看天下	・小組聯絡網開始 ・「家長參與」系列活動開始 ・臺語月 ・分發親子聯絡簿 ・教師彼此教學觀摩	經過兩週的熟悉，筆者開始與老師共同計畫教學的內容，在娃娃家引導自發性戲劇遊戲。以幼兒先前舊經驗「開麥當勞」為主題，進行更深入的戲劇扮演。首先，與孩子共同討論經營麥當勞應將店面擺設成什麼樣子，並且一同將娃娃家挪成小朋友心中的麥當勞餐廳。 之後，為了增加孩子的第一手經驗，安排了一次麥當勞的參觀活動，實際地進入麥當勞的內部，接觸廚房及倉儲部分，並在店內用餐，到大肌肉區玩遊樂器材。 回到教室後，小朋友決定將麥當勞重新改裝，擴大營業，於是著手將教室中的娃娃家與積木區合併，用柔麗磚搭出一個門，內部則增加了外賣區及遊樂室，在一次小朋友生日的機會下，筆者與教師共同計畫了一個慶生會，模擬在學習區中的麥當勞慶生的情形，小朋友也熱烈地參與。

表 9-4　幼兒園行事曆及戲劇教學參與對照表（續）

月份	活動主題	預定行事	參與戲劇教學過程
10 月	娃娃看天下		筆者在此月份，選擇性地說了一些故事，帶領一些簡單戲劇遊戲做暖身，主要的目的是讓幼兒熟悉筆者主教的角色，並且觀察幼兒對戲劇的反應，以便計畫接下去的戲劇活動形式。 從 10 月中旬開始，正式進入創造性戲劇教學活動。由韻律活動開始。
11 月	藝術之旅	・藝術活動，全園幼兒自選組別 ・感恩節系列活動開始 ・分發親子聯絡簿 ・慶生會	藝術活動是每學期必進行的大型活動，也是其獨有的特色。孩子們可以遵照自己的意願自行選組，追隨不同教師，進行與個人專長有關的藝術活動。因為研究的關係，本班的小朋友留在原班，繼續戲劇活動。 活動設計從戲劇的基本元素開始逐一進行，嘗試各種有關韻律與模仿肢體活動，為了使活動完整及提起小朋友們的興趣，後來在部分活動中加入故事的情節。
12 月	小小胡桃鉗	・新生幼兒氣質評量 ・歡樂耶誕親子活動 ・分發親子聯絡簿 ・慶生會	本月的重頭戲在 12 月 25 日的耶誕節，從月初開始整個教室就開始營造耶誕節的氣氛。而戲劇活動方面，延續 11 月藝術月的活動，繼續做一些模仿活動，並由帶班教師視情況來延伸，結合耶誕主題，繼續進行戲劇活動。
1 月	幼兒行為觀察與評量	・生活學習評量活動開始 ・面對面溝通老師與家長面談時間	針對上個月戲劇活動的疑問或待解決的問題，計畫課程。戲劇進入「口述默劇」部分，教師並利用戲劇活動來進行動作、語言、思考能力……各方面的評量。將測驗項目融入戲劇活動中，顯然有趣多了。研究接近尾聲，需要再找機會進行故事戲劇之課程研究。

參 雙方關係的建立

本研究進行之初，合作的對象是臺南市一所私立幼兒園，該幼兒園採用學習區開放形式，班級為三歲、四歲及五歲之分齡幼兒。參與戲劇活動的班級為中班，此班幼兒為四至五歲之兒童，平均年齡為四歲六個月，男生八名，女生七名，共 15 名。該班教師畢業於師範學院幼教系，且曾修習創造性戲劇相關課程，對於此研究亦有濃厚的興趣。幾經溝通之後，此位教師答應與筆者一起在該班進行戲劇教學的研究。除帶班教師外，筆者也是進行教學之合作教師，一星期至學校進行兩次之教學活動及檢討反省。兩位教師乃屬平行關係，共同計畫教室，並依幼兒及課程之需要彈性修改。另外尚有一位研究助理負責拍攝及活動記錄之工作，並協助討論、資料蒐集及整理等研究工作。

研究之初，筆者以「主動積極的參與者」身分進入研究現場，由代班教師將筆者介紹給小朋友，並以教師名字稱呼，一週兩個半天，參與學校及幼兒之活動。四週後，筆者以「完全參與者」的身分出現，與教師協同，一起進行戲劇教學，並在每次教學後寫下反省記錄，共經過15 週教學，30 次戲劇活動。研究助理則是以「有限參與者」之身分進行觀察（黃瑞琴，1991），在戲劇教學中，進行 V8 拍攝工作，以記錄戲劇專家、教師及幼兒上課互動之情況，以供反省及教學參考。經過前四週關係的建立，幼兒已熟悉筆者與研究助理，並能將之視為與教師平等之合夥人。另外，幼兒也習慣錄影機之拍攝，幾乎無視於其存在。

當本研究進行至第二學期時，除原本的班級外，新增了另一個中班教師與幼兒為合作對象，而這位新加入的帶班教師，亦曾於就學期間修習過創造性戲劇教學的相關課程。在確定研究合作對象後，筆者依照上學期與幼兒園合作的模式，進行下學期「進階課程——故事戲劇」的研究。

第三節 ▌行動省思

壹 戲劇教學之行動省思

根據兩次行動研究之省思結果（林玫君，1999a，1999b），戲劇活動教學與教室管理的省思包含下列三點：

一 ·· 建立教師與幼兒的關係

筆者發現教師在戲劇活動中最需要處理的就是與幼兒關係的建立。教師就曾透過下列方式來建立關係：適當真誠的鼓勵、接受及了解幼兒對戲劇的感覺與想法、表達教師自己的感覺、接受幼兒模仿的行為及一些能力的限制。

二 ·· 維持教室中的生活規範

從系統分析上了解，這是整個教學中花費時間與經歷最多的部分。如何能兼顧教室秩序與幼兒自由創作之平衡性一直是研究思索的重點。從整體教室生活規範建立之歷程來看，它包括開始的建立、中間的維持及違反時之處理等。教師可巧妙運用一些戲劇技巧如「旁白口述指導」、「教師入戲」、「準備與說明技巧」、「機械動作」、「靜止畫面」、「具象化」等，來維持生活規範與幼兒自由創作之平衡。另外，在研究中發現的技巧如「幼兒遊戲之原型」、「魔法」、「角色回顧」等也能幫助教師直接由戲劇的情境中掌握全局，而效果最好。

三 ·· 了解影響教學之因素

研究顯示，影響教學之因素包含人、時、地、事、物等方面。在人員分組的方面，教師進行練習活動時，可考慮「個別練習」或需要「雙

人、小組合作」之活動；進行呈現時，可考慮「同時進行」或「輪流分享」之活動。時間的安排方面，教師需要視幼兒的情況而彈性地運用課程的時間，可從「時間之長短」、「時間之分配」、「不同時段之運用」及「導入時間之掌握」等四方面來考慮。在空間的運用上，相關的問題包含「空間的利用」、「定點與動線的控制」及「現實與想像空間」等。在題材的方面，必須考慮「幼兒興趣與舊經驗」、了解「故事情節與角色之複雜度」，及不同活動之難易度。最後，在「道具及媒材」的方面，一些具體、半具體或非具體之道具能幫助幼兒對人物之詮釋或劇情之呈現。另外，教師可利用教室中現成的光源控制、隨手可得之音樂或一些小樂器，讓幼兒更能體會戲劇的氣氛與情境。

「入門課程──肢體與聲音之表達與應用」之行動省思

一 ‥ 韻律活動

隨著音律或樂器而產生之韻律活動，其課程之主控性較高，對初學的教師或幼兒而言，很適合做戲劇入門活動。然而，由於幼兒的動作常受制於反覆性高的韻律節奏，以致雖然個別活動之主題不同（如：【遊行】、【新鞋】、【冠軍群像】等教案），但進行的方式類似。加上研究中幾項韻律活動之內容類似，若連續地安排這類課程時，幼兒容易失去對戲劇之新鮮感。另外，在韻律活動的進階活動中，雖然故事性與想像空間變大（如：【遊行】、【新鞋】、【冠軍群像】），幼兒之興趣也明顯增加，但其表現不如在模仿活動的好。其原因可能是透過音樂或其他韻律刺激而創造出來的活動，想像空間大，也較抽象，而模仿活動是針對人、事、物的觀察與了解而重現的肢體動作，有特定的對象，也比較具體。

韻律活動常配合某種音樂旋律或樂器一起使用，因此這類活動本身

就是一種內控訓練最佳的方式。所以，可彈性運用此類活動，將之縮短變成戲劇活動或其他活動間的轉換活動。另外，也可將之插入較長的故事戲劇中，或成為故事內控的一部分。更可延長活動，加入戲劇化的劇情，以增加幼兒參與的興趣。

二‧‧ 模仿活動

由於模仿之對象常是具體的實物或真實的人物，加上結合教室及生活的經驗，對幼兒而言較容易發揮。另外，大部分模仿的對象較單純，只針對某一特定的對象，無論教師在找資料或進行戲劇討論時，都比較容易進行。通常，模仿活動中的人物很容易成為故事中的主角，若教師能靈活地編入一些幼兒熟悉的故事背景，就能很容易引入故事戲劇。

在本次研究中，筆者依循序漸進的課程安排原則，先進行一系列的韻律活動，接著才進入模仿活動。研究中建議可考慮韻律活動與模仿活動交叉安排，避免類似活動反覆出現，亦可增加幼兒之新鮮感。

三‧‧ 聲音故事

教師的主控性雖然強，但小朋友必須為故事加上所有的聲音效果。此種戲劇活動，一方面能控制全場的情況，另一方面又能提供幼兒即興參與與創意的機會，很適合在幼兒園中進行，尤其適合在開始階段的引入。

聲音故事為聲音與口語練習中的一種，其效果與韻律活動相似，同具內控之性質，因此，可彈性地把聲音故事之技巧應用於一般較長的戲劇活動中，請幼兒除了揣摩人物劇情外，並為故事背景做配樂之工作，以增加趣味性。另外，也可將原來的「聲音故事」擴充，加上動作與劇情的呈現，使得故事更具戲劇的效果。

四 ·· 單角口述默劇

　　由於時間的限制，本次教學只進行兩次以口述默劇為主之單角活動。未來可以「故事戲劇」為主，進行雙角、多角及其他故事之相關課程。不同於前三種入門活動課程，口述默劇活動是較完整的單元，通常介紹故事且討論其中內容就得花相當長的時間，若繼續進行活動，會超過 40 至 50 分鐘以上。一般幼兒之專注度只有 30 至 40 分鐘的限制，要在同一次就完成全部內容不太可能。因此，最好分成幾次來進行故事戲劇之活動。然而，研究中也顯示，只要是幼兒感興趣的主題，即使超過 40 分鐘，其注意力仍不減。

參 「進階課程——故事戲劇」之行動省思

　　故事戲劇之流程包含故事之導入、發展、分享、回顧與再創等部分。研究中發現，在整體帶領的過程中，許多教學計畫無法依事先預定的內容進行。隨著幼兒的反應與突發狀況，討論常會重複或前後顛倒。研究中也建議，教師腦中必須保有清晰的概念，知道哪些已做過，哪些仍需要再討論，如此才能隨時回應幼兒的需要做彈性的調整與修改。對初學的教師而言，依著上述的程序，有計畫地進行活動較有安全感。隨著經驗之累積，教師可以嘗試跳出「程序」的窠臼，彈性地運作，讓揮灑的空間更大、更自如。除了整體流程的組織外，研究中對故事戲劇之分項過程，有下列發現：

一 ·· 故事之導入——選擇與介紹

　　教師在選擇故事時，可以考慮研究中曾面臨的問題，如故事角色與劇情之複雜度、人名與版本、邏輯的發展、主動或被動性、口語及動作的比例分配、高潮與控制之平衡、定點與動點的差異性、情節與人物之

真實性或虛構性、與幼兒舊經驗的關係等。在介紹故事的部分，研究中也發現若要增進幼兒對故事的熟悉度，選擇故事的介紹方式很重要。另外，除了一般的說故事技巧外，教師可能會面臨人稱的改換、內容的取捨及活動的配合等問題。

二 ·· 故事之發展——引導發展

　　這是發展幼兒肢體與想像空間的重要步驟。根據研究顯示，討論練習之重點是針對故事中角色的動作與口語做演練。教師可把幼兒的想像與建議融入其中，並引導其練習。受限於幼兒參與討論之耐力，教師必須保持相當大的彈性，重組討論、練習之內容，且不用侷限於單次課程，可分散至數次演練。因此，教師必須善用一些教學技巧，如用第一人稱的方式與幼兒進行討論、鼓勵創意；運用劇中人物與肢體動作達成社會互動；運用白板、實物和具體動作來增強幼兒對故事人物及情節的了解；或是以彈性運用時間、刪改重複內容避免時間拖延來掌握時間等。在動作與口語活動的部分，教師也可考慮使用示範動作、手部動作代替身體動作、口述默劇、具象化、戲劇內控、分組、發展限制、教師入戲、訪談、辯論、專家訪問等方式。不過，在過程中教師必須時時留意幼兒的個別差異與創意，使得練習的過程也成為發展創意的過程而不是重複教師的想法之演練。

三 ·· 故事之分享——計畫與呈現

　　多數教科書將教學重點放在分享方式，本研究發現分享前之「計畫」是時間耗費最長、問題發生最多的部分，其中又包括「計畫流程」、「角色分配」與「位置分配」等問題。

　　在「計畫流程」的部分，計畫時必須配合故事本身的邏輯性，加上一些「轉接」的說明與肢體語言的暗示，藉以幫助幼兒對故事中情節發

生的順序及場景變化有較深刻的印象。

在「角色分配」的部分，研究結果顯示，幼兒在角色的選擇上，存有強烈的好惡之別。教師在分配角色時，必須保持彈性，考慮角色決定的順序、幼兒社會互動的關係及教師角色的彈性運用。

在「位置分配」的部分，教師必須善用教室與其他替代空間。鼓勵幼兒跳出地點的限制，漸漸由教師指定的定點，到自行計畫的場景位置，這對幼兒及教師而言都是一大挑戰。

在進入「分享呈現」後，必須考慮「教師的角色」、「劇場媒介之運用」及「活動結尾」等問題。活動結尾常是整個戲劇活動中容易被忽略的一部分。筆者嘗試利用「秘密分享」、「劇中人物」、「引導想像」、「放鬆活動」及其他靜態活動來結束當日的戲劇課程。另外，也需考慮回收道具的方式及延伸活動等。

「戲劇呈現」中，本研究所遇到的困難包括「無法輪流等待」、「無法專注」及「無法自控」等問題。過程中嘗試以「口頭提醒與警告」、「劇中人物的內控」、「中止活動」及「教師自我反省」等方式解決問題。

四 ‧‧ 故事之回顧——反省與檢討

本研究發現「反省」在整個流程中佔著相當重要的地位，但卻常被忽略。根據研究顯示，教師鼓勵幼兒正面行為與創意表現，並邀請幼兒對細節回顧及自我和同儕的反省。反省的時間也不必拘泥於形式，研究中建議最好能隨時反省且隨興反省。

五 ‧‧ 故事之再創——再度計畫與呈現

教師可用開放性的問題，引導幼兒重創故事的內容。教師可用問問題之方式，由第一次忠於原著之討論，到第二次依故事大綱來發展新劇

情，到第三次完全跳出故事架構來創造新的故事，這其間的選擇，視教師與幼兒的發展默契而走，無一定的規則。

兩次行動研究之反思

筆者在兩次行動研究中，得到下列自我反思的機會：

一 •• 臨床教學是自我專業挑戰的機會

戲劇教學的現場如前線戰場，時時考驗著自己的專業技巧、能力與態度。尤其合作的教師曾是自己的學生，到底以前課堂所教的理論與專業知識，是否也能完全符合於實際的需要，著實是筆者的一大挑戰。尤其一星期兩次上課的壓力，加上平時未能天天與幼兒為伍，以致在戲劇教學時，不一定能完全掌握幼兒當日動態，雖有準備好的教案，但幼兒常未按牌理出牌，完全要靠自己的臨機應變與教師的協助。筆者發現必須隨時抱持著坦然面對的心情，以冷靜的頭腦處理當下的問題，或在事後接受自己曾犯的錯誤，並從錯誤中力求了解與改善。

二 •• 戲劇專家與教師合作的關係

兩次行動研究都由筆者與教師協同教學，雖然筆者具戲劇教學之專業背景，但是受限於一星期兩次的時間，無法真正融入幼兒生活，必須依賴教師提供幼兒相關的訊息來規劃戲劇活動。而帶班教師雖未具備豐富的戲劇教學經驗，但因為天天接觸幼兒，對於幼兒的興趣、社會互動及個別差異有較多深入了解的機會，因此在帶領戲劇活動時，對於整個班級脈絡及幼兒的掌握較佳，也間接彌補了「經驗不足」之缺憾。另外，教師較能利用正式戲劇課程外的時間，提供相關的經驗、口語和材料的支持，且能將部分的活動融入日常教學與生活中。這些統整的戲劇

經驗只有依賴帶班教師才能夠完成。雖然代班教師佔時間之優勢，她們仍需依賴戲劇專家之協助，提供戲劇技巧與課程發展之訓練。另外，教師與戲劇專家之持續性的「反省對話」，也協助教室中戲劇活動之進展。由於兩次研究的焦點都是在戲劇教學與課程本身的問題，未來可針對教師與戲劇專家之合作關係進行探究。

三 •• 幼兒「戲劇扮演」的潛能無限

　　第一次研究只有一個班級，第二次增加一個新班。在第二次研究中發現，雖然開始時新班的表現不如舊班，但經過一個學期的故事創作後，卻發現兩班在戲劇方面的表現一樣，不像學期初差別那麼大。似乎「戲劇扮演」本來就存在幼兒的潛能中，只要提供機會與時間，那潛藏在身體中的本能，很容易地就被開發出來。

四 •• 幼兒社會互動機會的增進

　　研究中也發現戲劇活動提供了幼兒練習溝通與協調的機會。幼兒與教師或同儕間，常常必須為了維持戲劇的進行而運用許多「後設溝通」的技巧，同時，幼兒的口語和社會能力相對地增進。然而，本次行動研究只限於兩個班級之個案分析，研究結果的應用只限於實際研究情境，不應做放諸四海皆準的推論，未來需要相關的實徵研究來證實上述的發現。

第四節 ▌建議與未來研究方向

 未來研究方向

一 ‧‧ 理論基礎研究

　　雖然本研究嘗試對戲劇教育的名詞定義與範圍做澄清的工作，然而，隨著教學方法的發展與翻譯書籍的普遍，新的名詞仍會不斷出現。在國內，是否需要透過會議或組織來明確界定其定義與範圍，藉此以產生共識，且加速戲劇教學在臺灣教育之推展工作，是未來國內學者可以思考的問題。

　　研究中也嘗試將戲劇教育與幼兒發展理論做連結與比較。未來可以擴充研究範圍，從心理學、社會學及學習理論等不同的角度分析，為戲劇教育在教育上的應用，建立更紮實的理論基礎。另外，除了探討實徵研究之效果外，針對質性的研究做分析，實際描述各種不同的戲劇教學法對教師或參與者之發展意義，也可分析過程中教師與參與者之反思紀錄。在幼兒發展的部分，本研究只針對施教兩班幼兒之反應做描述，今後可增加參與人數與班級，並參考幼兒發展的理論，針對不同年齡層、不同發展層面與不同個別差異之幼兒做研究。本次探討範圍多半以幼兒戲劇遊戲中相當成熟的理論與研究做為搜尋分析之目標，未來可將範圍拓展至質的研究，透過分析一些具有幼兒實際遊戲腳本之研究來了解幼兒戲劇內涵的其他面向，以充實本研究不足之處。

二 ‧‧ 實務研究

　　未來可鼓勵更多學者、教師及實務工作者共同參與研究，以拉近研究與實務之距離。戲劇教育是一門研究兼理論的課程，若欲推廣至教育及其他相關領域中，必須結合教師及實務工作者一同進行教學與研究之

工作，可利用近年來盛行之行動研究、教師研究或案例研究（case method）的方式，蒐集戲劇教學中的反省過程及解決問題之道，並呈現戲劇課程與教學多元的面貌。

在本論文行動研究之問題解決的過程中，有些問題透過資料的分析、教學的反省與再試驗，有比較明確之方向。但有些問題因筆者時間、資料及能力的限制，未能及時發現解決之道。茲就個中存疑的問題提出說明，期待日後再行研究。

（一）戲劇教學部分

在戲劇教學的部分尚有下列疑問待未來繼續探究：教室常規是最令教師困擾的問題，未來可以蒐集更多常規發生的案例，分析並描述常規問題之形成、幼兒反應與解決處理之過程。

另外，在面對教室管理如「人數」、「空間」及「時間」等變化因素時，可朝向多元、彈性且務實的角度來思索這些問題。例如：多數的幼兒園教室「空間」狹小，影響戲劇活動的進行，未來可探討適合各類空間型態之戲劇課程，以符合實際需要。在「時間」部分，戲劇活動也面臨時段被切割的問題，到底完整的教案被切割成數段，且在不同天次中上課，會不會影響其品質？該如何切割才能符合幼兒與幼兒園課程的需要？在一般教室現成的「道具、器材」、「音樂」及「燈光」的配置下，哪些材料容易準備且戲劇效果佳？如何運用？如何鼓勵幼兒自創音效或自控燈光，使其能由戲劇的接受者變為主動的製造者？

（二）入門課程部分

在「肢體與聲音之表達與應用」課程中，尚有下列待解決的疑問：介紹課程的程序是否要依照既定的方式進行？若不依課程的順序組織教案，其效果會如何？如何組織比較合乎幼兒及學校課程的需要？一般戲劇教科書均以幼兒口語能力之限制為由，建議較少的口語或對白練習之

活動，甚至連故事戲劇的部分都建議以「口述默劇」的方式開始，依研究之觀察，雖然在開始之初，幼兒在口語表達部分的確有所限制，但當機會增多且以第一人稱方式進行時，幼兒的表現頗佳，以往是否低估幼兒口語的能力？或是與帶領的方式有關？待未來研究做進一步的調查。

（三）進階課程部分

在「故事戲劇」的部分，待研究的問題如下：在「準備活動」方面，到底所謂合乎幼兒興趣的故事具備哪些特質？戲劇主題與教學主題的搭配如何平衡？在故事「選擇與改編」的部分，教師如何可以納入幼兒創意又不致影響活動的進行？在「引導發展」的部分，什麼樣的時間長度最恰當？什麼樣的問題內容能引領幼兒的創作與思考？在「計畫」的部分，如何能從分配角色、場景、流程的討論中取得大家的共識？教師與幼兒想法之選擇與取捨的標準在哪兒？而在「呈現」的部分，哪些是幼兒自發性的表現？哪些是教師的想法或故事的原意？最後，在活動的「結尾」部分，如何從幼兒與教師的反省回饋中看到幼兒的進步？

貳 幼兒園戲劇課程

根據研究的結果顯示，幼兒園的戲劇課程之基礎是幼兒開發性的戲劇遊戲，雖然它最不正式，但卻最能符合幼兒發展的需要且適合以過程取向的課程，教師只要能善用觀察、言語及材料的支持和戲劇情境內外之引導技巧，就能為幼兒搭建恰當的學習鷹架，這雖然是較理想的模式，但並不是所有的幼兒園都能依此而發展。另外，本研究中之戲劇教育課程，由於重視幼兒在過程中對自己肢體、聲音與想法的表達與運用，適合與幼兒園事先設定之單元主題或各科教材教法結合，成為教室中大組或分組活動的一種選擇。不過，由於其課程發展以循序漸近、目標導向為原則，教師在設計或進行課程時必須保持彈性，時時留意幼兒

自發的想法與興趣，努力維持過程中幼兒對戲劇活動之內在動機、內在現實及內在控制等遊戲的本質。

除了上述的戲劇課程外，可以繼續發展新的課程模式或結合不同的戲劇策略於不同的課程中，如故事戲劇加上戲劇教育 D-I-E 的策略來發展課程主題或探索幼兒生活的問題，頗合乎幼兒戲劇活動的天性，值得進行相關研究以了解其對幼兒發展的影響。

總之，幼兒園的課程多元而紛雜，若要在幼兒園中實施戲劇課程，教師必須先了解各類戲劇課程之本質、特色與實施的方式，視自己的課程與幼兒的需要，靈活而彈性地將各類的戲劇引導策略及技巧應用於不同的課程與情境中。教師心中要隨時保持清楚的概念，把握幼兒發展與課程發展的本質與特色，知道哪些情況適用哪類技巧與課程型態，如此就可收放自如而不拘泥於固定的一種形式，對多數的教師而言，這也是一大挑戰。

參 師資培育機構中的課程

近年來，戲劇教育逐漸受到國內教育先進的重視，陸續被納入九年一貫「藝術與人文」領域、幼兒園教保活動課程大綱「美感」領域及十二年國教中的「藝術」領域，特別在幼教界更是受到相當的肯定。目前幾乎國內幼教系所都普遍開設與戲劇相關的選修課程，有的以表演式的兒童劇場為主，有的以即興創作的教室戲劇為主。然而，這些相關的課程在名稱、教學目標與內容等方面都相當的多元分歧；而在戲劇整體的介紹、各類戲劇之本質與方法上的差異，及其與幼兒發展和幼兒園課程的連結等，也不一定都能在短短的一學期選修課程中介紹完成。

誠如本研究結果所顯示，戲劇之本源乃幼兒自發性戲劇遊戲。若要進行職前或在職之幼教師資戲劇相關進修課程，就必須以幼兒遊戲發展為基礎，以戲劇創作之方法為媒介，針對戲劇名詞的澄清、對幼兒發展

的貢獻、與幼兒發展的關係、各類戲劇模式之特色與方法、戲劇融入幼兒園課程的型態，以及各類戲劇模型的連結與統整等內容做詳細深入的介紹。在課程進行的方法上，可考慮理論與實作並進的原則，透過閱讀討論、角色扮演、幼兒園觀察、試教、教學省思、閱讀行動、研究案例等方式，達到對戲劇相關理論發展之澄清、比較、討論、應用、分析和省思等目標。另外，也可與各科教材教法或實習課程結合，發展各類戲劇教學的類型。

除了課程的內容與方法的發展外，在進行上述的課程時，必須特別重視下列要點：

一 •• 概念的釐清

首先必須澄清「戲劇」並不一定是「表演」的概念，同時並加強戲劇是幼兒及每個人天生自然的本能，且與幼兒戲劇遊戲連接，以協助教師克服心中的障礙：以為只有專家才能進行戲劇課程。另外，也必須將諸多的戲劇名詞做本質與概念上的比較，以協助教師了解戲劇在幼兒園中進行的方式有多樣的選擇，並不只限於期末的戲劇成果表演活動。

二 •• 信念的養成

唯有教師對戲劇教育的信念與理論基礎深厚，才能有效地說服「自己」、「同事」、「園長」、「家長」為什麼要在幼兒園進行戲劇活動。戲劇課程內容中，要針對目前一般教科書及實際研究的論點來說明戲劇教育對幼兒身心發展的貢獻，如認知、語言、社會、體能、美感、情意等方面。另外，在方法上，可利用角色扮演的方式，在討論完戲劇與發展的貢獻後，要教師化身為家長或園長的身分，說服彼此戲劇對幼兒發展的重要性。另外，也可介紹簡單的觀察評量工具給教師以協助其評估，並為幼兒在戲劇中的成長提供具體的佐證。

三 •• 能力的培養

　　包含培養教師自己肢體與聲音的開發與創造力、對各類課程教學技巧的了解與掌握力，以及對各類戲劇課程橫向的連繫與運用力。教師若欲帶領幼兒進行戲劇課程，其本身肢體與聲音的表達潛能必須先開發，其目的並非要將教師訓練成超強的演員；而是能自我放鬆、自我接受且願意對自己聲音與肢體自由表達的遊戲人，如此，教師才能放下身段，與幼兒共同進入戲劇幻想互動的世界。在師資訓練中，教師對各種戲劇課程的了解並掌握相當的重要，可依本研究的建議，針對幾種不同型態的戲劇課程做介紹，並以行動研究或教學實例說明各種引導的方式。同時，必須介紹幼兒園課程的發展模式，並強調彈性多元的應用原則。最後，必須將幼兒自發戲劇、戲劇遊戲、教室中戲劇教育及表演性質的兒童戲劇做連結，讓教師明瞭，如何將這些不同的戲劇活動結合，如何將之落實於實際的教學、課程與幼兒的生活中。

四 •• 親師的合作

　　任何幼教理念的落實，不外乎家長、學校之共識。師資的培訓工作也必須針對這方面做加強。一方面透過前述概念、信念與能力的培養，鼓勵教師主動利用口頭或書面的方式宣揚戲劇教育的正確理念；另方面也可利用親子聯絡簿或家庭作業，提供家長在家中進行親子戲劇遊戲的方法與機會，鼓勵家長透過與孩子的互動，找回自己失去已久的童心與扮演的本能。最後，學校也可提供或接受兒童戲劇表演的機會，讓幼兒、教師及社區家長們，從參與戲劇活動中體認戲劇的魅力與樂趣。

五 •• 行動中的省思與力量

　　鼓勵在職與職前教師實際進行多元的戲劇活動，並從行動中反省思索改進之道並研發新的活動形式。也可利用研習機會，鼓勵形成研究的

社群，由同園或同班、同好的教師或學生，組成行動研究小組，透過閱讀、討論、行動、反思等去比較個別案例之差異，並定期在小組中分享發表，以發展符合個別需要的戲劇課程。透過行動，教師能實際比較理論與實務中的差距，也能從個別行動中感受自己對戲劇課程的了解與能力，並進而成為一個知識的建構者與理論的挑戰者。

　　總之，國內若欲鼓勵「發展適合」的戲劇活動，就必須從正確的戲劇觀念著手，且有計畫地利用在職或職前進修機會，開設多元而深入的課程，並從概念的釐清、信念的養成、能力的培養、親師的合作及行動的反思等方面加強訓練課程的內容。同時，也可鼓勵出版相關的戲劇叢書，介紹多元的戲劇概念與課程模式，以提供幼教人士綜合參考運用。

總結

　　「戲劇扮演」原是幼兒天生具備的能力，但到了小學後，它卻逐漸失去魅力而不再是多數兒童學習或應用的方式。到底是因為小學的課程與上課方式未能提供戲劇活動之學習管道，或是因為發展的蛻變讓兒童逐漸喪失對戲劇遊戲之興趣——這是一個有趣且待未來繼續探討的問題。在另一方面，若是幼兒園及小學課程都包含戲劇創作之活動，是否就能保留幼兒原始的戲劇本能，延伸至更深更長遠的學習，這也是筆者在未來欲探討之方向。

　　幼兒對戲劇的喜好是天生的，就如同溜滑梯，經常都是百玩不厭，而身為幼兒教師的人，去了解如何利用這種「熱愛戲劇扮演」之天性，進行創造性戲劇活動，實在值得投入更多的時間與心血蒐集更多的教學實例，進行多方面的反省與研究。盧美貴等人（1996）在開放教育與戲劇教學研討會中的開場就曾論及：「戲劇即興表演深具挑戰性，也是演

戲中最富創意的活動。……『戲劇』毋寧是讓孩子勇敢而裸露表現自己喜怒哀樂的源頭活水。……孩子藉戲劇表現自己，同時也藉戲劇的參與合作，學習彼此的尊重與同理。」的確，透過戲劇，幼兒得以察覺自己與外在人事之關聯性；透過戲劇，成人得以走入幼兒的想像世界。

　　本書之完成，不是一段工作的結束，而是一個期許的開始──希望相關的研究能提供幼教先進與教學的伙伴們，一個探究戲劇與幼兒教育關係的起點；同時，也能為未來幼兒園課程及師資培育工作，提供多元而豐富的實務研究資料。

參考文獻

一 ·· 中文部分

朱文雄（1993）。建構教室行為管理系統方案之研究——化理論為實務。載於國立屏東師院（主編），**班級經營學術研討會論文彙編**。

李祖壽（1979）。**教育視導與教育輔導（上）**。臺北：黎明。

呂翠夏譯（1997）。**兒童的社會發展**。臺北：桂冠。

林玫君編譯（1994）。**創作性兒童戲劇入門**。臺北：心理。

林玫君（1997a）。遊戲、創作與劇場。於「**開放教育與幼兒戲劇研討會**」中發表，1997 年 5 月 23 日，19-23。

林玫君（1997b）。**幼兒園中創造性戲劇之實施與改進之研究**。國科會專題研究計畫：NSC86-2431-H024-007。

林玫君（1998）。序。載於 Vinian Paley（著），詹佳蕙（譯），**想像遊戲的魅力**。臺北：光佑。

林玫君（1999a）。幼兒園戲劇教學之行動研究實例。載於國立臺東師院 **1999 行動研究國際學術研討會論文集**。臺東：國立臺東師範學院。

林玫君（1999b）。戲劇創作在幼兒園中之教學省思研究——以故事為主軸。載於 88 **學年度師範教育學術研討會論文集**。臺北：國立臺北師範學院。

林玫君（1999c）。單角口述默劇之帶領實務。**幼教資訊，103**，30-33。

林玫君（2000a）。從創造性戲劇談課程的統整方式。載於**幼兒教育課程統整方式面面觀學術研討會論文集**。臺北：國際兒童教育協會中華民國分會。

林玫君（2000b）。創造性戲劇融入教學之理論與實務。載於**九年一貫專輯**（頁 211-236）。臺南：翰林。

林玫君（2001）。參與教習劇場有感：教習劇場與其他相關戲劇教學法之異同。載於蔡奇璋、許瑞芳（編著），**在那湧動的潮音中：教習劇場 TIE**。臺北：揚智文化。

岡田正章監修（1989）。**幼兒園戲劇活動教學設計**。臺北：武陵。

胡夢鯨、張世平（1988）。行動研究。載於賈馥茗、楊深坑（主編），**教育研究法的探討與應用**。臺北：師大書苑。

姜龍昭（1991）。**戲劇編寫概要**。臺北：五南。

陳伯璋（1987）。**課程研究與教育革新**。臺北：師大書苑。

陳伯璋（1988）。行動研究法。載於陳伯璋（編著），**教育研究方法的新取向**。臺北：南宏圖書。

陳美如（1996）。躍登教師研究的舞台——教師課程行動研究初探。**人文及社會科學教育通訊，11**（1），177-188。

陳淑敏（1999）。**幼兒遊戲**。臺北：心理。

陳惠邦（1998）。**教育行動研究**。臺北：師大書苑。

單文經（1994）。**班級經營策略研究**。臺北：師大書苑。

黃政傑（1985）。**課程改革**。臺北：漢文。

黃政傑（1991）。**課程設計**。臺北：東華。

黃瑞琴（1991）。**質性研究**。臺北：心理。

黃瑞琴（1994）。**幼兒的語文經驗**。臺北：五南。

甄曉蘭（1995）。合作行動研究——進行教育研究的另一種方式。**嘉義師院學報，9**，197-318。

蔡奇璋、許瑞芳（編著）（2001）。**在那湧動的潮音中 —— 教習劇場 TIE**。臺北：揚智。

蔡清田（2000）。**教育行動研究**。臺北：五南。

盧美貴等（1996）。開放教育與幼兒戲劇教學活動記實。載於臺北市立師範學院幼教系與財團法人光寶文教基金會合辦之**臺北市 85 學年**

度幼兒園教師在職進修研習手冊。

簡楚瑛（1996）。**幼兒園班級經營**。臺北：文景。

二 ‥ 英文部分

Adamson, D. (1981). Dramatization of children's literature and visual perceptual kinesthetic intervention for disadvantaged beginning readers. Ed.D. diss., Northwestern State University of Louisiana. *Dissertation Abstracts International, 42*(06), 2481A.

American Alliance of Theatre for Youth & American Association for Theatre in Secondary Education. (1987). *National theatre education, a model drama/theatre curriculum, philosophy, goals and objectives*. New Orleans: Anchorage Press.

Baker, D. (1975). Defining drama: From child's play to production. *Theatre Quarterly, 7*, 61-71.

Bateson, G. A. (1955). A theory of play and fantasy. *Psychiatric Research Reports, 2*, 39-51.

Bateson, G. A. (1976). A theory of play and fantasy. In J. S. Burner, A. Jolly, & K. Sylva (Eds.), *Play: Its role in development and evolution* (pp. 119-129). New York: Basic Books.

Beane, J. (1997). *Curriculum integration: Designing the core of democratic education*. NY: Teachers College Press.

Blantner, A. (1995). Drama in education as mental hygiene: A child psychiatrist's perspective. *Youth Theatre Journal, 9*, 92-96.

Bolton, G. (1979). *Towards a theory of drama in education*. London: Longman.

Booth, D. (1994). *Story drama*. Markham: Pembroke Publishers.

Borich, G. D. (1992). *Effective teaching methods*. NY: Macmillan Publishing Company.

Bredekamp, S. (Ed.) (1986). *Developmentally appropriate practice*. Washington, D. C.: National Association for the Education of Young Children.

Bretherton, I. (1984). *Symbolic play: The development of social understanding*. New York: Academic Press.

Brockett, O. G. (1969). *The theatre: An introduction*. New York: Holt, Rinehart and Winston.

Brown, V. (1992). Drama and sign language: A multisensory approach to the language acquisition of disadvantaged preschool children. *Youth Theatre Journal*, 6(3), 3-7.

Bruner, J. S. (1986). *Actual minds, possible worlds*. Cambridge, MA: Harvard University Press.

Buege, C. (1993). The effect of mainstreaming on attitude and self-concept using creative drama and social skills training. *Youth Theatre Journal*, 7(3), 19-22.

Carlton, L., & Moore, R. (1966). The effects of self-directive dramatization on reading achievement and self-concept of culturally disadvantaged children. *The Reading Teacher*, 20(2), 125-130.

Cherry, C. (1983). *Please don't sit on the kids*. Carthage, Illinois: Fearon Teacher Aids.

Chrein, G. H. (1983). The relative effects of two creative drama approaches on the dramatic behavior and mental imagery ability of elementary school students. Ph.D. diss., *Dissertation Abstracts International, 44*, 443A (UMI No. 83-13431).

Conard, F., & Asher, J. W. (2000). Self-concept and self-esteem through drama: A meta-analysis. *Youth Theatre Journal, 14,* 78-84.

Conlan, K. (1995). How does children's talking encourage the straucture of writing? *British Educational Research Journal, 21*(3), 405-412.

Conner, L. M. (1974). An investigation of the effects of selected educational dramatics techniques on general cognitive abilities. Ph.D. diss., Southern Illinois University. *Dissertation Abstracts International, 34,* 6162A (UMI No. 74-6189, 119).

Cottrell, J. (1987). *Creative drama in the classroom, grade 1-3.* Chicage, Illinois: Nation Textbook Company.

Davis, J. H. (nd). *Children's theatre terminology: A redefinition.* Unpublished manuscript. The Child Drama Collection at Arizona State University, Tempe, Arizona.

Davis, J. H., & Behm, T. (1978). Terminology of drama/theatre with and for children: A redefinition. *Children's Theatre Review, 27*(1), 10-11.

Davis, J. H., & Evans, M. J. (1987). *Theatre, children and youth.* New Orleans: Anchorage Press.

De la Cruz, R. E., Lian, J., & Morreau, L. E. (1998). The effects of creative drama on social and oral language skills of children with learning disabilities. *Youth Theatre Journal, 12,* 89-95.

Edmiston, B. W. (1993). Structuring drama for reflection and learning: A teacher-researcher study. *Youth Theatre Journal, 7*(3), 3-11.

Elder, J., & Pederson, D. (1978). Preschool children's use of objects in symbolic play. *Child Development, 49,* 500-504.

Erikson, E. (1950). *Childhood and society.* New York: Norton.

Errington, E. P. (1993). Teachers as researchers: Pursuing qualitative enquiry in drama classroom. *Youth Theatre Journal, 7*(4), 31-36.

Fein, G. G. (1981). Pretend play in childhood: An integrative review. *Child Development, 52,* 1095-1118.

Fein, G., & Robertson, A. R. (1974). *Cognitive and social dimensions of pretending in two-year-olds* (ERIC Document Reproduction Service No. ED 119806).

Fein, G., & Stork, L. (1981). Sociodramatic play: Social class effects in integrated preschool classrooms. *Journal of Applied Developmental Psychology, 2,* 267-279.

Fenson, L. (1985). The developmental progression of exploration and play. In C. C. Brown & A. W. Gottfried (Eds.), *Play interactions: The role of toys and parental involvement in children's development* (pp. 31-38). Skillman, NJ: Johnson & Johnson.

Fenson, L., Kagan, J., Kearsley, R., & Zelazo, P. (1976). The developmental progression of manipulative play in the first two years. *Child Development, 47,* 232-239.

Freyberg, J. T. (1973). Increasing the imaginative play of urban disadvantaged kindergarten children through systematic training. In J. Singer (Ed.), *The child's world of make-believe.* New York: Academic Press.

Galda, L. (1982). Playing about a story: Its impact on comprehension. *The Reading Teacher, 36*(1), 52-55.

Garvey, C. (1977). *Play.* Cambridge, MA: Harvard University Press.

Garvey, C. (1979). Communication controls in social play. In B. Sutton-Smith (Ed.), *Play and learning* (pp. 109-125). New York: Gardner.

Garvey, C., & Berndt, R. (1977, September). *The organization of pretend play.* Paper presented at the annual meeting of the American Psychological Association, Chicago.

Giffin, H. (1984). The coordination of meaning in the creation of a shared make-believe reality. In J. Bretherton (Ed.), *Symbolic play: The development of social understanding* (pp. 73-100). Orlando, FL: Academic Press.

Gimmestad, B. J., & De Chiara, E. (1982). Dramatic play: A vehicle for prejudice reduction in the elementary school. *Journal of Educational Research, 76*(1), 45-49.

Goldberg, M. (1974). *Children's theatre: A philosophy and a method.* Englewood Cliffs, NJ: Prentice-Hall.

Gordon, T. (1974). *Teacher effectiveness training.* New York: Peter H. Wyden.

Gottfried, A. E. (1985). Intrinsic motivation for play. In C. C. Brown & A. W. Gottfried (Eds.), *Play interactions: The role of toys and parental involvement in children's development* (pp. 45-55). Skillman, NJ: Johnson & Johnson.

Gray, J. (1986). *Creative drama with fourth-grade students: Effects of using guided imagery (dramatic behavior).* Dissertation Abstracts International, 47, 772A-773-A (UMI No. 86-11061).

Haley, G. A. (1978). Training advantaged and disadvantaged black kindergarteners in socio-drama: Effects on creativity and free recall variables of oral language. Ed.D. diss., U. of Georgia. *Dissertation Abstracts International, 39*(07), 4139A.

Heathcote, D., & Bolton, G. (1995). *Drama for learning: Dorothy Heathcote's mantle of the expert approach to education.* Portsmouth, NH: Heinemann.

Heinig, R. (1987). *Creative drama resource book for grades k-3.* Englewood Cliffs, NJ: Prentice-Hall.

Heinig, R. (1988). *Creative drama for the classroom teacher.* Englewood Cliffs, NJ: Prentice-Hall.

Henderson, L. C., & Shanker, J. L. (1978). The use of interpretative dramatics versus basal reader workbook for developing comprehension skill. *Reading World, 17,* 239-243.

Hensel, N. H. (1973). Development, implementation and evaluation of a creative dramatics program for kindergarten children. Ed.D. diss., U. of Georgia. *Dissertation Abstracts International, 34*(08), 4562A.

Hornbrook, D. (1989). *Education and dramatic art.* London: Routledge.

Hornbrook, D. (1991). *Education in drama: Casting the dramatic curriculum.* London: Routledge.

Hornbrook, D. (1998). *On the subject of drama.* London and New York: Routledge.

Huntsman, K. H. (1982). Improvisational dramatic activities: Key to self-actualization? *Children's Theatre Review, 32*(2), 3-9.

Hutt, C. (1976). Exploration and play in children. In J. S. Bruner, A. Jolly, & K. Sylva (Eds.), *Play—Its role in development and evolution* (pp. 202-215). New York: Basic.

Irwin, B. (1963). *The effects of a program of creative dramatics upon personality as measured by the California test of personality, sociograms, teacher ratings, and grades.* Unpublished Ph.D. dissertation, University of Pittsburg.

Jackowitz, E., & Watson, M. (1980). Development of object transformations in early pretend play. *Developmental Psychology, 16,* 543-549.

Jackson, T. (Ed.) (1960). *Learning through theatre*. Manchester, Eng.: Manchester University Press.

Jennings, S. (Ed.) (1987). *Dramatherapy: Theory and practice for teachers and clinicians*. London & Sydney: Croom Helm.

Johnson, J. E., Christie, J. F., & Yawkey, T. D. (1999). *Play and early childhood development*. New York: Longman.

Kardash, C. A. M., & Wright, L. (1987). Does creative drama benefit elementary school students? *Youth Theatre Journal, 2*(1), 11-18.

Karioth (1970). Creative dramatics as an aid in developing creative thinking abilities. *Speech Teacher, 19*, 301-309.

Kase-Polisini, J. (1988). *The creative drama book: Three approaches*. New Orleans: Anchorage Press.

Kelner, L. B. (1993). *The creative classroom: A guide for using creative drama in the classroom, PreK-6*. Portsmouth, NH: Heinemann.

Knudson, F. L. (1970). *The effect of pupil-prepared video taped drama on the language development of selected children*. Unpublished Ed.D. diss., Boston University.

Kounin, J. (1977). *Discipline and group management in classrooms*. NY: Holt, Rinebart, and Winston.

Krasnor, L. R., & Pepler, D. J. (1980). The study of children's play: Some suggested future directions. In K. H. Rubin (Ed.), *New directoins in child development: Children's play, 3* (pp. 85-96). San Francisco: Jossey-Bass.

Landy R. J. (1986). *Dramatherapy: Concepts and practices*. Springfield, TI11.: Charles C. Thomas.

Libman, K. (2000). What's in a name? An exploration of the origins and

implications of the terms creative dramatics and creative drama in the
United States: 1950's to the Present. *Youth Theatre Journal, 15*, 23-32.

Lifton, R. J. (1993). *The portean self.* New York: Basic Books.

Lunz, M. E. (1974). The effects of overt dramatic enactment on
communication effectiveness and role taking ability. Ph.D. diss.,
Northwestern University. *Dissertation Abstracts International, 35*(10),
6542a.

McCaslin, N. (1986). *Children and drama* (2nd ed). Lanham, MD: University
Press of America.

McCaslin, N. (1987a). *Creative drama in the primary grades: A handbook
for teachers.* White Plains, NY: Longman.

McCaslin, N. (1987b). *Creative drama in the intermedia grades: A handbook
for teachers.* White Plains, NY: Longman.

McCaslin, N. (1990). *Creative drama in the classroom* (5th ed). White Plains
NY: Longman.

McCaslin, N. (2000). *Creative drama in the classroom and beyong.* New
York: Longman.

McCune-Nicolich, L. (1980). *A manual for analyzing free play.* New
Brunswick, NJ: Douglas College, Rutgers University.

McGuire, J. (1984). *Creative storytelling: Choosing, inventing, and sharing
tales for children.* New York: McGraw-Hill.

Miller, C., & Saxton, J. (1998). Lurching out of the familiar. In J. Saxton & C.
Miller (Eds.), *Drama and theatre in education: The research of practice,
the practice of research* (pp. 165-180). Victoria, BC: IDEA Publications.

Mogan, N., & Saxton, J. (1990). *Teaching drama: A mind of many wonders.*
Cheltenham, UK: Stanley Thrones Ltd.

Monighan-Nourot, P., Scales, B., Van Hoorn, J., & Almy, M. C. (1987). *Looking at children's play: A bridge between theory and practice.* New York: Teachers College Press.

Myers J. S. (1993). Drama teaching strategies that encourage problem solving behavior in children. *Youth Theatre Journal, 8*(1), 11-17.

Needlands, J., & Goode, T. (2000). *Structuring drama work: A handbook of available forms in theatre and drama.* Cambridge University Press.

Neidermeyer, F. C., & Oliver, L. (1972). The development of young children's dramatic and public speaking skills. *The Elementary School Journal, 73*(2) , 95-100.

Neumann, E. A. (1971). *The elements of play.* NY: MSS Information Corp.

O'Neill, C. (1995). *Drama worlds: A framework for process drama.* Pearson Education Canada.

O'Neill, C., & Lambert, A. (1982). *Drama structures: A practical handbook for teachers.* London: Heinemann Educational Books.

Overton, W. F., & Jackson, J. P. (1973). The representation of imagined objects in action sequence: A developmental study. *Child Development, 44,* 309-314.

Pappas, H. (1979). Effect of drama-related activities on reading achievement and attitudes of elementary children. Ed.D. diss., Lehigh University. *Dissertation Abstracts International, 40*(11), 5806A.

Parten, M. B. (1932). Social particioation among preschool children. *Journal of Abnormal and Social Psychology, 27,* 243-269.

Piaget, J. (1962). *Play, dreams and imitation in childhood.* New York: Norton.

Pinciotti, P. A. (1982). A comparative study of two creative drama approaches in imagery ability and the dramatic improvisation. Ph.D. diss., Rutgers State University of New Jersey. *Dissertation Abstracts International, 44(02)*, 442A.

Pulaski, M. A. (1973). Toys and imaginative play. In J. Singer (Ed.), *The child's world of make believe*. New York: Academic press.

Rice, P. C. (1971). Development, implementation and evaluation of a "moving into drama": Kindergarten program to develop basic learning skills and language. Ph.D. diss., Michigan State University. *Dissertation Abstracts International, 36,* 3551A (UMI No. 72-2536).

Rogers, C. S., & Sawyers, J. K. (1988). *Play in the lives of children.* Washington, D.C.: NAEYC.

Rosenberg, H. (1987). *Creative drama and imagination: Transforming ideas into action.* New York: Holt, Rinehart and Winston.

Rubin, K. H., Fein, G. G., & Vandenberg, B. (1983). Play. In P. H. Mussen (Ed.), *Handbook of child psychology* (Vol. 4: Socialization, personality, and social development) (pp. 693-774). New York: John Wiley & Sons.

Saldaña, J. (1995). *Drama of color: Improvisation with multiethnic folklore.* NH: Heinemann.

Salisbury, B. (1987). *Theatre arts in the elementary school (k-3) and (4-6).* New Orleans: Anchorage Press.

Saltz, E., & Johnson, J. (1974). Training for thematic-fantasy play in culturally disadvantaged children: Preliminary results. *Journal of Educational Psychology, 66,* 623-630.

Saltz, E., Dixon, D., & Johnson, J. (1977). Training disadvantaged preschoolers on various fantasy activities: Effects on cognitive functioning and impulse control. *Child Development, 48,* 367-380.

Saltz, R., & Saltz, E. (1991). Pretend play training and its outcomes. In G. Fein & M. Rivkin (Eds.), *The young child at play* (2nd ed.). Washington, D.C.: National Association for the Education of Young Children.

Schwartzman, H. B. (1978). *Transformations: The anthropology of children's play*. New York: Plenum.

Shaw, A. (1992). *The resonating voice of Winifred Ward*. Unpublished conference paper. American Theatre Association Conference, August. The Child Drama Collection at Arizona State University, Tempe, Arizona.

Siks, G. B. (1983). *Drama with children* (2nd ed.). New York: Harper & Row.

Slade, P. (1954). *Child drama*. London: University of London Press.

Smilansky, S. (1968). *The effects of sociodramatic play on disadvantaged preschool children*. New York: Wiley.

Smilansky, S., & Shefatya, L. (1990). *Facilitating play: A medium for promoting cognitive, socio-emotional, & academic development in young children*. Gaithersburg, MD: Psychosocial & Educational Publications.

Smith, P. K., & Vollstedt, R. (1985). On defining play: An empirical study of the relationship between play and various criteria. *Child Development*, *56*, 1024-1050.

Somers, J. (1994). *Drama in the curriculum*. London: Cassell Education Limted.

Spolin, V. (1963). *Improvisation for the theatre*. Evanston, Ill.: Northwestern University Press.

Stewig, J. W. (1992). Dramatic arts education. In M. C. Alkin (Ed.), *The *encyclopedia of educational research* (pp. 342-346). New York: Macmillan.

Sutton-Smith, B. (1979). Epilogue: Play as performance. In B. Sutton-Smith (Ed.), *Play and learning* (pp. 295-320). New York: Gardner.

The Consortium of National Arts Education Associations. (1994). *National standards for arts education: Dance, music, theatre, visual art.* Virginia: Music Educators National Conference.

Tucker, J. K. (1971). The use of creative dramatics as an aid in developing reading readiness with kindergarten children. Ph.D. diss., University of Wisconsin. *Dissertation Abstracts International, 32*(06), 3471A (UMI No. 71-25508).

Ungerer, J., Zelazo, P. R., Kearsley, R. B., & O'Leary, K. (1981). Developmental changes in the representation of objects in symbolic play from 18 to 34 months of age. *Child Development, 52,* 186-195.

Vallins, G. (1960). The Beginnings of T.I.E. In T. Jackson (Ed.), *Learning through theatre.* Manchester, Eng.: Manchester University Press.

Verriour, P. (1984). The reflective power of drama. *Language Art, 62*(2), 125-130.

Viola, A. (1956). Drama with and for children: An interpretation of terms. *Educational Theatre Journal, 52*(2), 139-145.

Vitz, K. (1983). A review of empirical research in drama and language. *Children's Theatre Review, 32*(4), 17-15.

Vygotsky, L. S. (1978). *Mind in society: The development of higher psychological processes.* Cambridge, MA: Harvard U. Press.

Wagner, B. J. (1976). *Dorothy Heathcote: Drama as a learning medium.* Washington, D.C.: National Education Association.

Ward, W. (1952). *Stories to dramatize*. Published by the Children's Theater Press, Cloverlot, Anchorage, Kentucky.

Watson, M. W., & Fischer, K. W. (1977). A developmental sequence of agent use in late infancy. *Child Development, 48*, 828-836.

Way, B. (1972). *Development throurgh drama*. New York: Humanities.

Way, B. (1981). *Audience participation*. Boston: Baker's Plays.

Werner, H., & Kaplan, B. (1963). *Symbol formation*. New York: Wiley.

Whitton, P. H. (1976). *Defining children's theatre and creative drama*. A working position paper presented from the Attleboro Conference.

Wolf, D., & Grollman, S. H. (1982). Ways of playing: Individual differences in imaginative style. In D. J. Pepler & K. H. Rubin (Eds.), *The play of children: Current theory and research* (pp. 46-63). Basel, Switzerland: Karger.

Woody, P. D. (1974). *A comparison of Dorothy Heathcote's informal drama methodology and a formal drama approach in influencing self-esteem of preadolescents in a Christian education program*. Ph.D. dissertation, Florida State University.

Wright, L. (1974). Creative dramatics and the development of role-taking in the elementary classroom. *Elementary English, 51*, 89-93.

（範例）

主題：回音反應	主教教師：B 師	班級：中班	日期：10/17
教學目標：完全重複領導者的動作			
教學準備：音樂（節拍分明）			

背景概況	探討
第一堂：學習區活動	

教學流程	反省探討
一、介紹主題： 請你跟我這樣做（教師示範）。	×小朋友跑到教室中央 　（坐到教師旁邊）
二、練習＆發展（個別輪流）： ・魔棒點到的做 　（請小朋友安靜地跟著做） ・小朋友點其他的小朋友做 　教師：「聰明的小朋友會做不一樣的動作。」 ・教師：「請點你的好朋友，他現在很安靜的。」 　（教師請小朋友點教師） 　回到教師，再做一次。 三、結束： 教師請所有的小朋友睡覺休息。	○用「請你跟我這樣做」的方法，小朋友有先前經驗，能跟著規則做。 ×無法邊做動作，邊點人，要想很久。 　（繞圈子輪流做） ?幼兒互相指責對方模仿別人的創意。 　（點人後，坐在原地，不要移動到前面）

附錄二
系統分析一覽表

課程：韻律動作	
本次教學進行情形	下次教學改進建議
1. 10/15【拍球】定點指導性高的活動。	⇨ 加入球隊比賽增加趣味性。
2. 10/17【回音反應】與「請你跟我這樣做」之遊戲類似，幼兒有先前經驗，且活動簡短，易控制。	⇨ 雖易控制，幼兒的表現也受到限制。
3. 10/22【進行曲踏步】活動已簡化，但缺乏舊經驗，無法獨立進行。	⇨ 下次再玩一次，看看第二次會不會好一些？
4. 10/24【遊行Ⅰ】結合書本與樂器練習。	⇨ 下次進行真正遊行活動，加上道具，讓幼兒走出教室。
5. 10/29【方向與節拍】「猴子訓練營」之戲劇情境，運用熟悉之童謠。	⇨ 有趣又簡單的戲劇情境頗吸引幼兒，下次活動，可加入故事內容。
6. 11/5【遊行Ⅱ】用樂器固定的節奏引發想像中的人物與情節，主題與「戰爭」、「躲迷藏」有關。	⇨ 可繼續使用相關的主題，但必須有清楚的內容。
7. 11/7【跟拍子】依前之建議進行節拍的活動，且加入蛇偶之劇情以引發想像空間。	⇨ 類似的活動太多，且本活動只要求隨音樂舞動身體，挑戰性不夠高，部分幼兒失去新鮮感，下次宜加入新的主題。
8. 11/12【溜冰大賽】續前，仍發展「韻律動作」但加入新的想像 ——「溜冰大賽」。	⇨ 部分幼兒有溜冰之舊經驗，對此主題頗感興趣。
9. 11/12【溜冰大賽】動作複雜變化多，挑戰性大。	⇨ 想像空間雖大，但已有先前的戲劇經驗，加上音樂和戲劇情境之內控，幼兒之教室常規易控制，以後可多加入「故事」性內控。
10. 11/12【溜冰大賽】利用戲劇情境內控。	

課程：韻律動作	
本次教學進行情形	下次教學改進建議
11.11/14【新鞋Ⅰ】利用紅鞋子故事內容帶入新鞋主題。	⇨ 故事內容缺乏戲劇性，無法吸引幼兒，下次用另一個故事試試看：《小精靈與老鞋匠》。
12.11/19【新鞋Ⅱ】上次之紅鞋故事無法吸引幼兒，本次利用【小精靈與老鞋匠】之原型，讓幼兒變成故事中之鞋子，半夜會起床跳舞。	⇨ 比上次效果好。
13.11/19【新鞋Ⅱ】加上「躲貓貓」之遊戲原型。	⇨ 可延伸，變成戲劇之內控。 ⇨ 一系列的韻律動作，同質性高，缺乏變化，可否將之打散，和模仿動作交替進行？
14.11/19【新鞋Ⅱ】韻律動作之教學告一段落。	⇨ 從下次起進行模仿動作。

附錄三
單次教案總檢討與系統編碼

（範例）

主題：小狗狗長大了 I	主教教師：B 師	班級：中班	日期：12/24
教學目標：模仿寵物——介紹小狗狗長大過程，分享和練習部分動作			
教學準備：書——《小狗狗長大了》（親親文化出版）			

背景概況	探討
當天幼兒園中有衛生所的醫生來做身體檢查（本班在第二堂檢查）	無法延續第一堂課做戲劇活動待改日再做

教學流程	反省探討
一、討論小朋友家中的狗（第一堂）	○小朋友對狗狗的經驗很豐富，發言很踴躍。 →幼兒 A：小狗狗尿尿，好頑皮，把水灑倒。 →幼兒 B：別人家的狗狗，被關起來，冷死。 →幼兒 C：阿媽家的狗被冷死了。 →幼兒 D：電視中，狗狗救主人。 →幼兒 E：「我生出來的時候，眼睛是張開的。」其他的小朋友跟著附和，都覺得自己出生時，眼睛是張開的。
二、分享「小狗」的書 ·小狗出生——眼睛閉起來	**小朋友對於自己的小時候、爸爸的小時候及自己弟妹的小時候都很感興趣。 （小朋友：「我以前小時候的時候……」）
·教師：「有沒有看過小狗狗吃奶奶？」 「如果你是小狗，會怎麼樣吸奶？」 「用吸的，還是用黏的？」 「一直吃，一直睡，小狗狗愈看愈大。」 「小狗怎麼睡的？」 「誰睡覺會打呼？」 「小狗狗去找狗狗的奶奶。」 「狗狗咬東西，怎麼咬的？」	○小朋友很用心地吸奶，有的用嘴吸地上。 ○小朋友做出睡的動作。

主題：小狗狗長大了 I	主教教師：B 師	班級：中班	日期：12/24

（老師描述狗玩的動作，很戲劇化） 「玩襪子、鞋、鞋帶、花盆、骨頭、衛生紙……」 「描述自己媽媽為小狗洗澡的樣子：毛由乾變濕，抹肥皂，抖一抖，爪子洗一洗，抱起來後，全身抖抖，水都噴出來，再用吹風機吹一吹、梳一梳，牠會咬人喔……」 「小狗狗怎麼吃飯？」 （要小朋友試著做做看） 教師：「狗狗會咬人，會尿尿，緊張的時候會大大……」 教師：「你們好像滿喜歡當小狗狗的。」	○小朋友看老師的表情及小寵物的動作很感興趣。 ○老師用第一人稱的語氣，分享自身的經驗 →小朋友：「狗洗澡時是不是把毛剪下來，拿到水裡洗一洗？」 →小朋友想要老師把家中的狗帶來。 →小朋友：「可以把狗狗的牙齒拔掉。」 ○小朋友覺得很有趣，專注力很高。
總檢討	計畫策略
1. 小朋友對小狗的認識及了解多於教師之預期（C）。 2. 利用親親自然百科書中的教材效果佳（A）。 3. 引入主題及討論練習的時間加長，有時候需要兩次上課時段（E）。 4. 接納幼兒的喜好（B）。	⇨ 有了充分的討論與小部分的練習，下次仍可再深入探討。 ⇨ 以後可從百科全書裡找與動物相關的題材。 ⇨ 時間間隔會不會影響幼兒對一主題之記憶及參與度？ ⇨ 建立互信互重的教室氣氛。

國家圖書館出版品預行編目（CIP）資料

兒童戲劇教育之理論與實務／林玫君著.
-- 初版.--新北市：心理，2017.09
　　面；　公分.--（幼兒教育系列；51191）
ISBN 978-986-191-784-9（平裝）

1.兒童戲劇 2.學前教育

523.23　　　　　　　　　　　　106014602

幼兒教育系列51191

兒童戲劇教育之理論與實務

作　　　者：林玫君
執 行 編 輯：高碧嶸
總 編 輯：林敬堯
發 行 人：洪有義
出 版 者：心理出版社股份有限公司
地　　　址：231026 新北市新店區光明街288號7樓
電　　　話：(02) 29150566
傳　　　真：(02) 29152928
郵撥帳號：19293172　心理出版社股份有限公司
網　　　址：https://www.psy.com.tw
電子信箱：psychoco@ms15.hinet.net
排 版 者：菩薩蠻數位文化有限公司
印 刷 者：辰皓國際出版製作有限公司
初版一刷：2017年9月
初版二刷：2022年2月
Ｉ Ｓ Ｂ Ｎ：978-986-191-784-9
定　　　價：新台幣380元